"实用型"报关与国际货运专业教材

- 全面讲解国际货运代理操作的"实用型"教材
- 按货运代理流程编写，条理清晰
- 丰富的案例说明，实用的操作技巧展示
- 满足国际经济与贸易、物流管理等相关专业师生的学习需要

配有教学用PPT

国际货运代理操作实务（第二版）

◆求解迫在眉睫的货代实务难题

PRACTICE OF INTERNATIONAL SHIPPING AGENCY(SECOND EDITION)

杨鹏强◎编著

中国海关出版社有限公司
·北京·

图书在版编目（CIP）数据

国际货运代理操作实务/杨鹏强编著．—2版．—北京：中国海关出版社有限公司，2019.8

ISBN 978-7-5175-0364-4

Ⅰ．①国… Ⅱ．①杨… Ⅲ．①国际货运：货运代理—高等职业教育—教材 Ⅳ．①F511.41

中国版本图书馆CIP数据核字（2019）第115403号

国际货运代理操作实务（第二版）

GUOJI HUOYUN DAILI CAOZUO SHIWU（DI－ER BAN）

编 著 者：杨鹏强
策划编辑：马　超
责任编辑：叶　芳
责任监制：赵　宇
出版发行：中国海关出版社有限公司
社　　址：北京市朝阳区东四环南路甲1号　　邮政编码：100023
网　　址：www.hgcbs.com.cn；www.hgbookvip.com
编 辑 部：01065194242－7554（电话）　　01065194234（传真）
发 行 部：01065194221/4238/4246（电话）　　01065194233（传真）
社办书店：01065195616/5127（电话/传真）　　01065194262/63（邮购电话）
印　　刷：三河市人民印务有限公司　　经　　销：新华书店
开　　本：710mm×1000mm　1/16
印　　张：18.5　　字　　数：364千字
版　　次：2019年8月第2版
印　　次：2019年8月第1次印刷
书　　号：ISBN　978－7－5175－0364－4
定　　价：48.00元

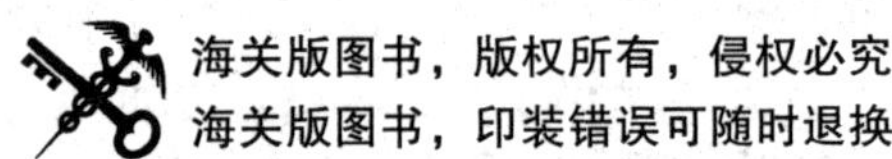

第二版前言

《国际货运代理操作实务》一书已经出版9年有余，第一版由于种种原因存在一些瑕疵，笔者在这里向读者致以真挚的歉意。由于读者的厚爱，出版社的再三邀约，因此，笔者觉得需要给选用本书的老师们和同学们一个交代。9年来，学生的阅读习惯在不断改变，书的内容需要更为实用、简明、重点突出、贴近时代。为此，本书加入了二维码，想要深入研究的同学可以扫码获取丰富的拓展资料。

时代的巨变深刻体现在货代以及跨境电商的极速发展上。像深圳市一达通企业服务有限公司这样的外贸综合服务商介入物流环节，马士基航运这样的头号承运人另设公司来抢货代生意，给传统货代带来了很大的冲击。笔者很多在国际物流行业工作或创业的学生，都感到了前所未有的压力，纷纷转型和苦思应对良策，有人甚至断言国际货运代理行业已经没有存在的必要。

2016年5月，货运代理被确定以测试项目参加第44届世界技能大赛，这一消息狠狠打脸那些认为货代行业将要消失的悲观者。9年来行业发展迅猛，国际货运代理的知识体系也在不断更新，无车承运人、自动驾驶、自动码头、海外仓、前置仓、微仓、云仓、共享仓等新概念让人目不暇接，特别是区块链技术的出现和5G时代的到来，为E单证的消失做了铺垫，万物互联的时代即将到来。随着数据贸易的发展和国际物流信息传递成本的降低，货代的效率将大大提高。

2016年12月7日，交通运输部、国家发展改革委发布了《推进物流大通道建设行动计划（2016—2020年）》；2017年8月，国务院办公厅发布《关于进一步推进物流降本增效促进实体经济发展的意见》，给本书的修订提供了有力的政策佐证。2017 年 12 月 2 日，“广东省高职教育管理类专业教学指导委员会物流管理分指委年终总结会暨供应链 5.0 新商科人才培养创新研讨会”在广东韶关召开，笔者带领国际物流专业 6 名骨干教师参与了研讨，北京络捷斯特科技发展股份有限公司发布的《国际货代专业人才培养标准》的岗位框架与本书的框架不谋而合，其对世界技能大赛训练内容的参照给了本书不少启示。

2019 年 3 月，在《教育部关于公布 2018 年度普通高等学校本科专业备案和审批结果的通知（教高函〔2019〕7 号）》公布的新增备案本科专业名单中，有 7 所高校申报的“供应链管理”专业通过教育部审批。这意味着国际供应链不仅在实践中飞速发展，而且在教育领域和学术领域也迎来了春天。本书把国际货运代理放在国际供应链的大环境下进行细化和讨论，符合高等教育的要求。不仅高职高专的学生适合学习这门课，而且本科教育的学生也可以将其作为一门应用课程来学习。

本书得以再版，要感谢中国海关出版社有限公司马超主任的邀约，也要感谢广州城建职业学院外语外贸学院陈岳庭老师、安徽外国语学院国际商务学院胡本启老师、广西财经学院管理科学与工程学院龙桂先老师，他们对本书的修订提出了宝贵意见。福建商学院经济贸易系周宝玉老师，花了大量时间与笔者探讨工作过程系统化开发课程的概念，华南师范大学经济与管理学院物流管理专业 2016 级全体同学，他们给予了笔者很大的鼓励，在此一并感谢。笔者在第二版中修改了所有的章节，全书有近 200 处大大小小的修改，经历了 4 次重校。这里也要感谢责任编辑叶芳的执着和坚持，让笔者的文字得以更加精确。笔者效仿古训“炮制虽繁必不敢省人工，品味虽贵必不敢减物力”，竭力修订仍难免存在错漏，希望读者批评指正，相关意见可反馈到邮箱 rmstudioph@163. com，谢谢。

杨鹏强

于广州大学城大学时光园

2019 月 6 月 19 日

目 录

思考题参考答案请扫描二维码：

第1章 跨境营商变局中的货代

关键术语

跨境营商　供应链　国际货代企业　运输方式　航线　信息共享　物流区块链

学习目标

- 了解国际货代行业管理知识；
- 熟悉托运人、承运人的含义与责任；
- 掌握供应链管理与第三方物流的概念；
- 掌握国际货代企业的含义与分类；
- 掌握运输方式的分类；
- 掌握国际货代的一般作业流程。

2016 年 3 月 23 日，在博鳌亚洲论坛年会午餐会上，阿里巴巴集团董事局主席马云呼吁构建 e-WTP（Electronic World Trade Platform），即电子世界贸易平台，意味着跨境营商进入全球电子化时代。2016 年 11 月 30 日，世界技能大赛中国组委会正式将货运代理列为世界技能大赛赛项，国际货运代理（简称货代）在全球供应链中的角色相较之前变得更重要了。货运代理项目是第 44 届世界技能大赛新增展示项目，要求选手熟练掌握货运代理业务流程，并在规定的期限和压力下完成客户获取、报价计算、运输管理、费用计算、单证操作、投诉处理和索赔处理等竞赛任务。

1.1 货代在跨境营商中的作用

1.1.1 跨境营商大变局

1. 跨境供应链与国际物流

供应链管理由美国人迈克尔·波特（Michael E. Porter）于1985年在其所著的《竞争优势》一书中提出。供应链管理指以最小成本并在满足客户需求的情况下，对从供应者到消费者间所有过程的整体管理，即对整个供应链从采购、物料管理、生产、配送、营销到消费者端的物流、信息流、资金流涉及的全部活动进行计划、组织、协调与控制。所有供应者、服务提供者、消费者都是供应链的一环，具体如供货商、制造商、仓储业者、运送业者、中间商、零售业者等。

物流指在供应链范围内企业之间的物资转移活动（不包括企业内部的生产活动），包含为满足用户需求而进行的原材料、中间库存、最终产品及相关信息从起点到终点间的有效流动，以及为实现这一流动而进行的计划、管理、控制过程。现代企业物流管理已经把采购与分销两个为生产服务的领域统一在一起，形成物流供应链，供应链管理实际就是物流管理的延伸。物流可以被理解为所有为最终消费者提供商品和服务的活动网络，是供应链中的实体流动及其相关信息交换的部分。供应链没有否定物流，是物流发展的更高阶段。物流活动主要包含交通运输、仓库和存储、产品包装、物料搬运、存货控制、订单处理、顾客服务、需求预测、采购、分销网络、工厂和仓库选址、返回产品处理、售后服务、残次品处理等。

物流服务的社会化突出表现为第三方物流与配送中心的发展情况。投资者在考察某个城市的投资环境时，非常重要而且往往是首要的一点是看它第三方物流的发展程度。所谓第三方物流是指生产经营企业为集中精力搞好主业，把原来属于自己处理的物流活动，以合同方式委托给专业物流服务企业，同时通过信息系统与物流企业保持密切联系，以达到对物流全程控制的一种物流运作与管理方式。第三方物流，英文为Third-Party Logistics，简称3PL，也称TPL，是相对于“第一方发货人”和“第二方收货人”而言的。第三方物流公司的客户们通常从供应链管理的高度以及为企业创造经济附加值的角度，来衡量物流的作用。为了降低产品的储存成本和管理成本，提高运营效率和增强国际竞争力，他们发现有必要把非核心业务外包给第三方物流公司，以使企业的运作更具弹性，同时可以腾出更多的精力和物力从事专业生产，满足更多的客户需求。供应链管理提升了第三方物流的服务能力。

有人将国际物流称全球运筹，表示各国间和各国国内的物流状况。由于互联网线上订购的兴起，客户可能在全世界的任一角落订货，因此，厂商面临如何以较快的时间和较低的成本把货送至客户处的问题。中国的全球战略使得跨境营商空前活跃，全球化的社会分工成就了跨境供应链。国际物流重视物流的全球性，跨境供应链重视全球范围内从供应者到消费者整个渠道的整体管理。跨境供应链管理是国际物流管理的基础，有完整流畅的供应链管理才有顺畅成功的国际物流管理。

2. 国际货代与物流信息管理

国际物流是实体在国际供应链中的流动，而国际货代是国际第三方物流中不可忽视的一部分。国际货代活动作为物流活动的一部分，包含两大类活动：货物实体流动和物流信息活动。电子商务的急速发展促进了物流信息活动的加速发展，国家要求加强物流数据开放共享工作；推进公路、铁路、航空、水运、邮政、工商、海关等领域相关物流数据的开放，向社会公开相关数据资源，依托国家交通运输物流公共信息平台等，为企业查询和组织开展物流活动提供便利；结合大数据，开展物流大数据应用示范，为提升物流资源配置效率提供基础支撑；结合物流园区标准的修订，推动各物流园区之间实现信息联通兼容；推动物流活动信息化、数据化；依托部门、行业大数据应用平台，推动跨地区、跨行业的物流信息互联共享；推广应用电子运单、电子仓单、电子面单等电子化单证；积极支持基于大数据的运输配载、跟踪监测、库存监控等第三方物流信息平台的创新发展。

区块链技术是建立具有公信力的物流信息平台的顶级技术。全球承运人在竞争中已经率先尝试了这种技术，以加快提供数据数字化解决方案的能力，及时向客户提供各种物流服务的动态数据。2017 年 6 月，马士基航运加入非营利数据库 BoxTech。BoxTech 数据库于 2016 年 7 月投入运营，该数据库收录了集装箱皮重、最大总重量和每个集装箱的大小等数据，主要帮助托运人满足国际海事组织在《国际海上生命安全公约》（International Convention for the Safety of Life at Sea，SOLAS）中提出的关于托运人在装船前要提交集装箱重量的要求。现在，这些数据被越来越多地用于非 SOLAS 目的。2017 年 8 月，日本三大船公司，即日本邮船、商船三井、川崎汽船，以及银行、保险、物流供应、进出口等领域 14 家与贸易相关的公司组成财团，携手 IBM 等合作伙伴，利用区块链技术，共建贸易数据共享平台，测试实时贸易交易及贸易合约、物流和保险文件如何在贸易各方之间被数字化存储及分享。区块链技术的有效应用保障了交易安全，减少了跨境贸易交易所需的时间及文档和管理成本，使国际贸易各环节无缝链接。

区块链技术与物联网和物流领域存在着结合点。区块链技术可以降低物流成本，追溯货物的生产和运送过程，并且提高供应链管理的效率。全球贸易交易非常复杂和烦琐，其中涉及大量的实体，包括买家、卖家、物流供应商、银行、海关和其他的第三方等。信用缺失、路途遥远和反馈缓慢导致交易成本、时间成本和交易复杂性增加。目前，这些交易在很大程度上基于纸质文件，必须在世界各地不停地流转原始文件。区块链技术取消了纸质文件，转而提供了一种安全且数字化的解决方案，不仅缩短了交易时间，降低了成本，还能够为中小型企业提供合适的融资解决方案。美国加利福尼亚州的创业公司 Skuchain 创建了基于区块链的新型供应链解决方案，实现了商品流与资金流的同步，同时解决了假货问题。英国伦敦 Provenance 公司为企业提供供应链溯源服务，通过在区块链上记录零售供应链上的全流程信息，实现产品材料、原料和产品的起源及历史等信息的检索和追踪，提升供应链上信息的透明度和真实性。德国 Slock. it 公司做了一个基于区块链技术的智能锁，将锁连接到互联网，通过区块链上的智能合约对其进行控制。在保险理赔方面，由保险机构负责资金归集、投资、理赔，管理和运营成本较高。通过智能合约的应用，既无须投保人申请，也无须保险公司批准，只要触发理赔条件，就能实现保单自动理赔，有效降低相关的运营成本。

国际货代行业的健康发展有赖于健全物流行业信用体系。《关于对运输物流行业严重违法失信市场主体及其有关人员实施联合惩戒的合作备忘录》的实施，对失信企业在行政审批、资质认定、银行贷款、工程招投标、债券发行等方面依法予以限制，构建守信激励和失信惩戒机制。信用体系从个人信任进化为制度信任，是人类文明的一大进步，其通过对符合制度规定的行为进行认可与鼓励，对违反制度规定的行为进行惩戒，引导人们将自己的行为控制在一定的范围内，从而达到降低交易成本的目的。然而，国家和制度等为我们建立信任的成本偏高，需要很多人来维持这个体系。区块链技术被认为是继蒸汽机、电力、互联网之后，又一颠覆性的核心技术。如果说蒸汽机释放了人们的生产力，电力满足了人们基本的生活需要，互联网彻底改变了信息传递的方式，那么区块链作为构造信任的机器，改变了人类社会价值传递的方式。区块链技术用代码构建了一种最低成本的信任方式——机器信任。

1.1.2 国际货代与跨境供应链

1. 国际货代的定义

在全球分工的背景下，制造业与流通业是融合发展的。越来越多的制造企业和贸易企业把物流外包给第三方物流，或像京东集团一样把自营物流社会化，由第三方物流提供精细化、专业化的物流服务，提高企业的运营效率。最初，国际货运代理人（International Freight Forwarding Agent）是代表进出口商进行装卸货物、储存货物，安排当地运输及为客户代付款项业务活动的代理人。根据国际货运代理协会联合会（FIATA）的定义，国际货运代理是和客户缔结货运代理服务合同的人，主要从事各类与货物运输、集中托运、仓储、管理、包装与分拨等相关的服务，以及相关的辅助和咨询服务，包括但不限于货物报关、保险以及与货物相关的财务收付和单据流转等服务。时至今日，国际货运代理已经由传统单一的代理业务向多元化方向发展，已经成为跨境供应链的管理者、现代物流服务的组织者、多式联运经营人的统称。

查看国际货代理企业分类请扫描二维码1-1：

二维码1-1　国际货运代理企业分类

2. 国际货代在跨境供应链中的作用

国际货运代理企业需要通晓国际贸易各环节的知识，精通国际运输业务，熟悉有关法律、法规，业务关系广泛，信息来源准确、及时，与进出口货物收发货人、承运人、仓库、堆场、货运站、码头、港口代理、机场、车站、保险公司、报关行、快递公司、拖车行、控箱公司、熏蒸公司、银行等相关企业，海关、外汇管理局等有关政府部门保持密切的业务关系。国际货运代理企业是这些关系人和政府部门之间的重要桥梁，不仅可以促进国际贸易和国际运输业的发展，还可以为国家创造外汇来源，对于本国国民经济的发展和经济全球化的深化有着重要的推动作用。其在国际供应链中的作用有以下几点。

（1）提供专业服务

国际货运代理企业的本职工作是利用自身的专业知识和经验，为委托人提供货物的承揽、订舱（含租船、包机、包舱）、托运、仓储、包装；货物的监装、监卸，集装箱拼装拆箱、分拨、中转及相关的短途运输；报关、保险；缮制签发有关单证，交付或收取运费，结算及交付或收取杂费；国际展品、私人物品及过境货物运输代理；国际多式联运、集运（含集装箱拼箱）；国际快递（不含私人信函）；咨询及其他国际货运代理服务。国际货运代理企业通过向委托人提供各种专业服务，可以使委托人不必在自己不熟悉的业务领域花费过多的心思和精力，使不便或难于依靠自己力量办理的事宜得到恰当、有效的处理，有助于提高委托人的工作效率。

（2）办理集中托运

国际货运代理企业也被称为集中托运人（Consolidator）。它从个别托运人那里接收分散的或小批量的零散货物、物品，集中成组交给承运人进行运输，再在目的地拆成原来的装运量，进行运输、配送。这样对托运人来说，方便快捷；对承运人来说，省时、省事、省钱，而且能获得比较稳定的货源。集货（Cargo Consolidation）适用于任何运输方式。国际货运代理企业的优势主要表现在通过大批量的装运可以获得较低的费率，而且可以使小批量装运的速度快于个别托运人直接和承运人打交道的集运速度上。因此，国际货运代理企业大大提高了货运服务质量和服务速度，提高了为客户提供“安全、迅速、准确、节省、方便”服务的广度和深度，为客户增加了价值，促进了生产力的发展，提高了经济效益。

国际货运代理企业应分析集运各个环节，实现业务程序的有效性和单证作业的正确性，减少运输方式带来的中间环节和额外费用，选择中转港作业条件好、能力强、信誉高的代理人，建立应对突发事件的程序。

特别提示

有学者把“集中托运”当成是航空运输特有的一种方式来谈，这是不妥的。

（3）合理安排运输

国际货运代理企业掌握着货物的运输、仓储、装卸、保险情况，与货物的实际承运人、仓库、堆场、货运站、码头、港口代理、机场、车站、保险公司、报关行、快递公司、拖车行、控箱公司、熏蒸公司、银行等相关企业有着长期、密切的友好合作关系，拥有丰富的专业知识和业务经验，有利的谈判地位，娴熟的谈判技巧。国际货运代理企业通过努力可以为客户选择最佳的运输线路、运输方式，最佳的仓储保管人、装卸作业人和保险公司，争取公平合理的运价，为客户提供合理的运输方案。

（4）提供咨询服务

国际货运代理企业可以就货物的包装、储存、装卸和照管，货物的运输方式、运输工具、运输线路、运输费用和运输时间，货物的保险、进出口单证制作和货款的结算，海关、外汇管理局等有关当局的要求，向委托人提出明确、具体的咨询意见，协助委托人设计、选择适当的处理方案，避免或减少不必要的周折和资源浪费。国际货运代理企业也肩负着跟踪货物的责任，应随时随地向客户提供货物的在途信息。

（5）创新运输方式

国际货运代理企业不仅能够组织和协调运输过程，而且往往是创新运输

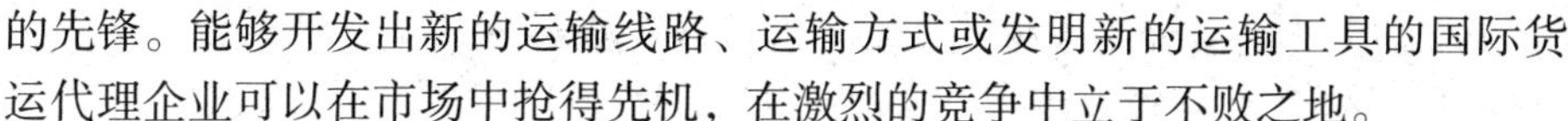

的先锋。能够开发出新的运输线路、运输方式或发明新的运输工具的国际货运代理企业可以在市场中抢得先机，在激烈的竞争中立于不败之地。

1.1.3 国际货运代理的行业管理

1. 业务主管部门

商务部负责国际货运代理企业的监督管理，完善国际货运代理企业的管理制度，促进国际货运代理企业开拓国际市场。商务部建立国际货运代理企业信息管理系统，对国际货运代理企业的基本信息、备案情况、责任保险的投保情况、多式联运提单登记编号信息等实施监管。

国际货运代理企业应当使用“国际货运代理企业备案表”（以下简称“备案表”）上的企业名称和经营代码从事国际货运代理业务，并印制在企业相关单证上。国际货运代理企业不得转让或变相转让国际货运代理经营权；不得允许其他单位、个人以该国际货运代理企业及其营业部名义或共同从事国际货运代理业务为由，收取管理费、佣金或者获得其他利益。国际货运代理企业不得伪造、变造、涂改、出租、出借、转让和出卖备案表、从业人员资格证书、保险凭证及其他的业务单证。国际货运代理企业应当凭营业执照和备案文件向税务机关领购国际货运代理企业专用发票，并按照税务机关的规定使用发票。

2. 行业中介组织

国际货运代理企业可根据自愿原则加入行业中介组织。中国国际货运代理协会和依法成立的地方国际货运代理行业协会，应在商务部和地方商务主管部门的业务监督管理下，依照章程维护会员企业的合法权益，规范行业经营秩序。地方国际货运代理行业协会应在中国国际货运代理协会的业务指导下，开展业务活动。

中国国际货运代理协会是经国务院批准，在民政部登记注册的社团法人。协会架起了政府与企业沟通的桥梁，反映企业的意愿和要求，保护会员合法权益、行业利益，制定、推进行业自律准则，维护货代行业正常经营秩序。中国国际货运代理协会是国际货运代理协会联合会（FIATA）的国家级会员，与世界各国和地区同行建立了广泛的联系，促进了货代行业国际间的合作与交流。中国国际货运代理协会发挥的作用如下：

（1）定期发布国际货物运输代理行业的基本信息，并负责企业年度经营信息等业务的统计工作。

（2）制定《中国国际货运代理协会标准交易条件》和国际货运代理标准多式联运提单样本，供会员企业参考使用。

（3）代表行业对外谈判保险价格和条款，落实投保、索赔等服务，对保险公司、保险经纪公司、保险合同范本、保险费率等进行评估。

(4) 建立国际货运代理多式联运提单登记编号系统，具体实施国际货运代理多式联运提单的登记编号工作。

(5) 建立会员企业信用评价体系，依照章程对会员企业进行处分，公布违法违规会员企业名单，并向行政机关提出行政处罚建议。

(6) 中国国际货运代理协会和地方国际货运代理协会加强对会员企业的培训，强化行业诚信与自律建设，制定费用收取标准，调解会员企业之间的争议与纠纷，规范行业经营秩序。行业中介组织可根据企业要求据实出具相应证明会员企业经营状况的文件。

(7) 加强与国际货运代理协会联合会等国际相关行业组织和协会的交流与合作。

中国国际货运代理协会负责国际货运代理企业从业人员的业务培训、从业人员岗位证书考试组织、证书颁发，并对外公布获得国际货运代理从业人员岗位证书的人员名单。证书考试的报名条件是具有高中以上学历，或有一定的国际货运代理实践经验，或曾接受过国际货运代理业务培训并有志于从事国际货运代理业务。证书考试采用集合命题、分区组织、闭卷考试的形式。

1.2 国际货代的委托人

国际货运代理的委托人（Entrusting Party）是与国际货运代理签订合同、接受其提供的服务，依据合同享有权利并承担义务的法人或自然人，或与该合同有利害关系的法人或自然人，包括但不限于货物的所有人、托运人、发货人、收货人或其代理人。下面重点介绍托运人和承运人。

1.2.1 托运人与承运人的含义

1. 托运人

托运人（Shipper，Consignor）[①] 是货物运输服务和国际货运代理服务的买家或使用者，通常也是货物的主人。契约托运人通过与承运人企业签订货物运输合同来实现货物的物权转移。当有国际货运代理企业介入时，托运人则需要与国际货运代理企业签订委托代理运输合同。《中华人民共和国海商法》（以下简称《海商法》）规定的托运人是指："1. 本人或者委托他人以本人名义或者委托他人为本人与承运人订立海上货物运输合同的人；2. 本人或者委托他人以本人名义或者委托他人为本人将货物交给与海上货物运输合同有关的承运人的

① 托运人也称发货人、订舱委托人、配货人，香港称付货人，在国际快递业务中称发件人或寄件人。中国对外贸易经济合作企业协会的《出口订舱、托运及交付货物的指导原则》中的托运人与发货人是分开定义的，托运人有货物控制权，而发货人则不一定有。

人。”《海商法》所称的托运人是实际托运人，当契约托运人是收货人时，发货人成了实际托运人，基于此有人认为运输合同是三方合同。

2. 承运人

承运人（Carrier）是指从事运输旅客或货物的人、商业公司或组织，如航空公司、班轮公司、铁路公司等。按是否为公众服务，可分为自营承运人（Private Carrier）和公共承运人（Common Carrier）。自营承运人为本企业运送人或货物，公共承运人是为酬金而运送旅客、货物或物品的人。国家标准《物流术语》（GB/T 18354—2006）所称的承运人，是指本人或者委托他人以本人名义与托运人订立货物运输合同的人。

公共承运人按是否掌握运输工具又可分为如下几类：

（1）有船营运公共承运人（Vessel Operating Common Carrier，VOCC），也称船舶承运人或远洋公共承运人（Ocean Common Carrier，OCC）。班轮公司（Shipping Lines）是VOCC，通常也是多式联运中的实际承运人（Actual Carrier），其是掌握运输工具并参与集装箱运输的承运人，通常拥有大量集装箱，以利于集装箱的周转、调拨、管理以及集装箱与车、船、机的衔接。

（2）无船营运公共承运人（Non-vessel Operating Common Carrier，NVOCC），不拥有远洋运输船舶，但以承运人的身份发布自己的运价，接受托运人的委托，签发自己的提单或其他运输单证，收取运费，并通过与船舶承运人签订运输合同，承担承运人责任，是完成国际海上货物运输经营活动的经营者，是无船承运业务的经营主体。

无船营运公共承运人专门经营集装货运的揽货、装拆箱、内陆运输及经营中转站或内陆站业务，可以具备除船以外的实际运输工具，也可不具备。对真正的货主来讲，它是承运人，而对实际承运人来说，它是托运人。通常，无船营运公共承运人应受所在国法律制约，在政府有关部门登记。

《中华人民共和国国际海运条例》（以下简称《海运条例》）定义的无船承运业务是指：“无船承运业务经营者以承运人身份接受托运人的货载，签发自己的提单或者其他运输单证，向托运人收取运费，通过国际船舶运输经营者完成国际海上货物运输，承担承运人责任的国际海上运输经营活动。”《中华人民共和国国际海运条例实施细则》（以下简称《海运条例实施细则》）给出了更进一步的定义：“无船承运业务是指《海运条例》第七条第二款规定的业务，包括为完成该项业务围绕其所承运的货物开展的下列活动：（1）以承运人身份与托运人订立国际货物运输合同；（2）以承运人身份接收货物、交付货物；（3）签发提单或者其他运输单证；（4）收取运费及其他服务报酬；（5）向国际船舶运输经营者或者其他运输方式经营者为所承运的货物订舱和办理托运；（6）支付运费或者其他运输费用；（7）集装箱拆箱、拼箱业务；

（8）其他相关的业务。无船承运业务经营者包括中国无船承运业务经营者和外国无船承运业务经营者。其中，中国无船承运业务经营者是指依照《海运条例》和本实施细则规定，取得无船承运业务经营资格的中国企业法人；外国无船承运业务经营者是指依照外国法律设立并依照《海运条例》和本实施细则的相关规定，取得经营进出中国港口货物无船承运业务资格的外国企业。”

无船营运公共承运人按业务情况又可以分为主装无船承运人（Master NVOCC）、交运货物的无船承运人（Tendering NVOCC）、签约无船承运人（Contract NVOCC）等。

从另一个角度看，国际货运代理企业也可被认为是共用舱位承运人（Vessel Sharing Carriers）。无船营运公共承运人是做“舱位”买卖并像实际承运人一样出具提运单的货运代理，它可以是多式联运承运人，也可以不是，原因是它不一定涉及多种运输方式。无船营运公共承运人和多式联运承运人都是货运代理中比较典型的形式。

（3）无车承运人指的是不拥有车辆而从事货物运输的个人或单位。由美国货车经纪人（Truck Broker）演变而来，是无船营运公共承运人的延伸。无车承运人具有双重身份，对于实际托运人来说，其是承运人，但是对于实际承运人而言，其是托运人。无车承运人一般不从事具体的运输业务，只从事运输组织、货物分拨、运输方式和运输线路的选择等工作，其收入来源主要是规模化的集货运输而产生的运费差价。

特别提示

把无船营运公共承运人和多式联运承运人这两个有交集的物流概念等同看待，或认为它们是相互从属的概念是不妥的。

查看全球100大集装箱班轮运输公司基本情况请扫描二维码1-2：

二维码1-2　全球100大集装箱班轮运输公司基本情况

1.2.2　托运人与承运人的协会

1. 托运人协会

托运人协会维护货主企业在海、陆、空货物运输方面的合法权益，保障托运人能在公平对等的情况下，与班轮公会、运价协议组织、船公司、港口码头、货运代理、船务代理等运输环节单位进行业务对话，与货运服务经营者如船公司、航空公司等商议运费，争取取消或降低不合理收费项目，降低贸易成本，增强国际竞争力。托运人协会通过鼓励运输供应商改进服务和进行运输创新，不遗余力地帮助托运人提高运输与物流供应链绩效。托运人协会可以制定衡量承运人和国际货运代理的服务质量的关键业绩指标（KPI），以帮助托运人选择更好的国际货运代理服务商。

托运人协会也通过与海关、税务、外汇等管理部门保持密切联系，进行协商对话，解决货主企业的难点问题；鼓励和说服运输政策制定者发展和开放有竞争力的运输市场，促进运输供应链业者（货代、承运人）持续改进和提高效率，为托运人提供最新的市场信息。

通过全球货主论坛（Global Shippers' Forum，GSF），世界各地的托运人协会协调共同的利益以及和各种承运人组织谈判。以下为世界主要的托运人协会：

（1）中国对外贸易经济合作企业协会（China Shippers' Association）。

（2）中国香港付货人委员会（The Hong Kong Shippers' Counil）。

（3）欧洲托运人委员会（The European Shippers' Council）。

北美洲、欧洲和亚洲的托运人一致同意建立全球网络。这个网络就是美国国家工业运输联盟（National Industrial Transportation League，NITL）组织的全球托运人网络，来自三大洲的托运人组织每年开会讨论全球运输政策，商议代表这些托运人利益的共同策略。

2. 承运人协会

鉴于海运在国际货物运输中的重要地位，考虑到船舶投资的高成本和利润回收的长期性，以及海运运价易受多种因素影响（包括政治局势、燃油供应、天气情况等）的特性，船公司建立了统一的组织来协调、稳定运价，以防止运价的频繁、剧烈震荡，影响船舶投资的稳定性。起初的运价协调组织定价机制较为僵硬，运价标准通过后所有成员必须遵守。承运人协会中的班轮公会（Freight Conference），又称航运公会，是按预订的船期表在特定航线上从事营运的班轮公司的组织，是由两家以上在同一航线上经营班轮运输的轮船公司，为维护共同利益，避免相互间的竞争，建立统一的运价和统一的制度所组成的国际航运垄断组织，其成员使用共同的费率表、固定的挂靠港。班轮公会为维持其垄断地位，对非公会船公司进行排挤，如使用战斗船、降低运价以揽货，迫使非会员船公司退出航线，对货主则采取延期回扣和双重费率制度。凡与班轮公会签订合同的货主，可享受优惠费率；如下一期仍使用公会船载货，还可获得延期回扣。总之，公会采取这些手段，无非是为了控制货载获取高额利润。早期大多数班轮公司由欧洲一些很富裕及有势力的家族建立，在班轮行业发展的过程中，班轮公会享受着百年沿续下来的特权，他们左右了政府政策、国家法律，甚至国际公约的制定。

欧盟从2008年10月18日起撤销班轮公会的反垄断豁免权，美国联邦海事委员会（Federal Maritime Commission，FMC）于2008年10月19日与美国反垄断现代化委员会（American Antitrust Modernization Commission，AMC）讨论了现行的航运法是否有必要给予班轮公会反垄断豁免权的问题。在FMC提供给AMC的一份建议中提到，FMC认为反垄断豁免权没有必要存在，集体定价只能使航运价格高昂，这些最终会转嫁给消费者。AMC对比给予了正面回应，至此，有120历史的远东航运公会（Far East Shipping Conference，FEFC）宣告解体。

自20世纪80年代以来，海运服务出现多样化态势，个性化服务需求增强，随着班轮公会垄断特权式微，取而代之的是比较松散的运价协议组织。该组织采用更灵活的机制，允许成员自行选择是否采用参考运价，比较活跃的是泛太平洋运价稳定协议组织。除此之外，还有THE联盟、2M联盟和海洋联盟。

泛太平洋运价稳定协议组织（Transpacific Stabilization Agreement，TSA）于1989年成立，是经营美国和亚洲之间航运业务的班轮公司组成的合作联盟协议组织，其中美国和亚洲之间的航运业务专门由西行泛太平洋运价稳定协议组织（Westbound Transpacific Stabilization Agreement，WTSA）负责。在得到政府批准的情况下，泛太平洋运价稳定协议组织的成员可以讨论市场状况，并为从亚洲至美国各个港口和内陆收发站的货物运输制定参考运价，参考运价须经其所有成员一致同意才能通过，但对其成员不具有必然的约束力，由其成员自主选择适用。在航运市场向好时期，几乎所有的主要班轮公司都加入了TSA。自2016年3月以来，许多班轮公司因为各种原因退出该运价组织，2017年12月马士基航运也退出了，该组织已于2018年2月8正式关闭。由此，航运业船货双方处于更加平等竞争的地位。国际货运市场削弱了海运承运人的势力，取而代之的是各种国际货代组织和多式联运形式的蓬勃发展。

1.2.3 托运人与承运人的义务与责任

1. 托运人的义务与责任

托运人在国际货运中应尽以下义务与责任（Shipper's Liabilities）：

（1）托运人托运货物，应当妥善包装，并向承运人保证货物装船时所提供的货物品名、标志、包数或者件数、重量或者体积的正确性。由于包装不良或者上述资料不正确，对承运人造成损害的，托运人应当负赔偿责任。

（2）托运人应当及时向港口、海关和其他主管机关办理货物运输所需要的各项手续，并将已办理各项手续的单证送交承运人。因办理各项手续的有关单证送交不及时、不完备或者不正确，使承运人的利益受到损害的，托运人应当负赔偿责任。

(3) 托运人托运危险货物，应当依照有关危险货物运输的规定，妥善包装，做出危险品标志和标签，并将其正式名称和性质以及应当采取的预防危害措施书面通知承运人。托运人未通知或者通知有误的，承运人可以在任何时间、任何地点根据情况需要将货物卸下、销毁或者使之不能为害，而不负赔偿责任。托运人对承运人因运输此类货物所受到的损害，应当负赔偿责任。承运人知道危险货物的性质并已同意装运的，仍然可以在该项货物对于船舶、人员或者其他货物构成实际危险时，将货物卸下、销毁或者使之不能为害，而不负赔偿责任。此举不影响共同海损的分摊。

(4) 托运人应当按照约定向承运人支付运费。托运人与承运人可以约定运费由收货人支付，但是，此项约定应当在运输单证中载明。

(5) 托运人对承运人、实际承运人所遭受的损失或者船舶所遭受的损坏，不负赔偿责任，此种损失或者损坏是由于托运人或者托运人的受雇人、代理人的过失造成的除外。托运人的受雇人、代理人对承运人、实际承运人所遭受的损失或者船舶所遭受的损坏，不负赔偿责任，这种损失或者损坏是由于托运人的受雇人、代理人的过失造成的除外。

(6) 托运人在集装箱运输中应负的责任不完全等同于传统海运方面的责任。拼箱货物托运人的责任与传统海运的相同。整箱货物托运人的责任与传统海运的不同之处在于：应保证所报货运资料的正确和完整；承运人有权核对箱内所装货物，因核对而发生的费用，由托运人承担；海关或其他权力机关开箱检查，其费用和由此发生的货损货差，由托运人承担；因集装箱货不满，或垫衬不良，积载不当，或装了不适于集装箱运输的货物而引起的货损、货差，概由托运人负责；因使用了托运人自有的不适航的集装箱，所引起的货损事故，应由托运人负责；在使用承运人集装箱及设备期间造成第三者财产或生命损害的，应由托运人负责赔偿。

2. 承运人义务与责任

承运人的责任是指承运人按照法律规定或运输合同的约定对货物的灭失、损害或延迟交付所造成损失的违约责任，这种责任通常是以赔偿形式出现的，所以有时也被称为承运人的赔偿责任。承运人对承运货物的责任尽管因运输方式和法律法规的不同而有所不同，但大体都包含责任期间、责任基础、责任限额三个方面。

(1) 责任期间

责任期间是指承运人履行义务和承担责任的期间。承运人对承运货物的责任期间，除了《海牙规则》将其认定为自货物装上船时起至卸下船时止的一段期间外，大部分法律、法规认定该期间为从承运人在起运地接收货物时起至目的地交付货物时止，货物处于承运人掌管之下的全部期间。我国《海商法》认为承运人对集装箱装运的货物的责任期间，是从装货港接收货物时起至卸货港交付货物时止，货物处于承运人掌管之下的全部期间。承运人对非集装箱装运货物的责任期间，指从货物装上船时起至卸下船时止，货物处于承运人掌管之下的全部期间。在承运人的责任期间，货物发生灭失或者损坏，除另有规定外，承运人应当负赔偿责任。承运人应当妥善而谨慎地装载、搬移、积载、运输、保管、照料和卸载所运货物。

海运承运人在船舶开航前和开航时，应当谨慎处理，使船舶处于适航状态，妥善配备船员、装备船舶和配备供应品，并使货舱、冷藏舱、冷气舱和其他载货处所适于并能安全收受、载运和保管货物。承运人应当按照约定的、习惯的或者地理上的航线将货物运往卸货港。船舶在海上为救助或者企图救助人命或者财产，而发生的绕航或者其他合理绕航是合法的。

（2）责任基础

承运人对承运货物的责任基础是承运人对责任期间发生的托运人损失负责任的原则，也称责任范围。目前国际上各单一运输公约或法律对责任基础的规定不一，但大致分为过失责任制和严格责任制。

过失责任制是指按承运人对货差货损是否有过失而决定其是否负责的原则，过失责任制按程度又可分为完全过失责任制和不完全过失责任制。前者是指只要承运人对货差货损或运输延误有过失就应承担责任，而后者却有一部分除外，即基本前提是应承担责任，但对某些过失，法律仍允许承运人免责。

严格责任制是指除不可抗力等有限的免责事由外，不论有无过失，承运人对于货差货损均应负责任。由于采用严格责任制的国际公约或法规列举了大量的免责事项，因此，严格责任制与完全过失责任制之间已无甚差别。

目前，海运领域中的《海牙规则》《维斯比规则》以及航空领域的《华沙公约》采用不完全过失责任制，对于航行、驾驶过失免责；海运领域中的《汉堡规则》、航空领域中的《海牙议定书》和《联合国国际货物多式联运公约》采用完全过失责任制；铁路、公路领域中的《国际铁路货物运送公约》《国际公路运输公约》《国际铁路货物联运协定》和航空领域中的《蒙特利尔公约》均采用严格责任制。

我国《海商法》是这样规定的："货物未能在明确约定的时间内，在约定的卸货港交付的，为迟延交付。除依照本章规定承运人不负赔偿责任的情形外，由于承运人的过失，致使货物因迟延交付而灭失或者损坏的，承运人应当负赔偿责任。除依照本章规定承运人不负赔偿责任的情形外，由于承运人的过失，致使货物因迟延交付而遭受经济损失的，即使货物没有灭失或者损坏，承运人仍然应当负赔偿责任。”

在责任期间货物发生的灭失或者损坏是由于下列任一原因造成的，承运人不负赔偿责任：

1）船长、船员、引航员或者承运人的其他受雇人在驾驶船舶或者管理船舶中的过失；

2）火灾，由承运人本人的过失造成的除外；

3）天灾，海上或者其他可航行水域的危险或者意外事故；

4）战争或者武装冲突；

5）政府或者主管部门的行为、限制或者司法扣押；

6）罢工、停工或者劳动行为受到限制；

7）在海上救助或者企图救助人命或者财产的行为；

8）托运人、货物所有人或者他们的代理人的行为；

9）货物的自然特性或者固有缺陷；

10）货物包装不良或者标志欠缺、不清；

11）经谨慎处理仍未发现的船舶潜在缺陷；

12）非由于承运人或者承运人的受雇人、代理人的过失造成的其他原因。

承运人依照以上规定免除赔偿责任的，除第2）项规定的原因外，应当负举证责任。

因运输活体动物的固有特殊风险造成活体动物灭失或者损害的，承运人不负赔偿责任。承运人应当证明业已履行托运人关于运输活体动物的特别要求，并证明根据实际情况，灭失或者损害是由于此种固有的特殊风险造成的。

承运人在舱面上装载货物，应当同托运人达成协议，或者符合航运惯例，或者符合有关法律、行政法规的规定。承运人依照以上规定将货物装载在舱面上，对由于此种装载的特殊风险造成的货物灭失或者损坏，不负赔偿责任。货物的灭失、损坏或者迟延交付是由于承运人或者承运人的受雇人、代理人不能免除赔偿责任的原因和其他原因共同造成的，承运人仅在其不能免除赔偿责任的范围内负赔偿责任；承运人对其他原因造成的灭失、损坏或者迟延交付应当负举证责任。

（3）责任限额

责任限额（Limits of Liability）又称赔偿责任限额，承运人对承运货物的责任限额，是指承运人对责任期间发生的托运人损失应承担的最高赔偿额。

1）有关货损货差的责任限额。目前，国际货物运输公约所规定的责任限额，除了在数值上不尽相同外，在计量的币值上也有很大的不同。

我国《海商法》规定，货物灭失的赔偿额，按照货物的实际价值计算；货物损坏的赔偿额，按照货物受损前后实际价值的差额或者货物的修复费用计算。货物的实际价值，按照货物装船时的价值加保险费加运费减去因货物灭失或者损坏而少付或者免付的有关费用来计算。

除法律法规和国家标准《国际货运代理通用交易条件》（GB/T 22153—2008）另有规定外，在任何情况下，由于过失、过错或货物灭失、损坏、错运、错交或因此产生索赔的，承运人的赔偿责任如下，并以较低者为准：

①货物的价值，包括货物在承运人接手时的价值加保险费（如果已付）和运费；

②按照货物件数或者其他货运单位数计算，每件或者每个其他货运单位为666.67 SDR[①]，或按照货物毛重计算，每千克为2 SDR，二者取较高者。

托运人在货物装运前已经申报其性质和价值，并在提单中载明的，或者承运人与托运人已经另行约定高于以上赔偿限额的除外。

货物用集装箱、托盘或者类似的装运器具集装的，提单中载明装在此类装运器具中的货物件数或者其他货运单位数，视为前款所指的货物件数或者其他货运单位数；未载明的，每一装运器具视为一件或者一个单位。装运器具不属于承运人所有或者非由承运人提供的，装运器具本身应当视为一件或者一个单位。

2）有关延迟交付的责任限额。延迟交付是指货物未在明确议定的时间内交付或在无此协议时，未能按照具体情况对一个勤奋的承运人所能合理要求的时间内交付。

我国《海商法》规定承运人对货物因迟延交付造成经济损失的赔偿限额，为所迟延交付的货物的运费数额。《汉堡规则》《联合国国际货物多式联运公约》则规定无论有无议定交付期限，承运人对于延迟损失均予赔偿。《汉堡规则》《联合国国际货物多式联运公约》作出如下规定：延迟交货造成损失所负的责任限额，相当于延迟交付的货物应付运费的2.5倍，但不得超过整个合同规定的运费总额，而且，在伴随货物灭失、损坏的同时，赔偿责任的总额不能超过按公约规定的货物损坏、灭失的责任限额所确定的货物全部灭失的赔偿责任限额。国际公约或国内法律对承运人责任的规定见表1-1。

---

① 国际货币基金组织定义的一个特别提款权（Special Drawing Right，SDR）等于0.888 671克纯金，其价值应以双方达成和解协议之时或法院判决之时的兑换率计算。

表1-1　国际公约或国内法律对承运人责任的规定

<table>
<tr><th colspan="2" rowspan="2">公约或法律名称</th><th rowspan="2">责任期间</th><th rowspan="2">责任基础</th><th colspan="3">责任限额</th><th rowspan="2">诉讼时效</th></tr>
<tr><th>计算货币单位</th><th>每件或每单位</th><th>毛重每千克</th></tr>
<tr><td colspan="2">《海牙规则》</td><td>船—船</td><td>不完全过失责任制</td><td>英镑</td><td>100</td><td></td><td>1年</td></tr>
<tr><td colspan="2" rowspan="2">《维斯比规则》</td><td rowspan="2">船—船</td><td rowspan="2">不完全过失责任制</td><td>金法郎</td><td>1 000</td><td>30</td><td rowspan="2">1年，3个月追偿期</td></tr>
<tr><td>SDR</td><td>666.67</td><td>2</td></tr>
<tr><td colspan="2" rowspan="2">《汉堡规则》</td><td rowspan="2">港—港</td><td rowspan="2">完全过失责任制</td><td>SDR</td><td>835</td><td>2.5</td><td rowspan="2">2年，3个月追偿期</td></tr>
<tr><td>金法郎</td><td>12 500</td><td>37.5</td></tr>
<tr><td colspan="2">《中华人民共和国海商法》</td><td>非集装箱货：船—船
集装箱货：港—港</td><td>不完全过失责任制</td><td>SDR</td><td>666.67</td><td>2</td><td>1年，3个月追偿期</td></tr>
<tr><td colspan="2">《华沙公约》</td><td>机场—机场</td><td>不完全过失责任制</td><td>金法郎</td><td></td><td>250</td><td>2年</td></tr>
<tr><td colspan="2" rowspan="2">《蒙特利尔公约》</td><td rowspan="2">机场—机场</td><td rowspan="2">完全过失责任制</td><td>SDR</td><td></td><td>17</td><td rowspan="2">2年</td></tr>
<tr><td>金法郎</td><td></td><td>250</td></tr>
<tr><td colspan="2">《中华人民共和国民航法》</td><td>机场—机场</td><td>双重责任制</td><td>SDR</td><td></td><td>17</td><td>2年</td></tr>
<tr><td rowspan="4">《联合国国际货物多式联运公约》</td><td rowspan="2">包含水运</td><td rowspan="4">收货—交货</td><td rowspan="4">完全过失责任制</td><td>SDR</td><td>920</td><td>2.75</td><td rowspan="4">2年，3个月追偿期</td></tr>
<tr><td>金法郎</td><td>13 750</td><td>41.25</td></tr>
<tr><td rowspan="2">不包含水运</td><td>SDR</td><td></td><td>8.33</td></tr>
<tr><td>金法郎</td><td></td><td>124</td></tr>
<tr><td colspan="2" rowspan="2">《国际铁路货物联运协定》</td><td rowspan="2">车站—车站</td><td rowspan="2">严格责任制</td><td>金法郎</td><td></td><td>50</td><td rowspan="2">1年，故意或严重过失为2年</td></tr>
<tr><td>折算SDR</td><td></td><td>16.66</td></tr>
<tr><td colspan="2" rowspan="2">《国际公路运输公约》</td><td rowspan="2">车站—车站</td><td rowspan="2">严格责任制</td><td>金法郎</td><td></td><td>25</td><td rowspan="2">1年，故意或严重过失为3年</td></tr>
<tr><td>折算SDR</td><td></td><td>8.33</td></tr>
</table>

（4）多式联运承运人的责任形式

根据多式联运责任基础和责任限额的不同，目前国际上一般有3种责任制类型。

1）统一责任制（Uniform Liability System）。统一责任制又称同一责任制。该制度下的承运人在整个运输过程中都使用相同的责任制对货主负责，只要发生货损事故，无论是明显的还是隐蔽的、发生在海上还是在内陆阶段，都按照同一的责任制度由承运人统一进行赔偿。这样便消除了承运人相互推卸责任带来的隐患。如果能查清发生损害的运输阶段，联运承运人在赔偿以后，可以向该段运输的实际承运人追偿。

2）网状责任制（Net Work Liability System）。网状责任制又称分段责任制。按照这种制度，签发联运提单的承运人，虽然对货方仍负全程运输的责任，但遇损害赔偿事故时不像同一责任制那样赔偿，而是按发生损害的运输阶段的责任内容赔偿。例如，损害发生在海上运输阶段，按国际货运规则办理；损害发生在铁路或公路运输阶段，则按有关国际法或国家（地区）法律法规处理。多式联运承运人在组织分段运输时，通过与多个运输部门签订合同、协议为货主代办各种运输手续，但在运输全过程中则由各运输部门按照各自的规定对自己运输区段内发生的货运事故负责，责任划分实际上是在分段接送、各自负责的基础上完成的。对货主而言，各个运输环节中的衔接工作由承运人负责组织完成，这使其获得了很大的便利，但是当运输过程中发生货运事故时，只能通过联运承运人来敦促有关运输部门进行赔偿，而不能采用统一的方法解决，这也给其带来了一定不便。因此，网状责任制是不太成熟的多式联运责任制类型。当前在国际集装箱多式联运中，由于法规不健全，也没有相应的管理制度，有近 90% 的承运人实行分段运输责任制。

3）修正统一责任制（Modified Uniform Liability System）。修正统一责任制又称混合责任制。按照这种制度，承运人向货主承担的全部责任局限在各个运输部门规定的责任范围内。由承运人对运输全过程负责，对货物的灭失、损坏、延迟交付，根据各运输方式所适用的法律规定进行处理。在运输过程中出现的无法判定的货损（通常称隐蔽货损）在本制度下推定为海运段发生的，多式联运承运人按照海上运输法律来承担责任。

统一责任制和修正统一责任制都是全程负责制，修正统一责任制减轻了多式联运承运人的风险，对处于起步阶段的多式联运承运人有积极的保护作用。统一责任制手续简单，但对承运人来说具有较大的风险，在全球范围内采用的不多。

以上 3 种责任制的异同点见表 1-2。

表 1-2　三种责任制的异同点

	统一责任制	网状责任制	修正统一责任制
责任期间	从接收货物之时起到交付货物之时止，多式联运承运人掌管货物的全部期间		
责任基础	不分段	分段	不分段
责任限额	不分段	分段	分段

国际货物运输方式请扫描二维码 1-3：

二维码 1-3　国际货物运输方式

1.3　国际货代流程

图 1-1 概括了国际货代的全部流程。委托人的委托是从揽货、接单、接货开始的，如果委托人是货物的收、发货人，则国际货运代理企业扮演的是货主代理人的角色；如果委托人是承运人，则国际货运代理企业扮演的是承运人代理人的角色。揽货部门是接业务、找市场的部门。大型的国际货运代理企业往往把揽货员接下的单全部交由商务人员处理，以利于公司业务的规范化管理；中小企业商务人员只接待熟客和重要客户，处理较棘手的合同、法律问题，揽货员接下的客户由其自行管理。签完委托代理合同后，包含订舱、报关等在内的具体操作由操作部来进行，每一环节必须以单证为据。单证部的工作与操作部的工作密不可分，是记录每一票货、每一环节完成情况的主要部门，有的公司把这两个部门合二为一。配载配送是技术性较强的工作，是货物运输，特别是远程运输的开始和结束环节，也是货差货损和延迟交付问题较为集中的环节，不少企业会成立独立的配载配送部门，以确保货运安全。货代客服是全流程的服务质量评估和保障部门，是面向客户、代表企业形象的部门，负责处理客户投诉，甚至市场调研和服务质量考核工作。货代财务负责每一环节的成本控制、核算，包括款项的回收，是国际货运代理企业赢利的保证。以下就不同运输方式流程的细微不同作简短介绍。

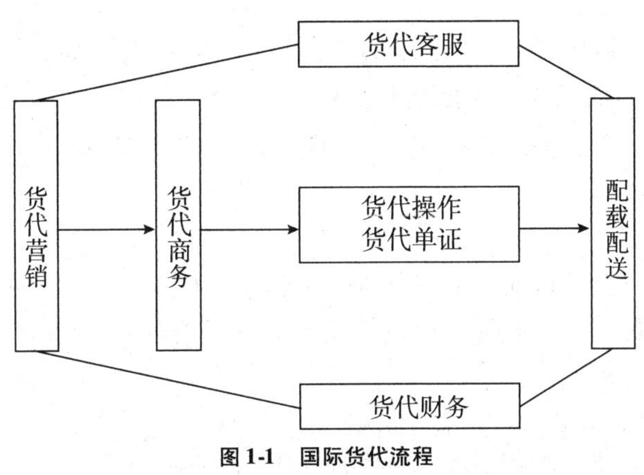

图 1-1　国际货代流程

1. 国际货物海运代理业务流程

（1）出口流程

市场营销（货主询价、揽货员报价等）→委托运输（客户接受报价并传货运资料等）→审核资料→订舱→做箱[①]（门到门，收到船公司回传的装货单后与客户确认做箱时间、地点→传装货单与派箱纸给拖车行打提箱单→安排到码头提箱→提箱后传司机资料、箱号、封条号、装货单给客户→提箱后到客户指定的地方装货→客户装箱后还重箱回码头→认真核对码头收箱后给的重箱纸→把重箱纸交给客户→通知客户传正确装箱资料→内装→收到船公司回传的装货单后与客户确认送货时间、地点→客户送货入仓→把入仓单交给客户→要求客户补提单资料）→报关（整理客户资料、报关资料并传给报关行）→配船→同客户确认提单→传确认后的提单资料给船公司→出正本提单→财务对账（待船公司核对账单后付款给船公司，给客户开发票）→正本提单、发票的发放（客户需结清费用）→航班跟踪→信息服务。

（2）进口流程

接受委托→卸货地订舱→接运工作→报关→监管转运→费用结算→提取货物。

2. 国际货物铁路运输代理业务流程

（1）出口流程

市场营销→委托运输→审核资料→制运单（整车，向铁路部门提计划→铁路部门批准计划→受理；零担，直接受理）→配车→报关→请拨空车→货物进站→装车（监装及施封）→取重车发运→费用结算→口岸交接（审核、换装、签署交接文件）→班列跟踪→信息服务。

（2）进口流程

接受委托→口岸接运→报关→分拨分运→费用结算→提取货物。

3. 国际货物道路运输代理业务流程

国际货物道路运输分为吨车和集装箱拖车，集装箱拖车多了一个“提空箱”[②] 的环节。

（1）出口流程

市场营销→委托运输→审核资料→制运单（整车，到客户指定地点装货；零担，入仓→配车）→报关→取重车发运→费用结算→班车跟踪→信息服务。

---

① 做柜或做箱（Stuffing or Vanning）指把货物装上集装箱。

② 空箱在珠三角地区被称为吉柜，是业内用来表示吉利的称呼。

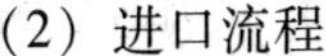

（2）进口流程

接受委托→报关→分拨分运→费用结算→提取货物。

4. 国际货物空运代理业务流程

（1）出口流程

市场营销→委托运输（客户填托运单传给空运代理等）→审核单证→预配舱→预订舱→接受单证→制单→接货→标签→配舱→出口报关→出仓单→提板箱→装板箱→签单→交接发运→费用结算→航班跟踪→信息服务。

（2）进口流程

代理预报→交接单、货→理货仓储→理单与到货通知→制单与报关→收费与发货→送货与转运。

本章小结

国际货运代理行业是国际供应链中的一个环节，它是供应链第三方物流不可替代的重要部分。本章从国际货运代理的含义与分类开始，介绍了国际货运代理在国际供应链中的作用与行业管理情况；接着描述了托运人、承运人的含义与责任及相应的行业协会；重点讲述了国际贸易运输方式和国际货运代理的一般流程。

推荐阅读

1. 中国对外贸易经济合作企业协会网站 http：//www. china-commerce. org. cn

2. 深圳市国际货运代理协会网站 http：//www. siffa. org. cn

思考题

一、选择题

1. 一件毛重为200千克，实际价值（提单上未注明）为900 SDR的货物，在运输过程中落海全部灭失，承运人对此负赔偿责任。根据我国《海商法》的规定，承运人赔偿限额为（　　）。

A. 400 SDR　　B. 666. 67 SDR

C. 800 SDR　　D. 900 SDR

2. 依据我国《海商法》的规定，承运人对下列（　　）原因造成的货损不负责任。

A. 船舶不适航　　B. 管货过失

C. 航行过失　　D. 货物固有缺陷

3. 依据我国《海商法》，在集装箱运输中，承运人的责任期间是（　　）。

A. 装港接收货物时起至卸港交付货物时止　　B. 装上船至卸下船

C. 船舷到船舷　　D. 仓库到仓库

4. House Bill of Lading 是指由（　　）签发的单证。

A. 班轮公司　　B. 无船承运人

C. 买方的代理人　　D. 卖方的代理人

5. 由于航空货运单所填内容不准确、不完全，致使承运人或其他人遭受损失，（　　）负有责任。

A. 托运人　　B. 承运人

C. 代理人　　D. 机场服务人员

二、判断题

1. 在航空运输中，如果承运人证明受害人自己的过失是造成损失的原因或原因之一，法院可以按照其法律规定，免除或减轻承运人的责任。（　　）

2. 向航空公司提出索赔的通常不是分运单上填写的托运人或收货人。（　　）

3. 航空主运单的发货人栏和收货人栏列明的是真正的托运人和收货人。（　　）

4. 作为代理人，国际货运代理只对其本身（在履行义务过程中）的过失及其雇员的过失负责。（　　）

5. 在航空运输中，托运人在履行运输合同所规定的一切义务的条件下，有权要求在始发地航空站或目的地航空站将货物退回。（　　）

三、简答题

1. 国际货运代理企业的定义是什么？

2. 简述国际货运代理企业的经营范围。

3. 简述无船承运人的经营活动资质。

4. 一票航空运输的货物，从新加坡经北京中转到天津，运输的是机器设备，货运单号 555-89783444（始发站为新加坡；目的站为天津），3 件货物重 178 千克，计费重量为 206 千克，从新加坡运往北京采用的是飞机运输，从北京转运至天津时，使用卡车航班。在高速公路上，卡车不幸发生车祸，设备全部损坏。请问：航空公司是否应予以赔偿？理由是什么？如果赔偿，应赔偿多少？

学习情景 1

物流类专业毕业生郭宝关，在国际货运代理行业经过 3 年的摸爬滚打后回到自己的家乡——广东清远市，决定建立自己的企业。他从行业相关方的调查入手，对清远市这个行业的情况进行摸底。

请大家成立若干个调查小组来帮帮他。本章 1.2 中提到了很多相关方，我们先将其简化为如下几个问题：本地的潜在货主有多少？同行、承运人的情况怎么样？关键政府部门，如海关的位置在哪儿？办事流程是什么？本地各种运输方式下的货代流程是什么？

与此同时，郭宝关将自己的企业命名为“蓝海国际货运代理服务有限公司”，寓意是在清远这片未曾开拓的广阔天地下大展宏图。大家有没有更好的建议？

任课老师可以把以上地名改为学校所在地名称，让各学习小组充分调查本地情况，并写出调查报告。

① 本书各章“学习情景”中所提及的人名、地名、公司名等均属虚构。如有雷同，纯属巧合。

第2章 国际货代市场营销

关键术语

国际货代市场营销　品牌决策　揽货　托运　直接客户　间接客户
接单　指定货

学习目标

- 熟悉国际货代市场供需特征；
- 熟悉国际货代企业揽货程序和方法；
- 掌握国际货代市场营销的理论依据；
- 掌握国际货代服务的特征；
- 掌握国际货代企业开发新客户的方式、特点。

国际货运代理企业的服务皆来自货物的承揽，有货物的承运权，才有国际货运代理业务。

2.1 国际货代市场营销

2.1.1 国际货代市场营销的理论依据

1. 国际货代市场营销概述

(1) 国际货代市场营销的含义

市场营销本身包含着两重意义：一是指一门研究企业如何以市场为导向，

以实现潜在交换为目的，寻求最优化途径、策略和方法以占领市场的学科；二是专指一种社会性实践活动，即使企业和个人可以交换商品、换取价值，从而满足双方欲望和需要的活动。简单地说，按照美国市场营销协会（American Marketing Association）的定义："市场营销是创造、沟通、传递和交换产品的活动、体系与过程，旨在为客户、委托人、合作伙伴和社会提供最大价值。"

美国著名市场营销学家菲利普·科特勒（Phillip Kotler）对市场营销的核心概念进行了如下描述："市场营销是个人和群体通过创造、提供并同他人交换有价值的产品，以满足各自的需要和欲望的一种社会活动和管理过程。"这一核心概念告诉我们，需要、欲望与需求、产品、价值与满足、交换与交易、市场、营销和营销者，这些概念构成了一个循环关系：

需要→欲望→需求→产品与服务→价值与满足→交换与交易→执行→市场→营销→新的需要

1）需要（Needs）。这是市场营销学里最基本的概念。需要是人感觉缺少某种东西的一种状态，人的需要包括如下内容：基本的生存需要、社会需要、追求知识和自我实现的需要。

2）欲望（Wants）。欲望是指满足需要的一种心理状态。由于每个人的文化背景以及性格不同，因此欲望的表现形式也是不同的。它与需要不同的是，需要是与生俱来的，生产者和营销者难以参与，欲望则是生产者和营销人员可以参与创造的。

3）需求（Demands）。需求是指人们有能力并且愿意购买自己需要的产品的要求。人的欲望是无穷无尽的，但拥有的资源却是有限的，因此人们只能利用自己有限的资源通过权衡轻重来选择商品，以使自己得到最大的满足。

4）产品（Product）。产品是人满足其需要和欲望的工具。产品的概念不局限于具体的实体物品，任何能够满足需要的东西都可以称为产品。产品可以分为有形产品和无形产品。

5）价值（Value）。面对市场上多种多样的产品，买家会估计并排列同类产品对他的价值，然后购买对他而言价值最高的。产品的效用与消费者付出的代价之比在很大程度上取决于客户的价值观。人们只有在认为得到的产品效用大于或等于付出的代价时，才可能达成市场交易。

6）交换与交易（Exchange and Transactions）。交换是指提供某个物品作为报酬，从他人那里换取想要的物品或服务的行为。交换是市场营销的核心概念，是交易的基础。交易是交换的量度单位，专指交换方之间的价值交换。

7）执行（Execution）。执行是指交易双方对市场营销任务的具体落实，即指派专人负责，在规定的时间内完成交易任务。卖家把营销目标分成若干定额，合理地分配到各个行销地区和各个营销总监处；买家根据采购预算，通过卖家的营销渠道、广告宣传、人员推销等途径，获取产品的信息并同卖家接触达成交易。

8）市场（Market）。市场是商品交换关系的总和。市场是与商品经济相联系的经济范畴，是商品经济发展的产物。市场必须具备3个要素：可供交换的商品、愿意购买商品的人、购买商品的能力。在现代市场活动中，关系和网络成为市场交易实现的重要条件。

9）营销（Marketing）。从市场的概念又可以引申出营销的概念，营销是整个循环关系的最后一环，同时也是下一个循环关系的开始，是人们有意识地进行市场工作来促成以满足人们需要和欲望为目的的交易的行为。

国际货代市场营销是关于货运解决方案、货物舱位和附加货代服务的概念、定价、促销和分销的策划与实践过程，即为实现国际货代企业的赢利目标而进行的交换过程。国际货运代理行业的市场营销理论是研究国际货运代理企业如何寻求最优化的途径、策略与方法来满足货主对国际货代服务产品需求的理论。

（2）国际货代市场营销分类

在21世纪的中国，市场营销部门是国际货运代理企业众多职能部门之一，与企业利益紧密相连，在现代企业中占有极其重要的地位。营销的核心活动包括：产品开发、研究、沟通、分销、定价、服务等。国际货代市场营销活动可以粗略地分为宏观市场营销和微观市场营销两类。

1）国际货代行业宏观市场营销。宏观市场营销是指一种社会经济活动过程，其目的在于求得社会供给与社会需求之间的平衡，以达到满足社会需求的目标。为了保证宏观市场营销活动的顺利进行，需要发挥政府的宏观调控职能，通过政府的计划、指挥、协调、监督和服务工作，对社会供给和社会需求的总量进行宏观调控。

国际货代行业宏观市场营销是指在商品经济社会里，某种社会市场营销系统组织整个社会所有国际货代服务的供给者和需求者，组织整个社会的供给和流通，求得社会国际货代服务产品供给和需求之间的平衡，以满足国际货代行业各方多种多样需要的活动。改革开放40年来，我国已成为世界上最大的货物进出口国，这使得国际货代服务产品的需求量大大增加。在供给方面，中华人民共和国商务部于2005年在全面开放外资国际货运代理企业进入中国的同时，把由国内投资主体设立的国际货运代理企业的审批制改为备案制，外商投资企业仍保持原来的审批制，从而降低了国际货运代理企业成立的门槛，国际货代服务产品也更加丰富。中华人民共和国商务部在执行宏观调控的同时，在《国际货物运输代理业管理规定实施细则》中明确了中国国际货运代理协会的地位，中国国际货运代理协会应制定《中国国际货运代理协会标准交易条件》供会员企业无偿使用，对国际货代服务产品的供给者的企业行为，如交易、保险、人员业务资格、信用评价进行规范和指导，以求供需双方的有序平衡发展。政府和行业协会作为社会市场营销系统在平衡国际货运代理市场供需过程中起到了重要的作用。

2）国际货代企业微观市场营销。国际货代企业微观市场营销是指国际货代企业的业务经营活动过程，其目的在于满足委托人的需要，实现企业的目标。企业的市场营销活动是以了解和满足委托人的需要为中心，以进出口货物收货人和发货人为企业活动全过程的起点和终点，它包括与市场有关的一系列企业业务经营活动，如企业的市场营销研究、产品和品牌管理、新产品计划、定价、揽货、管理工作、广告业务、公共关系工作等。由此可见，市场营销活动已经不仅是流通领域的活动，而是从国际货代服务产品开发之前的市场调查开始，直到货代承揽货物以后，为货主提供相关服务以及进行货物跟踪等的整个过程。前面我们谈到的美国市场营销协会的定义实际上就是微观市场营销的定义。

国际货代企业通过学习市场营销的基本理论，懂得分析市场的构成及类型，同时确定企业营销的指导思想；通过对市场的分析和调查来预测市场需求、确定市场规模、进出口货物收发人及其他委托人的偏好、市场的变化规律等；研究影响企业市场活动的营销环境因素；对市场消费因素进行分析，并研究委托人的货运委托行为等来指导企业的市场营销活动。国际货代企业通过对国际货运代理市场的研究和分析决定其市场细分策略、市场营销组合策略、市场进入和发展策略；决定其国际货代服务产品策略、定价策略、分销渠道策略和促进销售策略等。

（3）国际货代市场营销特点

从以上对国际货代市场营销的定义我们可以看出如下一些特点。

1）国际货代市场的营销对象。美国市场营销协会在对市场营销的定义中提到，市场营销的对象是活动、制度与过程。针对国际货运代理行业来说，“制度与过程”是为委托人准备的货运解决方案；“活动”是国际货运代理企业提供的舱位及报关、仓储、拖车等附加货代服务。

2）国际货代市场营销的过程。国际货运代理营销过程是对国际货运代理产品的构思、定价、促销和分销的策划与实施过程，也包含调研、细分、定位、开发、设计、定价、分销、促销以及售后服务、信息反馈、再销售等一系列过程。实际上市场营销学已经成为一门包括经济学、社会学、美学、心理学、行为科学在内的科学。

3）国际货代市场营销的核心是交换。国际货运代理企业的一切营销活动都与市场、商品交换有关，旨在实现符合该国际货运代理企业目标的交换，与其委托人达成交易。所以，国际货代市场营销的核心是“交换”，在任何市场经济条件下，任何国际货运代理企业在经济或业务活动中都必须树立市场（客户）的观念。也就是说，任何国际货运代理企业都必须把它的服务对象当作客户看待，切实研究和了解目标客户的需要并千方百计地满足目标客户的需要，同时必须坚持“互利”原则，以实现潜在交换。

4）国际货代市场营销不等于推销或销售。国际货代市场营销（Marketing）不等于推销（Selling）或销售（Sale）等硬性活动，更多的是一些软性的策划活动。营销是从市场引申出来的，“Market”在英文中有“出售”的意思，但“Marketing”则不能被理解为“出售”。国际货代市场营销是指国际货运代理企业的一切经济活动都必须以委托人的需要为转移，企业只能经营那些适合委托人需要的国际货运代理服务产品。现代企业的市场营销活动包括：市场营销研究、产品开发、定价、广告宣传、人员推销、售后服务，而推销或销售只是国际货代市场营销中的一部分，并且不是最重要的部分。

2. 国际货代市场营销的管理过程

国际货代市场营销的管理过程是指国际货代企业识别、分析、选择和发掘市场营销机会，以实现其任务和目标的管理过程。这个过程包括以下 4 个步骤。

（1）发现和分析、评价国际货代市场机会

市场机会是市场上未被满足的需要，但不是所有未被满足的需要都能构成企业的市场机会，只有符合企业的目标和资源条件，未被满足的需求才构成企业的市场机会。因此，营销人员不但要善于发展市场机会，还要善于分析、评估市场机会，看它是否对本企业适用，是否有利可图。

对市场机会的分析有赖于对营销环境（包括宏观环境和微观环境）进行科学细致的市场调研。为了更好地进行市场营销调研，企业应建立市场营销分析系统，专门从事收集、整理、分析和评估有关营销的信息，为公司的营销决策提供科学依据。

（2）研究和选择国际货代目标市场

经过分析和评估，选定符合企业目标和资源的营销机会后，还要对市场容量和市场结构做进一步的分析，以便缩小选择范围，选出本企业准备为之服务的目标市场。这包括 4 个步骤：测量和预测市场需求、进行市场细分、在市场细分的基础上选择目标市场、进行市场定位。

企业根据自己的营销目标和资源条件选择一定的目标市场进行经营，这种经营方式被称为目标市场营销。

市场定位是在目标客户心中为自己的企业和产品确定一定位置，形成一定特色，树立区别于竞争者的企业形象和产品形象的活动。

（3）确定国际货代市场营销组合

市场营销组合也就是企业的综合营销方案，即企业针对目标市场的需要，对自己可控制的各种营销因素如产品、运价、分销、促销等手段的优化组合和综合利用，使之协调配合，以取得最好的经济效益和社会效益。

国际货运代理企业的经营过程受多种因素影响，在诸因素中，有些是企业可以控制的，有些是企业无法控制的。企业可控因素很多，通常可归纳为 4 大类：产品（Product）、运价（Price）、地点（Place）、促销（Promotion），简称 4P。

20 世纪 80 年代以后，由于国际市场竞争日趋激烈，许多国家和地区政府干预加强，贸易保护主义盛行。在此形势下，菲利普·科特勒提出了一种新的市场营销观念——大市场营销观念。其基本含义是企业在进行营销活动时，不仅要顺从和适应市场环境，而且要影响市场环境。对此，企业的市场营销要从“4P”发展到“6P”，即增加权力（Power）和公共关系（Public Relations）。此观念认为，一个企业或国家，在经济全球化的国际市场营销过程中，不应消极被动地服从外部环境和市场需求，而应借助于政治力量、外交手段、公共关系等，积极主动地改变外部环境和市场需求，以使商品进入目标市场。

服务行业由于其产品及提供过程的特殊性，其营销组合因素在有形产品营销组合 4P 的基础上又增加了 3 个 P，即人员（People）、过程（Process）、有形展示（Physical Evidence）。这三个因素对服务企业来说是可以控制的，同时对企业有效地保证和提高服务质量具有重要影响。

企业在营销过程中还要受到各种微观和宏观环境因素的影响与制约，如微观环境的供应者、企业竞争者、营销中介、社会公众等，宏观环境中经济、自然、政治、法律、社会文化、科技、环保等，这些都是企业的不可控因素。营销组合因素的多层次性使营销组合具有可控性、复合性、动态性和整体性的特点，它体现了市场营销的整合营销思想。

（4）管理国际货代市场营销活动

国际货代企业营销管理过程的最后一个环节是管理企业的市场营销活动。管理市场营销活动包括三个方面：

1）制订市场营销计划；

2）市场营销的实施过程；

3）市场营销的控制系统，包含检查和纠偏活动。

以上四个步骤是企业营销管理的全过程。企业的一切活动都应以满足目标客户的需要为中心，围绕这一中心确定市场营销组合，组织营销活动，同时通过市场调研、营销计划、实施过程及营销控制，对营销活动进行管理，最终达到赢利的目的。

2.1.2 国际货代市场供需特征

国际货运代理市场是供给和需求的矛盾统一体。国际货运代理企业想要在市场中取胜，就必须对自己所处的市场环境进行认真的分析，在此基础上，制定本企业的经营策略和战略，做到“知己知彼，百战不殆”。

1. 我国国际货代市场的产生

货运代理是随着社会经济关系的发展和社会化大生产的出现，特别是在商品经济高度发达的情况下，频繁的经济活动常因时间、地点和条件的限制，而使当事人无法自行完成全部经济行为而诞生的。国际贸易活动涉及面广、环节多、情况复杂多变，任一贸易商、承运人不可能亲自到世界各地处理每一项业务，业务需要委托他人代为办理。为适应这一需要，从事代理业务的代理人在国际贸易和运输领域就迅速产生了。当前，货运代理业务已渗透运输领域的各个角落。国际货运代理是从国际贸易和国际运输这两个关系密切的行业里分离出来的。这也是国际贸易和国际货物运输业高度社会化和国际化的必然结果，货运代理已成为国际服务贸易不可缺少的重要组成部分。我国国际货运代理业起步较晚，历史较短，但是由于国家重视、政策鼓励、规范管理，发展十分迅速。

2. 国际货代市场供需特征

在国际货运代理市场，委托人手中的货源构成了总需求。总供给即国际货运代理企业所控制的总舱量和所能提供的货代服务。在国际货运代理市场，需求的一方可以是国际贸易的买卖双方或其代理人或其他相关人；供给的一方是国际货运代理企业，这些国际货运代理企业发展到一定的程度可以成为独立经营人，承担“承运人”的角色。

国际货运代理市场与一般商品市场在供求特征上有其共性的一面，如运价变动影响着供求关系，供求关系反过来又作用于运价，使供求趋于平衡。国际货运代理服务产品的特殊性决定了其供求特征的特殊性。

（1）国际货运代理市场的需求特征

国际货运代理市场的需求特征主要有3个方面：

1）货代需求的派生性。国际货运代理需求与国际贸易、国际货运息息相关，国际贸易与国际货运的发展变化直接影响并决定着国际货运代理市场需求的状况。另外，国际贸易与国际货运发展的不平衡性，决定了国际货运代理市场需求的不平衡性。

2）总体需求的潜在性。由于国际贸易受经济、政治、自然等诸多因素的影响，世界经济从衰退到复苏或从繁荣到萧条，都要在一段时间后才能从国际贸易、国际货运上反映出来。因此，这些反映在国际货运代理市场的需求上，必然有滞后性，即表现为国际货运代理市场需求的潜在性。

3）个别需求的差异性和总体需求的规律性。个别需求是指在一定时期和一定运价水平条件下，性质不同、货类不同、运输要求各异的具体要求。个别需求要求必须以相应的运输工具和配载技术去适应货物的理化性质、重量、体积、形状及包装等各方面的特点。这些特殊需求构成了需求的差异性。从总体上来考虑，总体需求具有一定规律性，如原材料运往工业发达国家，工业制成品运往工业欠发达国家等，又如粮食等农产品及取暖燃料等运输具有季节性的特点。

（2）国际货运代理市场的供给特征

国际货运代理市场的供给特征主要包括3个方面：

1）货代服务产品的非储存性。产品的储存在市场经济中具有特别重要的意义。产品的储存可以调节市场的供求关系，对市场价格人为地加以控制。然而，在国际货运代理市场中，国际货运代理服务产品不能改变劳动对象（货物）的性质和形状，不能生产出任何具有独立的物质形态的产品。国际货运代理服务产品是无形的，随着服务的终止而消失，不能像一般产品那样加以储备。这一特点使得对国际货运代理市场的调节非常困难，需求发生变动，供给不可能随即变动，极易使市场的运价大幅度波动。

2）总体供给储存的必要性。由于世界经济发展的周期性及货运代理需求的不平衡性，货代服务产品的供给很难时时与需求相符。在货代服务产品无法存储的情况下，只能通过总体舱位配额储备来适应市场的变化。这就要求国际货运代理企业有超前的意识，能及时和承运人签订舱位配额合约。舱位配额的储备可以使国际货运代理企业在市场需求增长时抓住机遇，为企业创造巨大的效益，但也存在着当市场萧条时，因舱位配额过剩而给企业带来亏舱损失的风险。舱位配额预订的超前量是国际货运代理企业经营者研究的重要课题。

3）货代服务产品使用的不充分性。一方面，舱位配额储备的必要性决定了在国际货运淡季及货运代理市场不景气时，必然会有部分舱位闲置；另一方面，由于货运代理需求与供求在时间上、地点上存在着不一致现象，即当市场上有货物要出运时，不一定能在该时该地恰好获得它所需要的舱位。反之，当国际货运代理企业手中有多余的舱位时，此时此地又不一定有货，这意味着舱位在供给中存在着浪费的情况。

 2.2 国际货代服务产品分析

2.2.1 国际货代服务产品的含义和分类

1. 国际货代服务产品的含义

国际货运代理服务产品是典型的服务产品，是指为委托人提供的国际货运解决方案、国际货运舱位及相关货代服务。这些服务具体如下：

（1）揽货、订舱（含租船、包机、包板、包舱）、托运、配载、仓储（含海关保税、监管）；

（2）代办港区业务、货物的监装及监卸、集装箱拼装拆箱、集装箱修理及箱务管理、分拨、配送、中转及集疏港运输等相关短途运输服务；

（3）报关、保险；

（4）缮制签发有关单证，运费、杂费的收付及结算；

（5）国际展品、私人物品及过境货物运输代理；

（6）各种运输方式的货物运输、国际铁路联运、国际多式联运、集运（含集装箱拼箱）；

（7）国际快递（不含私人信函）；

（8）物流服务以及包装、装卸、信息和咨询等有偿服务及其他收取有偿服务报酬的经济活动。

其中短途运输服务主要有拖车服务；缮制签发货运单证、商务单证如提单制作和加签，产地证（Certificate of Origin，CO）、普惠制产地证（G. S. P. Certificate of Origin Form A）申请和缮制等。

国际货运代理企业提供的服务还包括定期对运输相关指令及其变更作出反应；提供容易使用的先进货运信息技术；为客户印制标签和扫描货物包装上的条码以及库存、收货清单；实力强的国际货代企业甚至提供直接上货架（Retail-Ready）的货运方案等。

2. 国际货代服务产品的分类

（1）按航线来分主要有：美加线、欧洲及地中海线[①]、澳大利亚线、澳大利亚线、新西兰线、东南亚线、日韩线、中东线、波斯湾线、红海线、加勒比海线、中南美线、非洲线等，有的还细分为南亚线、西非线、南非线、澳东线、澳西线等。

（2）按运输方式来分主要有：国际海运、国际陆运、国际空运、国际管

① 欧洲及地中海航海线被业内简称为“欧地线”。

道运输、国际快递、国际多式联运等。国际陆运进一步细分为国际铁路运输、国际道路运输，甚至细分为中亚五国铁路联运等。

（3）按服务环节来分主要有：咨询、揽货、订舱、托运、仓储、包装、拖车、中转、驳舱、配送、船务、监装、监卸、出港、报关、熏蒸、保险、保税、理赔、海事处理、单证处理、代算运输费、代收代付款项等；集装箱业务一般分为拼箱、整箱、集装箱买卖、租赁、箱管等。

（4）按服务对象来分主要有：国际货运解决方案、国际贸易货物、展品、私人物品及过境货物运输代理等。

许多国际货运代理企业并不是简单地提供一类服务，而是加入越来越多的综合性物流服务，包括对整个供应链系统的协调管理，通过先进的信息交换系统来实现货运资源整合，集跨区域、网络化、信息化、智能化于一体。

2.2.2 产品组合决策

1. 产品组合、产品大类和产品项目的含义

国际货代企业的产品组合（Product Mix）是由若干产品大类（Product Line）组成的；每个产品大类又包含若干产品亚类（Product Subline）、产品项目（Item）。

（1）产品组合又叫产品各种花色品种的集合（Product Assortment），是指某一个国际货代企业所提供的全部服务产品大类、产品项目的组合。

（2）产品大类是指一组密切相关的产品。这些产品都能满足某种需要，必须在一起使用，卖给相同的客户群，或者处于相同的价格区间。

（3）产品项目是指在某种产品大类中的不同装货地、卸货地、截单时间、截货时间、离到港时间、价格、客服、运输工具等。

示　例

中远集装箱代理有限公司在2005年12月提供的产品项目有：“Ever Goods”号集装箱船，航次号为“105W”，截货日为12月29日，中国香港离港日为12月30日，德班离港日为1月17日，开普敦离港日为1月21日，布宜诺斯艾利斯到港日为2月1日，蒙得维的亚到港日为2月1日，圣多斯到港日为2月6日；“Faith I”号集装箱船，航次号为“099W”，截货日为1月12日，中国香港离港日为1月13日，德班离港日为1月31日，开普敦离港日为2月4日，布宜诺斯艾利斯到港日为2月15日，蒙得维的亚到港日为2月17日，圣多斯到港日为2有20日；“Ever Gaining”号集装箱船，航次号为

“112W”，截货日为1月19日，中国香港离港日为1月20日，德班离港日为2月7日，开普敦离港日为2月11日，布宜诺斯艾利斯到港日为2月22日，蒙得维的亚到港日为2月24日，圣多斯到港日为2月27日；“LT Genova”号集装箱船，航次号为“028W”，截货日为1月26日，中国香港离港日为1月27日，德班离港日为2月14日，开普敦离港日为2月18日，布宜诺斯艾利斯到港日为3月1日，蒙得维的亚到港日为3月3日，圣多斯到港日为3月13日等。

这些产品项目组成了南美（东岸）及南非线产品亚类；南美（东岸）及南非线、新西兰线、澳大利亚线、马尼拉直航线、巴拿马科隆线、日本线、东南亚线构成了中远集装箱代理有限公司的产品组合。

2. 产品组合的宽度、长度和关联性

国际货代服务产品组合还有一定的宽度、长度和关联性。

（1）产品组合的宽度是指一个国际货代企业有多少产品大类。从理论上讲，每一个国际货代企业可以经营全球所有以航线划分的服务产品大类，但实际上每一家国际货代企业受限于所掌握的货源和它同承运人的关系，只能在某些航线上有特殊的价格优势和服务优势。国际货代企业的揽货网络越广，它所能涵盖的航线范围越大。

（2）产品组合的长度是指一个国际货代企业拥有的产品项目的总数。用企业的产品大类数除以总长度就可求得每一个产品大类的平均长度。产品组合的长度往往体现了航班的密度，即在单位时间内国际货代企业能提供服务产品的频率。

（3）产品组合的深度是指一个国际货代企业产品大类中的每个产品项目能提供的相关货代服务的多少。例如，国际货代企业在承揽货物的时候会问客户需不需要提供报关、拖车服务，有的委托人会自理报关和（或）自理拖车。

（4）产品组合的关联性是指一个国际货代企业的各个产品大类与货源、承运人等方面的相关程度。例如，有的国际货代企业会把中国的货源地分成华北、华中和华南地区，按运输方式分成国际海运部、国际空运部和国际快递部等，也就是将国际货代服务产品相关度大的聚集到同一部门。

上面讲的产品组合的4个方面决定了企业如何制定其产品战略。可供企业扩大业务的方法有：

一是企业可以增加新的产品大类，以增加其产品组合的宽度。

二是企业可以增加现有产品大类中的产品项目，以增加其现有产品大类的长度。

三是企业可以提供更多的附加服务，以增加其产品组合的深度。

四是企业可增加或减少其产品组合的关联性。

2.2.3 品牌决策

美国市场营销协会定位委员会给品牌（Brand）下的定义为：品牌是指打算用来识别一个（或一群）卖主的货物或劳务的名称、术语、记号、象征或设计或其组合，并打算用来区别一个（或一群）卖主和其竞争者。

品牌决策是整个产品决策的一个重要组成部分。品牌是包含许多名词的总名词，它包括品牌名称（Brand Name）、品牌标志（Brand Mark）、商标（Trade Mark）等。品牌名称是指品牌中可以用言语称呼的部分；品牌标志是指品牌中可以被认出，但不能用言语称呼的部分。国际货运代理企业在国家商标局注册登记自己的品牌，就享有该品牌的专用权，其他任何企业不得仿效使用。因此，商标实质上是一个法律名词，是指受法律保护的一个品牌或一个品牌的一部分。国际货运代理企业设计自己的品牌、推广自身的品牌，并向政府有关部门登记注册的业务活动叫品牌业务（Branding）。

图2-1是广东新邦物流有限公司的注册商标。右上角的“®”表示已注册；可以用言语称呼的部分“XINBANG 新邦物流”为品牌名称；图形部分就是品牌标志。

品牌业务虽然给企业增加了成本，但品牌却使企业吸引了更多忠实的客户，优质的品牌有助于树立良好的企业形象，注册商标使企业的特色服务得到法律的保护，以免别人模仿、抄袭。国际货运代理企业决定使用品牌的决策就是品牌化决策（Branding Decision）。许多国际货运代理企业会标榜自己是某世界级承运人的一级代理，有远见的公司如新邦物流会使用自己的品牌，这一决策便是品牌负责人决策（Branding Sponsor Decision）。国际货运代理企业提供的服务质量水平往往同成本相关，企业负责人会决定最初的服务质量水平是低质量、一般质量、高质量或优级质量，这就是最后一步的品牌质量决策（Branding Quality Decision）。随着时间的推移，还要决定如何管理其品牌质量，国际货运代理企业有如下3种可能的决策：

图2-1 广东新邦物流有限公司的注册商标

（1）增加人员培训费用以提高人员素质，增加设备投资，提高品牌质量水平，以提高投资收益率和市场占有率。

（2）除非有突出的缺点和市场机会，否则不提高服务质量水平也不降低服务质量水平，维持原有水平。

（3）为了在竞争中取得价格优势，降低服务质量水平。

有长远发展眼光的国际货运代理企业多使用第一种决策。良好的国际货运代理企业品牌是揽货员对外揽货的强力支持，但也有不良揽货员利用本公司的声誉揽到货后，不给本公司而暗自给其他公司以获取额外的揽货佣金，这种情况称“飞单”。所有国际货运代理企业均严禁公司员工飞单。反之，在公司授意之下，把本公司做不了或不愿做的散货或整箱货外配给别的国际货代公司是被允许的。例如，广东华联通国际运输代理有限公司的散货，大多外配给拼箱公司①。

2.2.4 新产品开发

国际货运代理服务产品以航线划分的产品种类已经很成熟，今后还会继续下去。国际货运代理企业要在市场上取得竞争优势必须有所创新，大部分创新主要集中在运输组合上，如多式联运、卡车航班（海运、空运都可以在异地设收货站，然后使用固定时刻的穿梭货车接驳航班）；有的是在揽货方式上有所创新，如钟摆航线、蝶形航线等；有的则在中转港上做文章，通过一个收费较低的港口设立国际拼箱中转点等。随着中国进出口贸易的发展，越来越多的新的国际货运代理服务产品会被开发出来。

2.3 揽货与托运

国际货代企业的一切市场营销活动都以增加货源为目标，揽货成绩直接关系企业的兴衰存亡，其重要性不言而喻。另一方面，企业是个整体，揽货员就像一个冲锋陷阵的骑兵，旨在争取核心客户。要赢得客户信任以及建立长久的伙伴关系，后勤部门所发挥的作用同样重要。所以与揽货工作有关的各部门，亦须如揽货部门般以客户为中心，并协助揽货部门开展工作。“人人都是揽货员”的说法不无道理。

2.3.1 揽货与托运的概念

1. 概念

揽货（Canvass）②，顾名思义是招揽货源的意思，是指国际货运代理企业通过一定的营销手段争取对货物的承运权，以期获得最好的经营效益的行为，

---

① 拼箱公司是指有散货拼箱业务的国际货运代理公司。

② 《国际货运代理基础知识》，第224页，“人员推销又称‘揽货’”的说法代表了不少学者的意见，但业界的“揽货”概念显然涵盖范围更广。笔者在此就以国际货运代理行业的揽货概念作为定义。

所以也被称为揽载。在大部分情况下，它是国际货运代理企业的一项职能，有时会因社会分工的需要独立成一个行业，如航空货运承揽业[①]。

在国际货运代理行业中，托运（Consign）是指托运人（Shipper）或其代理人委托承运人或其代理人运送货物的行为。

揽货是以国际货运代理企业为主动方，而托运是以委托人（托运人或其代理人）为主动方，这两个环节都以国际货代企业接单为终结。承运人为了使运输工具的载重量或舱位得到充分利用，力争做到"满舱满载"。除了自己揽货外，承运人还委托其代理人揽货，甚至主动与货运代理公司建立关系，签订协议，留给其一定数量的舱位，争取更多的货源。货运代理人有时为了获得较低的运价或稳定的舱位，主动与承运人协作，双方签订合作协议。

揽货员应提示客户，如货物需紧急出运，客户应事先在托运单的"特别要求声明"中注明或者以其他书面形式通知承运人，应尊重承运人的意见和要求。当托运人有违买卖合同或进行不安全运输或不切实际时，揽货员应耐心解释，并与托运人一起做出合理安排。对于预付运费的出口货物，揽货员应认真考虑是否与客户约定"对于预付运费条款下的出口货物，无论根据中国法律还是运输合同所适用的法律，承运人是否有义务应客户的要求直接向客户签发提单，客户均授权企业代为接受提单，并确认在客户未结清所有企业垫付的费用之前，企业有权留置相应的运输单据，由此产生的所有损失和责任由客户承担。客户与企业对此另有约定的，从其约定"。

有以下情况之一的不得接受托运：

（1）非法经营进出口业务、货运代理业务的企业或个人托运的货物；

（2）国家规定禁止进出口的货物；

（3）托运单证内容与实际出运物品明显不相符的货物；

（4）违反运输合同规定、包装不良的货物；

（5）资料不全、货物性质不清、说明模糊、没有危险品鉴定包装证书的危险品货物；

（6）严重拖欠运费及其他费用、信誉不好的托运人所托运的货物；

（7）托运单证不齐全，单证内容不正确或托运不及时。

2. 业务部门设置

揽货员（Canvasser），为迎合行业习惯，通常被称为业务员或业务代表（Salesman，Saleswoman or Sales Representative），而其所在部门被称为业务部。

① 航空货运承揽业的业务内容为承揽货物后以航空货运方式将进出口货物运至国内外，但仍需以货车作为往返机场的运输工具，故也是汽车物流的一种。

国际货代公司的其他部门都是为业务部服务的。当然，业务部的具体名称因公司而异，如中远国际货运有限公司设置了市场部，并把特别运输组织方式的业务分离出来分别设置了多式联运部和拼箱部；深圳市华运国际物流有限公司设置了业务部，并把具有相同特征的业务整合到另外 3 个部门——整箱市场部、拼箱市场部、海外部。有的国际货代公司在全国各地的业务网络以分公司的形式出现，如以华南、华中、华北地区来分区，有的以各省市名称冠名分公司，而城市内各区则以营业部划分揽货业务。分公司甚至营业部独立核算，部门之间是平等的，收入是分开的，相互之间存在竞争关系。业务代表从属于部门经理，部门经理由分公司经理管理，分公司经理由区域总监管理，集团公司总经理负责全面的工作，管理区域总监。业务员的收入一般是基本工资加业务提成。基层业务员主要来源于大专院校的应届毕业生，而业务经理和资深业务员主要来源于同行业从业人员。

2.3.2 国际货代企业揽货程序和方法

国际货代企业的揽货程序一般包括以下 6 个步骤。

1. 开发新客户

开发新客户就是抓货源。揽货的目标很广，有同行、外贸工厂、国际贸易公司等，任何能提供货源的委托人都是揽货目标。外贸工厂、国际贸易公司本身是货主，业界称之为直接客户（Direct Customer），简称直客；而同行则是间接客户（Indirect Customer），拥有较多的同行客户是因为国际货代企业在某运输线路上有较大的价格优势，如 A 货代将揽得的货物给同行 B 货代，则 B 为 A 的拼装人（Co-loader）。寻找新客户是揽货程序的开始，也是决定揽货成败的关键所在。

企业实践

广州捷咝货运代理有限公司在内地和香港间的陆运上有绝对的价格优势。2006 年，该公司拥有大约两百个同行客户和少量的直客，公司业务人员的日常工作主要是跟单、回复询价。新客户主要来自旧客户引荐，这样一来大大降低了揽货成本。

下面详细讨论开发新客户的方式和特点。

2. 接触前的准备

(1) 与客户初次沟通

通过一定的方式（微信、电话、电子邮件、微博、QQ 等）和有意向的客户交流，了解货运要求后，马上电话联络客户。联络过程中要学会绕过“守门人”（Gate Keeper）找出货运决策关键人（Decision Maker），以提高交易成功的概率。可以这样提问：“请问谁在负责进出口货运业务?”

（2）进一步了解客户需求

了解客户需求是很重要的一个环节，向关键负责人介绍公司服务流程和谈论出运要求，不要把时间浪费在无关人员或说不清楚的下属人员身上，应具体询问如下细节：

1）货物的目的地或来源地、出货时间、是否为指定货；

2）货物性质：数量、品名、价值、包装、是否是危险品（注意危险品级别）或特种货物、监管证件要求及特殊保管要求；

3）运输方式：海运、空运、陆运等；

4）时限要求：特别是国际速递的时限要求；

5）操作质量要求：货差率、货损率、接货及时性、包装等；

6）财务要求：付款方式、保险、发票、代收款等。

当客户问到一些你不明白的具体操作问题时，要根据对方的语气来判断其耐性，耐性较好的可以请他稍等；耐性较差的跟他说待会儿回复，记得请客户留下电话、姓氏等联系要素。放下电话马上请教相关部门人员或资深业务员，在尽可能短的时间内回复。如果客户没有时间在电话里同你谈论以上细节，那么，把这些内容留到见面时谈。

（3）客户询价与揽货员报价

揽货员不但要报价准，对市场行情也要了解，对于自己没有的价格要善于向同行询价。报价方式按对象分为直客报价、同行报价（CO-LO Rates）①、网络报价；按环节分为分项报价与全包价（有的称多式联运报价），分项报价是对各环节如海运、空运、驳船、拖车、报关、仓储、保险等分别计费，全包价分为整箱价和散货价；按公司价格管理层次分为底价（或称成本价）、对外标准报价、合同客户报价，各种服务的底价管理由业务主管负责，有的公司也专设市场价格员来负责，特殊价格或同行报价就需要由负责人来决定，普通揽货员无权决定。报价内容包括运杂费、船期或航班、运价走势等。针对不同的客户，报价方式不同，价格也不同，报价必须慎重，同时需要灵活应对，注意客户的出价并存档。合适的报价是从竞争对手中“抢”客户的重要手段之一。业务员在应对客户的询价时对市场价、公司底价、报价方式及佣金给付方式要相当清楚。大部分公司都会给不同等级业务员一个谈价的幅度。第一次报价要留有余地，可以是试探性的，为面谈做好铺垫。

---

① 同行报价：货代 B 向其同行货代 A 报的运价。

（4）营销环境调查

正式约见客户前，揽货员要做许多功课。准备工作包括：收集对方资料，如公司的营业状况、需求及货运委托特性等，并建立档案；收集竞争对手，特别是对方以前的国际货运代理的信息并建立竞争者档案，制订访问计划。揽货员必须学会准确预测市场未来的动向，可以和同行、同事交换情报及讨论市场趋势，也可以和老客户讨论未来发展的方向。只有这样才能作出最切合客户需求的决定，发现合作的商机，做到知己知彼，有的放矢。

3. 电话预约

初步了解后，揽货员应试探性地预约有合作机会的客户，如果对方同意，则立即确定见面时间、地点。约定的时间应该在双方都方便的基础上，尽量主随客便，以客户为尊。见面必须准时，如果对方同意见面，但没有确定具体时间，则应保持联系并尽快拜访。

特别提示

打电话是为了安排一次会面，而不是完成这次交易，不要在电话中传递太多的信息，应该保留一些关键问题，见面时再进行充分的揽货陈述。

4. 业务洽谈

业务洽谈是整个揽货工作的核心，直接关系到揽货的成败。因此，每位揽货员都应高度重视洽谈的技巧和艺术性。和直客及同行洽谈的技巧是有很大区别的，揽货员应根据客户的具体情况作出具体分析，灵活机动地洽谈。首先，揽货员在同客户的商谈中要善于把握谈话气氛，及时调整自己，注意称呼、穿着的得体，举止的礼貌和交谈的距离。谈话融洽是成功的一半，幽默的揽货员往往较受欢迎。其次，揽货员要善于倾听，注意对方的肢体语言，如表情、姿势，适时地给予回应。通过交谈可以知道客户关心的是什么，这是得到客户信息的重要途径。揽货员要善于把握关键点，如优惠的运价，良好的通关能力、服务、信用等。最后，揽货员要懂得适时告辞，不要将时间浪费在不必要的谈话上。不易于应付的客户实际上并不热衷于与你合作，但也不要轻言放弃。一次面谈不成功并不能说明一切，你每隔一段时间就应找机会和客户电话沟通或登门拜访，这有助于客户在将来需要的时候想到你。客户主动表示有兴趣的例子是甚为稀少的，揽货员通常需要向准客户提出交易请求，才有望成功。假如在揽货过程中，揽货员没有抓住客户意愿，错过交易机会，所做的一切工作便白费了。

5. 签订合约

客户跟进（Follow up）[①] 就是与客户反复接触，多次短时面谈。根据客户提供的具体货物名称、数量、种类、航程、时间要求、货物备妥时间、船公司偏好或其他承运人等信息，及时报出运价。经过一番询价还盘之后，在双方意见趋于一致的情况下，揽货员应及时把握机会，与客户签订服务合作协议。国际货运代理企业接单就是接受客户委托，签订国际货代服务协议书。接单是揽货的目的，也意味着国际货运代理操作的开始。国际货代服务协议书也是一份客户服务方案计划书，包括航线要求、时限要求、运价要求、通关要求、拖车要求等。与客户签订合约是整个揽货工作中最重要的环节，合作关系是建立在双赢的基础上并适当留有余地的，这样便于与客户保持良好的合作关系，最终从客户那里揽取更多的货物。

6. 售后服务

揽货员填好货物托运单后，填写工作流程单[②]（Job Order），详细记录客户的要求，然后传递给后续部门，即把客户的托运单转化为内部工作单。揽货的售后服务是指从接受客户委托开始直至在目的地将货物交付收货人并完成所有委托事项为止所提供的服务，是所有国际货物运输相关服务的总称。它是揽货工作的“后勤工作”，也是国际货运代理企业履行服务合同，提供国际货代服务产品最重要的内容之一。缔结服务合约只是客户接受服务的开始，售后服务质量决定了客户的满意度。售后服务质量的高低直接影响客户与企业未来的合作，直接关系到客户对企业的支持程度。随后的章节将详细讨论售后服务的每一个环节。

2.3.3 国际货代企业开发新客户的方式、特点

示 例

2004 年，郭宝关成为广州市晨泰船务有限公司的新员工。人事部把他分配到业务部，经理没有让他跟进老客户的托运单，而是让他去开发新客户。小郭每天埋头打电话开发新客户，入职培训中经理鼓励大家要有信心，可是在现实中哪有那么容易？小郭平均每天打 60 个电话，其中态度较好肯听小郭

① 跟进指一项业务完结前，必须随时跟踪核对每一个环节是否与之前预计的一致，如果不一致应该纠正的活动。这里指客户还没有与我们签约时，我们要不断与其接触的行为，有时也被称为客户跟踪或业务跟踪。

② 工作流程单有时也被称为业务联系单、业务流程卡等，制定工作流程单是国际货代公司把客户的托运单转化为内部作业要求的一种方法，在管理上也可认为是内部揽货（Inside Sales），参见第4章。

介绍的客户只有一两个，多数人毫不客气地吼道：“不需要！不需要！我们已经有很好的合作伙伴了，你不要再来骚扰我们了。”有的甚至连听也不听就直接挂断电话。

有时候小郭没有事先征求对方的同意就用传真发文件，好不容易得到了回应，却是专程来责骂的。遇到这种情况时，小郭深受打击，心里非常难受，好几天都不想摸电话，甚至想放弃。经过几天的思考，小郭觉得还是要继续干下去，通过找人倾诉来调节心理压力，跟老业务员聊过之后，他发现原来他们也是这样过来的。在他们的指导和鼓励下，小郭学会了给自己进行心理暗示，每天同自己说几遍：“别人也是这样挺过来的，既然他们可以，那么我也可以。”慢慢地，小郭的心理承受能力增强了，换句话说其实是有点麻木了，经过一段日子的磨炼，他基本上把心理障碍消除了。小郭每天继续打电话找新客户，即使有客户直接挂电话或说话难听也不放在心上，放下电话深呼吸两下又继续打电话开发下一个客户。一天天过去了，小郭终于开发出了属于自己的客户群。

下面从人员揽货、广告宣传、销售促进、公共关系 4 个方面来说明开发新客户的特点。

1. 人员揽货

人员揽货是指国际货运代理企业利用揽货员推销服务产品，是国际货运代理企业与客户建立业务联系，取得客户信任的最有效的方式之一，但它并非揽货的全部。其特点是揽货员可以同客户直接接触，双向传递信息，可以根据客户的态度即时调整营销策略和准确了解客户的真实需求。这种方式有利于揽货员与客户培养感情、增进友谊，便于企业与客户建立长期、稳定的业务关系。

（1）货源信息的收集

在信息时代，每个揽货员应该学会在浩瀚的信息中搜寻有用的货源资料。货源资料包含客户名称、联系电话、地址、客户简介等，有公司网页、部门负责人的联络方式等将更有帮助。

1）电话簿。电话簿因其常用黄纸印制俗称黄页，对揽货员有用的是目标货源区的黄页。

2）互联网。充分利用无国界的互联网，查找合适的货源企业，特别是一些专业网页，如中国香港付货人委员会官网、中国外经贸企业网、中国企业网、中华大黄页网等。其中，目标货源区的企业网最重要。

3）商场。揽货员从各大商场、百货公司收集资料，包装盒上生产厂家的地址、网址、联络电话是最新、最可靠的。这些资料加强了揽货员对产品的形状、体积、重量等方面的感性认识，对揽货员的算箱[①]、船务人员的配载有很大的帮助。

4）海报、报纸、电视等各种媒体。外贸工厂和外贸公司从来不会发布需要国际货运代理的广告，揽货员要像情报人员一样善于从公开的信息里找到有用的资料，许多看似无关的资料在有经验的揽货员眼里可能是十分有用的。例如，一则急聘销售人员的广告，可能传递该外贸企业处在高速增长期或处在销售旺季或是产品推广期的信息，说明该企业有更多的货物运往世界各地，以往的国际货运服务已经满足不了该企业的要求。

5）各种会展。展销会、交易会或博览会等会展往往万商云集，这些会展不仅是外销员的战场，也同样是国际货运揽货员的战场，交易的双方就是国际货代企业的直接委托人。会展上的大量宣传资料是货物信息的最好载体，是揽货员研究货物运输方式、判断货物销售季节的分析资料。如果潜在客户在场，揽货员则要及时为自己公司的国际货运代理服务做推介。

6）社会关系网、业务关系网。社会关系网是揽货员重要的货源信息来源，多参加一些社会交际活动，如同学会、同乡会、协会活动等，在这些聚会上可以认识许多合作伙伴。

货源信息也可以来自老客户的引荐，或把其竞争者或相关产品公司纳入潜在客户范围。

相关业务单位，如报关行、拖车行、码头公司、仓储公司、海关、税务局、外汇管理局等单位的客户，同样也可能成为本企业的客户。

（2）营销手段

揽货员掌握了有用的信息后，就要主动出击了。以下就是应采取的营销手段：

1）电话及传真。电话及传真是最常用的通信手段之一，是揽货员能够得到对方即时反应的方式，也是挑战揽货员心理底线的方式。

2）网络。网络是成本较低、效果显著的营销手段。网络营销（On-line Marketing 或 E-Marketing）是以企业实际经营为背景，以网络营销实践应用为基础，达到一定营销目的的营销活动。这是使潜在货主通过互联网找到某网站、微信公众号、手机软件（APP），查看运输服务的信息，通过电话、电子邮件、微信、微博、QQ 等方式联系到承运人，将潜在客户变成有效客户的一种方式。网络营销包含网络推广和电子商务两大要素，网络推广就是利用互联网进行宣传推广活动，电子商务指利用简单、快捷、低成本的电子通信方

---

① 算箱指揽货员根据委托人的货物数量来计算所需要的集装箱类型、大小或根据集装箱类型、大小来计算所能装载货物的数量（重量及体积）。

式，买卖双方无须见面即可进行各种商贸活动的营销方式。货代服务的网络化使得货运服务供给侧和需求侧能快捷地在网上进行配对，货代电商是供应链电商的重要组成部分。

电子邮件是试探性或较正式的网络接触方式，手机微信、QQ 等则是年轻的揽货员喜欢的方式，也是了解委托人即时要求的快捷方式之一。

3）上门推销。上门推销是古老的也是较有效的方式之一，但是许多企业不喜欢不速之客，电话预约可以降低当面被拒绝的概率。不少揽货员会利用为老客户服务的便利拜访邻近有相似货物的企业，留下自己的联系方式或为以后的进一步接触打下基础。

2. 广告宣传

国际货运代理企业可以通过网络、杂志、报纸、电视、广告牌或各种流动载体等形式，向目标客户传递企业的产品、商标、服务、企业文化等信息。广告可以加强客户和公众对国际货运代理企业及其服务的认识，同时也能提高企业的知名度，加快揽货速度，是企业品牌策略的一部分。其优点是可以在揽货员到达前或到达不了的地方宣传企业和服务产品，传递服务信息。

3. 销售促进

为了正面吸引有需求的客户而采取的各种促销措施，包括有奖销售、点数赠送或优惠折扣、路线折扣或货类折扣、推广会等，其共同特点是可以有效吸引客户或使客户转换代理，因而促销的短期效果显著。

4. 公共关系

公共关系是指为了使公众理解企业的经营方针和让经营策略符合公众利益，并有计划地加强与公众联系、建立和谐的关系、树立企业信誉的一系列活动。其特点是不以直接的短期促销效果为目标，而是通过公共关系的宣传报道使潜在客户对企业及产品产生好感，并在社会上树立良好的企业形象。

广告宣传、销售促进、公共关系是吸引客户上门的重要手段，许多指定货物（Nomination Shipment）① 是客户自己送上门的，买方会提供货物供应方的名称、联系人、电话和地址。企业的知名度提高了，会使企业的柜台推销和会议推销更加有效。

---

① 指定货物是指在国际贸易中以 F 组贸易术语成交的货物。货物运输由买方负责，买方负责签订运输合同和寻找国际货运代理企业，买方通知卖方已经指定了国际货运代理服务方，请卖方把货物交给被指定的国际货运代理企业。本书在第 5 章会详谈指定货物货代业务的跟进方法。

2.4 揽货注意事项和技巧

2.4.1 揽货注意事项

1. 充分了解合作伙伴和目的地国际货运法律

国际货运代理企业离不开承运人、仓库、堆场、货运站、码头、机场、车站、保险公司、报关行、拖车行、控箱公司等的协作。揽货员对以上各企业的操作程序要了然于胸，同时对目的地国际货运法律也要熟悉（如美国国内道路限重很严格，各州之间的法律规定均有不同），以应对客户的各种问题。

揽货员对合作伙伴的实时价格也要充分了解，以便向客户报出正确的价格。例如各码头的费用，如果客户要外拖则要加上拖车行的拖车费，普通车与转关车的价格也不一样；船公司的海运费和航空公司的空运费在随时波动。海运方面要掌握发货港到各大洲及客户常用港口的运杂费，各主要船公司的船期；空运方面要掌握发货空港到各大洲及客户常用空港的运杂费，各主要航空公司的航班时刻；陆运方面要掌握发货地到各大城市的千米数和拖箱费及港口装箱费。对于所有的运输方式，报关费、文件费、修箱、洗箱、租箱、仓租等揽货员都必须有所了解。国际货运代理企业的揽货员应常备一份各种运杂费的清单。

揽货员要掌握承运人的货运时刻表，如航空公司的航班时刻、船公司的船期，特别是头程开船时间和次程开船时间等。国际货运代理企业在不同的港口码头发货，相应的船公司也有所不同。

2. 建立服务优势，掌握报价技巧，协助商务人员签约

国际货运代理企业要善于建立小范围垄断，这样你就有了别人没有的优势，建立所在地区最优惠的服务价格是公司迈向成功的基石。例如，有的公司对中南美线和欧地线的价格有优惠；有的是马来西亚航线有优惠。国际货运代理企业在优势产品方面拥有较多的同行客户，从而降低了揽货成本和操作成本。每个揽货员要了解本公司优势产品的价格结构及特点，及时向合作伙伴索取实时报价，学会用优先权或优惠价来吸引新客户和稳定老客户，灵活应用揽货佣金①。

① 揽货佣金指承运人和国际货代企业为吸引客户，回馈给客户国际货运负责人个人或其公司的利益。

特别提示

初入行的揽货员往往根据承运人给的底价拟报价单给客户，当客户要求更低的价格时，他再找承运人要更低的价格。这种做法是错误的。揽货员不要一开始就报最低价格，要以该线路的行情价及竞争对手的报价做基础参照，再根据客户的货量来决定给出底价还是留有余地。另外，要留意旺季运价上调和货物爆舱①情况，注意承运人要求的最低运量。

（1）运价优势路线

价格的差距取决于揽货量和客户关系。国际货运代理企业同承运人的合作协议往往规定了揽货量与运价的对应关系，国际货运代理企业以此获取优惠运价。还有一种情况，因为承运人给熟客优惠，所以许多货代常常会夸口："我和某某大船公司的业务员是朋友，能拿到好价格。"随着国际货运代理行业竞争的不断加剧，单靠承运人的运价承诺已经不能满足客户的要求，许多国际货运代理企业开始以优化运输组合来取得某线路的运价优势，在中转点、货运站、拖车站等所有环节争取最好的价格。

（2）时间优势

除了价格优势外，时间优势也是值得揽货员向客户介绍的核心竞争力。

企业实践

深圳市华运国际物流有限公司与马来西亚德利航运公司（Hub Shipping Sdn Bhd，HUBLine）结成了战略联盟，德利航运是深圳国际货运市场上唯一直航东马来西亚的船公司，而深圳往东马来西亚的货量很大。虽然中国海运（China Shipping）、赫伯罗特股份公司（Hapag Lloyd AG）等船公司也有来往东马来西亚相同港口的航线，但是要经巴生港转船，在接驳二程船时如错过船期，就得延迟一水船②，原因是该航线为周班船，即要推迟一周才有下一班。深圳华运国际物流集团作为德利航运公司的总代理，虽然价格比别的公司稍高，但却占有船期快、服务好的优势。

（3）质量优势

服务质量优势对于有特殊服务要求的货物（危险品、贵重货物、活动植

① 承运人运输工具的舱位在旺季往往在截货日之前就被订满了，此时不再承揽更多的货物，否则会把舱位撑爆，故称爆舱。

② 一水船指的是船期中的一个航次（Voyage），航班密度高的，可能每天都有；航班密度稍低的可能一周两次，甚至一周只有一次，称周班船。

物等）尤其重要，对某类货物运输处理质量的优势可以赢得客户的信任。国际货代服务质量可以体现在很多方面，如过往有较多的化工品或危险品货量，使得公司处理这些货物时得心应手、效率高，客户也放心等。

（4）地区优势

国际货运代理企业往往在创业所在地或公司总部所在地有良好的客户关系网络和业务网络，使得从这些地区发出的货物处理效率高、费用低，从而构成了地区优势。

3. 资料收集及时、齐全并准确传递给操作员

一定要问清楚客户的全部关键要求，特别是常规的服务要求，如是否需要代理报关、保险、拖车、仓储等业务；要及时收集齐货代单证，特别要注意报关中的监管证件是否提前准备好了，同时要认真核实单证资料的准确性，以免造成改单的额外费用；向操作员传递客户的有关资料。华运国际物流集团揽货员将客户所提供的资料填写在公司规定的一张业务流程卡上传递给操作员，上面的内容包括：起运港、目的港、船名、截关日、箱型箱量、价格及其他服务要求等。

4. 建立客户档案，协助客服人员做好客户关系管理

本书第4章将谈到客户关系管理，但是建立客户档案并非只是客户服务人员的事，一些中小型企业甚至不设客户服务部，而是由业务部来管理客户关系。建立客户历史档案有助于揽货员在第一时间对客户的要求做出响应，以最快、最好的服务满足客户。

5. 做好业务报告，协助财务人员保证运杂费回收

国际货运代理企业通常要求业务部定期写业务报告并向公司管理层汇报，让公司管理决策人及时了解客户的动向和指导开拓市场。业务报告中包含了业务量和应收服务款项的统计，清楚、正确地列出每一票业务所有服务项目及费用和客户支付情况，分列出已付账款（已给客户开了发票的款项）和应收账款。客户当月的应收账款由单证员同相关单位（特别注意境外合作单位）开来的发票及订舱单核对。单证员做好清单后，交给主管并通知相关揽货员及其客户本月应收金额的具体情况。在操作就要完成时，揽货员要通知财务部开发票、核对发票，协助财务部及时收回服务款。

2.4.2 揽货员必备的条件

揽货员必须具备特定的条件才能更有效地完成整个揽货工作。

1. 心理素质要好

揽货员要面对的问题很多，包括无情的回绝、自尊受打击、信心危机等。

如果心理承受能力不够强的话，那么很快就会崩溃，这不单指业务方面，甚至揽货员的私人生活方面都会受影响。

良好的心理素质是经过不断磨炼得来的，业界有一个“1%原则”，即在揽到1%客户的货物之前被99%的客户拒绝是不可避免的。揽货员要在失败中仍然自信坚强，不断地吸取经验，百折不挠地向目标逼近。客户很少自动找上门来，在竞争如此激烈的环境下，大部分客户的获取靠揽货员主动出击，揽货员在开发客户的过程中会经常被拒绝，不能灰心、不能胆怯，要大胆地介绍公司的业务范围和公司的服务优势。

揽到货后也不是万事大吉，在后续工作中还会遇到很多的问题：出货厂家的问题、操作的问题、承运人的问题、货场的问题、拖车欠缺的问题、拖车不够准时的问题、报关没报好的问题等，尤其是当你接到几票货的时候也许这些问题会同时显现出来。揽货员要冷静面对问题，一个环节乱了就有可能全盘皆乱，受了委屈要及时调整自己的情绪，绝对不能把情绪带给下一个客户。

每个客户每天的问题都不一样，揽货员要学会应对。国际运输往往时间长、距离远，只要其中一个环节出错，客户就很紧张，生怕误了交货期。他们的心情会特别烦躁，随时打电话来追责，揽货员是首当其冲的，处理好这些问题才能让客户放心。

2. *要爱岗敬业，具备良好的服务意识*

揽货员需要具备的敬业精神可归纳为“五心”：信心、耐心、恒心、诚心、爱心。揽货员个人的素质代表了公司的素质，国际货运代理行业属于服务行业，揽货员要有服务客户的素质。服务态度要好，一切以客户为中心，全心全意为客户服务。

（1）揽货员要时刻充满信心，对自己有信心，对所属公司的服务产品有信心。要给予客户正面的印象，在衣着、精神状态和言行举止上都要体现出来。

（2）揽货员虽然能判断出某些客户只是来询价而无意提供货源，但还是要耐心地回答他们的问题，去解答他们的疑问。如果客户是来投诉和发脾气的，揽货员则要控制自己的情绪等对方发泄完；如果是自己的责任，揽货员则要保证改进；如果是其他同事的责任，那么，揽货员也要有礼貌地转达客户的批评或转接给相应的同事。

（3）持之以恒地关心客户。如果想获得一个客户，需要不断和潜在客户联络。有的公司要求揽货员每个月都要联络大客户，即使没有合同，相互交流也有助于今后的合作。对于已经移交给操作员或客服的老客户，揽货员也要经常去关心，对客户货物的跟进要有始有终。

(4) 和对方真诚地交流，让客户知道公司服务的限度，说明你的困难，不足的地方要如何努力才能改正，不要承诺做不到的事情。尊重客户的要求，但不是满足他所有的要求。

(5) 揽货员要凭着一颗爱心热情对待客户，为客户分担困难和忧愁，然后才有可能揽到业务。对潜在的业务伙伴，揽货员要热情和认真地跟进。这里的跟进是指与客户保持不断地联系和不断地交流，不用刻意追求接单与否，而是要先和客户交朋友。能提供优质贴心的服务、刻苦勤勉的揽货员容易得到客户的认可。

相关链接

服务“十尺”定律：无论何时，跟客户距离在十尺之内就应堆起笑容，看着对方的眼睛，准备亲切问好，让客户觉得你真的很高兴来拜访。建立亲密与和谐的关系，因为每个人都喜欢跟他们觉得有好感以及有认同感的人交易，所以，跟客户建立感情，他们就会愿意跟你谈生意。

3. 善于沟通，判断准确

揽货员要学习一点心理学，善于研究客户心理；同时要具有能说会道的特点，掌握与人沟通的技巧。要想成为出色的揽货员，就要注意自己的形象，保持仪容端庄，衣着要搭配合理，给人舒服的感觉。

收集的货源资料显示要开发的客户很多，是否每个都是潜在客户呢？当然不是，其中只有很小的一部分是真正会合作的客户，所以揽货员要学会取舍。揽货员的时间有限，要把较多的时间花在有可能合作的客户身上。

注意观察客户的肢体语言。客户在倾听你讲话时递支烟给你，或突然向你要一个较低的价格，表示他在考虑与你合作。此时不要错失良机，也不要操之过急，你可以说，“我们约个时间喝茶”或“这个价格我同经理商量后再告知您”。如果客户忙于其他事没有停下来的迹象，或双腿不停地抖动，表明他有点不耐烦，你可能要先告辞了。

4. 树立专业的形象

揽货员对本企业所提供的国际货运代理服务的范围、质量、过程、后勤服务内容等必须熟悉，对本企业的历史、规模、组织、人事、财务及营业政策等也必须熟悉，以便解答客户可能询问的问题。

每个揽货员必须努力“武装”自己并掌握必要的相关专业知识，如国际货运代理知识、国际贸易知识、货代英语、国际贸易地理知识等，以应对各方面的需要，为企业带来更多的商机及提高企业的效益。例如，帮助客户理解单证、解释单据，甚至帮助客户做单据。外贸人员能把产品卖给外国客户，但未必清楚外贸必需的单据都有哪些。这时，揽货员就是他们的老师，要为他们提供指导。

本章小结

本章介绍了国际货代市场营销的理论依据、国际货代市场的供需特征、国际货代服务产品的特征。国际货代企业揽货程序包含开发新客户、接触前的准备、电话预约、业务洽谈、签订合约、售后服务 6 个步骤。实际上可以简化为找客户、报价、填托运单、填工作流程单 4 个具体环节。国际货运代理企业在开发新客户的过程中，主要使用人员揽货、广告宣传、销售促进、公关关系 4 种方式，这 4 种方式各有优缺点，其中人员揽货是最重要的。

推荐阅读

1. 国际货运代理协会联合会 http：//www. fiata. com
2. 中国国际货运代理协会 http：//www. cifa. org. cn
3. 中华人民共和国商务部 http：//www. mofcom. gov. cn
4. 深圳市华运国际物流集团 http：//www. cntrans. cn
5. 物流世界 http：//www. 56zg. com
6. 马来西亚德利航运公司 http：//www. hubline. com

思考题

一、选择题

1. 产品组合的长度是指（　　）的总数。

   A. 产品品种　　B. 产品项目

   C. 产品规格　　D. 产品品牌

2. 服务营销组合因素在有形产品营销组合的基础上又增加了（　　）。

   A. 分销渠道　　B. 人员

   C. 过程　　D. 有形展示

3. 中国向非洲某国出口整套水电站发电设备，并提供技术转让、员工培训和银行贷款协议服务。依据国际贸易的分类原则，这种综合出口业务具有的贸易特性有（　　）。

A. 直接贸易　　B. 有形商品贸易
C. 服务贸易　　D. 无形商品贸易

4. 货运代理企业为客户提供的产品是（　　）。

A. 货物运输服务　　B. 货物运输能力
C. 舱位　　D. 货运总量

5. 宏观市场营销从（　　）层面研究营销问题，强调从整体经济、社会、道德与法律角度把握营销活动，并从宏观层面来控制和影响营销过程，以此实现社会供求平衡，保证社会经济的持续发展。

A. 社会总体交换　　B. 企业之间交换
C. 区域交换　　D. 个人交换

二、判断题

1. 填写空运托运书时，若机场名称不明确，可填城市名称。（　　）
2. 在国际航空货物运输当中，托运人在填写托运书中的品名栏目时可填写“样品”“部件”。（　　）
3. 在FOB价格条件下，货物由进口商安排运输。因此，提单中的托运人一定是出口商。（　　）
4. 物流活动本身不创造商品的使用价值，物流活动仅使商品在流通过程中实现时间和空间的位移，因此物流活动不具备增值作用。（　　）
5. 营销活动只能被动地受制于环境的影响，因而营销管理者在不利的营销环境面前可以说是无能为力的。（　　）

三、简答题

1. 简述国际货代市场营销的概念。
2. 简述国际货运代理企业市场营销的过程。
3. 人员揽货有什么特点？
4. 货运揽货的程序有哪些？如何理解揽货工作的售后服务？
5. 请结合货代企业的实际情况，简述在确定促销组合时应考虑哪些因素。

第3章　国际货代商务

关键术语

法律地位　代理权关系　直接代理　间接代理　委托代理合同　提单责任险

学习目标

- 熟悉国际货代行业的法律规范；
- 熟悉国际货代关系；
- 掌握委托代理合同的定义；
- 掌握国际货代业的管理规定。

国际货代企业常常把重要客户（VIP）、同行客户交给专门的商务人员负责，同时较烦琐的法律问题也由专门的商务人员来处理。国际货代商务、国际货代操作、国际货代客户服务工作都要接触客户，可以由不同的部门分别承担，也可以由同一部门的不同职能人员负责。

3.1　国际货代行业法规

3.1.1　国际货代业务涉及的国际公约及惯例

按照“国际法优于国内法”的一般原则，我国所缔结和参加的有关国际公约和协定，除我国声明保留的条款以外，在不损害我国主权和公共利益的前提下，对我国有约束力。国际货代在其业务范围内，在与有关方面签订的各种协议中，必然会涉及某些国际公约或国际惯例。揽货员对这些国际公约或国际惯例的有关责任期间、责任基础、责任限额、免责条款、索赔程序、诉讼时效及管辖权等内容要熟练掌握。

1. 国际货代业务涉及的国际公约

海上运输《海牙规则》《海牙—维斯比规则》和《汉堡规则》是各国海运界所熟悉和普遍采用的国际公约。铁路运输多采用《国际铁路货物联运协定》（简称《国际货协》）、《国际铁路货物运送公约》（简称《国际货约》）和《国际铁路联盟条例》。公路运输采用《国际公路货物运输合同公约》（简称《国际公路货运公约》）。在航空运输中，《海牙议定书》《华沙公约》《蒙特利尔公约》是各国的重要参考法规。有关多式联运，各国普遍参考《联合国国际货物多式联运公约》《联合国国际货物销售合同公约》《国际商会多式联运单证规则》。熟悉这些公约，了解和掌握国际货运代理的法律责任、义务及权利，是做好货代业务的前提和保证。

2. 国际货代业务中涉及的国际惯例

国际惯例是指在国际商业往来中经过长期实践形成的，并由非政府国际组织编纂成文的行为规范。国际货代方面，有《国际货运代理标准交易条件》《菲亚塔货运服务示范规则》及各种单证，由国际货运代理协会联合会编纂或制定。这些惯例都具有广泛的国际影响，对确定货运代理人在海上货物运输代理合同法律关系中所处的地位有重要作用。

（1）与海事审判密切相关的国际贸易惯例《国际贸易术语解释通则》（最新版本 Incoterms® 2010）与《跟单信用证统一惯例》（UCP 600），由国际商会（ICC）编纂。在海上货物运输合同货损货差纠纷案件中，Incoterms® 2010 是确定责任大小和风险承担等的重要依据。UCP 600 表述的是信用证业务当事人之间的法律关系。该惯例也是审理海上货物运输合同纠纷案件、提单纠纷案件和海事欺诈案件的重要依据。除此以外，国际商会还编纂了与海事审判有关的《托收统一规则》（URC 522）。另一个重要国际惯例是《华沙—牛津规则》（Warsaw-Oxford Rules），由国际法协会（ILA）编纂。该惯例为按 CIF（成本加保险费加运费）条款进行货物买卖但缺乏标准合同格式或共同交易条件的人们提供了一套可在 CIF 合同中易于使用的统一规则，涉及涉外海事纠纷国际货物买卖中风险的划分与所有权转移的问题。

（2）在海上运输及保险方面，有国际商会编纂的 1974 年版《清洁提单问题》（CBL 1974）、1973 年版《国际多式联运单据统一规则》（URCTD 1973）等国际惯例。另有国际海事委员会（CMI）制定的《约克—安特卫普规则》（York-Antwerp Rules）及英国伦敦保险协会（ILU）制定的《英国伦敦保险协会海运货物保险条款》以及《国际船壳保险条款》（IHC 2002）等。这些海事国际惯例分别对共同海损以及货物和船舶保险等方面的问题作出了规定，是典型的海事国际惯例。此外，还有《国际海事委员会海运单统一规则》（CMI Uniform Rules For Sea Waybills，1990）、《国际海事委员会电子提单规则》（CMI Rules for Electronic Bills for Lading，1990）等。

（3）租船合同方面，国际标准合同（UNIFORM CONTRACT FORMS）是海事国际惯例的重要形式之一。租船合同既有非政府组织制定的，也有某个贸易或航运协会制定的。海事审判中经常碰到的两种租船合同格式由波罗的海国际航运公会（BIMCO）制定，分别是《航次租船合同（金康格式）》《定期租船合同（波尔的摩格式）》。此外，还有《定期租船合同（土产格式）》《澳大利亚谷物租船合同》《油船航次租船合同》（由美国船舶经纪人和代理人协会制定）、《租船和航运用语》等。国际上的许多航运公司经常将上述合同条款并入提单，由此产生的管辖权纠纷十分常见。另外，波罗的海国际航运公会于2013年重新组织修订的《租船合同装卸时间定义》也是一种确定滞期费和速遣费的重要海事国际惯例。

3.1.2 我国国际货代行业相关的法律和行政法规

1. 全国人大及其常委会制定的法律

我国法律是由全国人民代表大会及其常务委员会依法制定的，效力仅次于宪法的规范性法律文件。在我国尚未制定专门的国际货运代理法律的情况下，当国际货运代理企业被视为代理人时，通常适用《中华人民共和国民法总则》有关代理的规定；当国际货运代理企业被视为独立经营人时，通常适用《中华人民共和国合同法》。更进一步，《中华人民共和国海商法》《中华人民共和国民用航空法》《中华人民共和国海事诉讼特别程序法》《中华人民共和国民事诉讼法》《中华人民共和国仲裁法》《中华人民共和国海关法（修正）》《中华人民共和国进出境动植物检疫法》《中华人民共和国进出口商品检验法》《中华人民共和国票据法》《中华人民共和国外商投资企业和外国企业所得税法》《中华人民共和国外资企业法》《中华人民共和国行政处罚法》《中华人民共和国行政复议法》《中华人民共和国对外贸易法》《中华人民共和国个人所得税法》《中华人民共和国公司法》《中华人民共和国担保法》都是国际货代业务可能涉及的法律。

2. 国务院及其各部委颁布的行政法规、规章

行政法规是由国家最高行政机关——国务院依据宪法和法律制定、颁布或批准颁布的规范性文件，其效力低于法律，却高于规章和地方法规，如《海运条例》《国际货物运输代理业管理规定实施细则》《水路货物运输合同实施细则》《公路货物运输合同实施细则》《铁路货物运输合同实施细则》

《航空货物运输合同实施细则》《仓储保管合同实施细则》等。行政规章是国务院直属部门制定、颁布或批准颁布的规范性文件，其效力低于行政法规，如《海运条例实施细则》《中华人民共和国船舶引航管理规定》《外商投资国际货物运输代理企业管理办法》等。

3.2　国际货代法律关系

委托人委托代理人替委托人做某事时，就产生了代理的概念。在委托代理关系中，业务双方的利益并不完全相同，代理人的利益不一定是委托人的利益，所以容易发生利益冲突。委托人为了使代理人的行为符合其利益，会和代理人订立合约，产生双方履行合约的需求，也产生代理的成本，包括委托人的监控成本等。就国际货代业而言，托运人会把国际货运作业交由国际货代公司负责，签订合约，以确保托运人要求的服务能够被满足。当国际货代企业作为代理人时，代理双方的纠纷通常适用《中华人民共和国民法总则》有关代理的规定；当国际货代企业作为独立经营人从事国际货运代理业务时，则适用《中华人民共和国合同法》《中华人民共和国海商法》《中华人民共和国海事诉讼特别程序法》等的有关规定。

3.2.1　代理的法律概念与特征

从法律行为角度来讲，代理是代理人在代理权限内，为了被代理人的利益，以被代理人或代理人自己的名义向第三人实施意思表示或接受来自第三人的意思表示，由此产生的法律后果由被代理人承受的一种民事法律行为。所谓的民事法律行为，是指自然人、法人或其他社会组织设立、变更、终止民事权利、义务关系的合法行为。这种行为以当事人的意思表示为基本要素，以在当事人之间设立、变更、终止民事权利、义务关系为目的，以合乎法律规范为本质特征。因此，我国法律规定的代理行为具有以下 4 个基本特征。

1. 由代理人进行或接受意思表示

代理人进行或接受意思表示是指由代理人决定意思表示的具体内容，并以一定的方式表达出来，以使其他人理解其意图。例如，国际货运代理企业为了委托人的货物运输利益，用订舱单向承运人订舱。

2. 以被代理人名义或为了被代理人利益进行或接受意思表示

以被代理人名义进行或接受意思表示是指公开与被代理人的代理关系，披露被代理人的身份，以被代理人的名义开展活动，表达设立、变更、终止民事权利、义务关系的意思。

为了被代理人利益进行或接受意思表示是指不公开与被代理人的代理关

系，或者公开与被代理人的代理关系，不披露被代理人的身份，仅仅是为了被代理人利益以代理人的名义开展活动，表达设立、变更、终止民事权利、义务关系的意思。

3. 代理人进行或接受意思表示的目的在于设立、变更、终止民事权利、义务关系

代理人以被代理人名义或为了被代理人利益进行或接受意思表示，目的是使被代理人和第三人之间产生一定的法律效果，或者建立民事权利、义务关系，或者变更、终止民事权利、义务关系，最终涉及的是被代理人和第三人的权利和义务，属于具有法律意义的行为。国际货运代理企业的行为最终涉及委托人和承运人双方的权利和义务。

4. 代理人进行或接受意思表示对被代理人发生效力

代理人在代理权限内以被代理人名义向第三人所进行或接受意思表示，虽然在形式上表现为代理人与第三人进行法律行为，但是代理人并不与第三人产生任何权利义务关系，而是在被代理人与相对人之间产生权利义务关系，在法律上视为被代理人自己的行为，直接对被代理人发生效力，其法律后果由被代理人承担。

代理人在代理权限内以自己的名义向第三人进行或接受意思表示，虽然在形式上表现为与第三人进行法律行为，有时甚至要由代理人先行承担代理行为的法律后果，但只要这种行为是为了被代理人的利益进行的，其法律后果最终也要由被代理人承担。其中，代理人以自己的名义为了被代理人的利益进行或接受意思表示，在代理人进行或接受意思表示时公开与被代理人的代理关系的情况下，直接对被代理人发生效力，其法律后果由被代理人承担。在代理人进行或接受意思表示时没有公开与被代理人的代理关系的情况下，首先对代理人发生效力，由代理人向第三人承担法律后果，然后再由代理人根据代理关系，要求被代理人最终承受该后果。

3.2.2 国际货运代理的法律地位

国际货运代理的法律地位是指国际货运代理企业在从事业务经营活动时，在与他人发生的法律关系中所处的地位。国际货运代理企业因业务经营行为发生的法律关系所处的地位，决定了其在相应法律关系中享有的权利、承担的义务和责任的具体内容。国际货运代理企业的法律地位本质上取决于其业务经营行为的方式以及客户之间的合同约定和相关法律、法规、规章的强制性规定。

国际货运代理企业既可以作为托运人或承运人的代理人，也可以作为独

立经营人从事经营活动，其在经营活动中的角色不同将导致其法律地位不同，所承担的法律责任也不相同。当国际货代企业作为代理人，代理双方的纠纷通常适用《中华人民共和国民法总则》有关代理的规定；当国际货代企业作为独立经营人从事国际货运代理业务时，则适用《中华人民共和国合同法》《中华人民共和国海商法》《中华人民共和国海事诉讼特别程序法》等法律的有关规定。

3.2.3 代理的产生与分类

1. 代理权关系的产生

根据现行有关法律、法规，代理人可以通过3种途径取得对被代理人事务的代理权，与被代理人形成代理权法律关系。

（1）被代理人委托

这是指被代理人与代理人之间协商一致，建立委托代理合同关系，被代理人根据委托代理合同约定授予代理人代理权，委托代理人处理合同约定的委托事务。

（2）法律规定

这是指法律根据被代理人与代理人之间存在的一定身份关系，规定代理人享有对代理事务的代理权。

（3）有关部门指定

这是指人民法院或其他有关单位，依照法律规定从与被代理人存在一定身份关系、拥有法定代理权的人中，指定一人作为被代理人的具体代理人，要求依法行使代理权，代为处理被代理人事务。

国际货运代理企业接受委托人委托向承运人订舱，委托承运人出运货物，或者接受委托人委托提取货物，向承运人支付运杂费等属于“被代理人委托”。

2. 代理的分类

根据不同的标准，可对代理进行不同的分类。

（1）按代理人活动的名义和后果的归属分类

大陆法系按照代理行为的法律后果由谁直接承担为标准，将代理分为直接代理和间接代理；而英美法系以代理人是否披露被代理人为尺度，将代理分为显名代理和隐名代理。可以说，在功能上，大陆法系的间接代理与英美法系的隐名代理很相似，但它们的划分标准却是截然不同的。

1）直接代理：指代理人在代理权限范围内，以被代理人的名义与第三人进行法律行为，该行为的后果直接由被代理人承担的代理。

2）间接代理：指代理人根据被代理人的委托，为了被代理人的利益，在代理权限范围内以自己的名义向第三人所进行的法律行为，该行为的后果先由代理人承担，再由代理人转移给被代理人承担的代理。

（2）按代理人代理权限的取得途径分类

我国《民法总则》中的代理分类规定如下：

1）委托代理。委托代理即代理人通过被代理人的授权委托行为取得代理权的代理行为。

代理人应根据授权书确定的代理事项和范围，认真、尽责地履行代理行为，及时向客户汇报业务进展情况，维护客户的合法权益。为了履行全部或者部分委托事宜，企业可以自己的名义与第三人签订合同，该合同效力及于客户。同时，除非客户有明确相反的指示，企业有权选择是否向第三人披露客户作为委托人这一事实。

按照客户的要求，提供真实、准确、完整的货物运输情况以及客户要求的其他信息。对于与运输计划存在差异之处，发生交通工具意外事故等情况时，应及时通知客户并按客户的指示行事，并最大限度地保护客户利益。与客户确认是否为客户代付运费、港口费用及其他代理、代办费用，如果是，则应约定偿还垫付的款项事宜。

2）法定代理。法定代理即由于法律的直接规定而产生代理权的代理行为。

3）指定代理。指定代理即由人民法院、主管机关指定行使代理权的代理行为。

3. 国际货运代理两种法律地位的区别

由于国际上没有专门的有关国际货运代理法律地位及其责任的统一公约，因此，国际货运代理不同的法律地位，要根据具体业务来区分，根据所属国的法律来认定。

（1）签发运输单据的方式

除国际货运代理企业与委托人另有约定外，一般情况下，以收、发货人代理人名义在运输单据上签字，或者以承运人代理人名义签发运输单据的国际货运代理企业将分别被视为发货人、收货人、承运人的代理人，享有代理人的权利，承担代理人的义务和责任。以道路运输经营人的身份签发道路运单，以铁路运输经营人的身份签发铁路运单，以航空运输经营人的身份签发航空分运单，以无船营运公共承运人的身份签发海运提单和以多式联运承运人的身份签发国际多式联运提单的国际货运代理企业则被视为当事人，享受承运人的权利，承担承运人的义务和责任。

（2）收入取得的方式

从委托人处取得代理费或佣金的国际货运代理企业被视为发货人、收货人、承运人的代理人，而从发货人或收货人支付的运费和实际承运人要求支付的运费差价中取得利润的国际货运代理企业被视为缔约承运人（当事人）。这里的关键问题是合同的规定。委托代理合同条款一定要写明，委托人要求国际货运代理从事的一切活动均属于代理性质，收取的费用是代理佣金。如果合同中不明确区分代垫费用和代理费用或佣金，笼统用包干费用加以概括，且在合同其他条款中没有明确国际货运代理企业仅仅作为代理人从事有关业务活动，国际货运代理企业很可能被视为承运人（当事人），仅享受代理人的权利，却要承担承运人的义务和责任。

（3）合同约定的内容

我国法律部门在当事人签订的合同名称与合同约定的权利和义务内容不一致的情况下，通常按合同约定的权利和义务内容来确定合同的性质及当事人的法律地位。在有关合同规定国际货运代理企业接受客户的委托，代为安排货物的国际运输事宜，仅对自己的过错给客户造成的损失承担责任的情况下，国际货运代理企业将被视为代理人。在有关合同规定国际货运代理企业接受客户的委托，负责货物的国际运输事宜，并对货物的损坏、灭失、延迟交付承担责任的情况下，国际货运代理企业将被视为承运人（当事人）。

（4）行业惯例与交易习惯

国际货运代理企业在业务经营过程中，常常根据收、发货人的委托，以自己的名义向承运人租船、订舱，或者以自己的名义接受收、发货人的租船、订舱要求，确认货物出运的时间、航次、航班，当货主不能按约定的时间、地点、数量提供拟出运的货物、支付运费，或者承运人不能按时运输货物，甚至甩货①时，有些国家要求由国际货运代理企业先承担当事人的责任，赔偿对方当事人的损失，然后向责任方追偿。此外，法院在确定国际货运代理企业的法律地位时，往往还要考虑当地国际货运代理企业与客户的交易习惯，案件中国际货运代理企业与对方当事人以往的交易习惯，结合其他情况综合判定国际货运代理企业的法律地位。

总之，目前国际上，均无统一的判定国际货运代理企业法律地位的强制性标准。国际货运代理企业在具体业务活动中的法律地位取决于可适用的法律、法规规定，取决于业务活动的具体事实，需要根据有关法律、法规规定，结合当事人之间的合同、协议、往来文电、运输单据、收支凭证及其他有关情况，综合各种相关因素来确定。

4. FIATA关于国际货运代理立法的建议

为了缩小国际货运代理业务在各国法律规定中的差异，国际货运代理协

① 甩货指承运人违反承运的时间约定，优先安排他人的货走这一班次或航次，而把之前承运的货拉下，如果拉下的是整个集装箱也称甩柜，在空运中也称拉货。

会联合会（FIATA）在1996年制定了《菲亚塔国际货运服务示范规则》（FIATA Model Rules for Freight Forwarding Services）。该条例对货运代理作为代理人或独立经营人的情况进行区分。当货运代理仅作为货主或承运人的代理时，只要其在提供货运代理服务时恪尽职守，自身没有过错，其对货物损失及第三方的过错就不承担责任。当货运代理作为独立经营人时，如果直接使用自己的运输工具进行运输（履约承运人），则要承担当事人责任，而且如果其签发了自己的运输单证，或者以其他方式表示已明示或默示承担承运人责任（契约承运人），则要承担承运人责任。货运代理作为当事人，如果雇用第三方来完成运输合同或其他服务，则将对其雇用的第三方的行为和疏忽承担责任，如同该行为是其自己履行的一样。其权利和义务应依据适用于该运输或服务的有关法律，以及明确约定的附加条件。如果没有约定，则应受该种运输或服务通常附加条件约束。

3.2.4 委托代理合同

1. 委托代理合同的概念

委托代理是在一定的法律关系的基础上成立的。在这种法律关系中，对于委托、受托双方的权利、义务都有明确的规定。这种法律关系一般指委托代理合同。

委托代理合同又称委托合同、代理合同、委任合同，是指当事人双方约定一方委托另一方处理事务，另一方同意为其处理事务的协议。在委托合同关系中，委托他人处理自己事务的人是委托人，接受委托的人是受托人。从代理的角度来看，委托他人代为处理自己事务的人是被代理人，接受委托人的委托，代其处理事务的人是代理人。

国际货运委托代理合同是指国际货运代理企业接受进出口货物收货人、发货人、承运人或其代理人的委托，以委托人名义或以自己的名义办理国际货物运输业务及其相关业务，并收取服务报酬的合同。

2. 委托代理合同的订立程序

委托代理合同的订立就是委托人和受托人双方就委托代理合同的主要条款进行协商，达成协议的过程。与其他合同的订立一样，委托代理合同的订立也要经过要约和承诺两个基本阶段。委托方提出的“要约”，一经被委托方书面确认，即意味着“承诺”，双方之间的契约行为成立。因此，委托书应由委托单位签字盖章，使之成为有效的法律文件。委托人可直接向代理人签订长期或临时委托代理合同。长期委托的委托期可以为一年、两年或三年，终止委托代理合同须根据合同规定提前一定期限以书面形式通知代理人。临时委托以合同注明的委托事项和有效期为准。双方义务履行完毕，有关费用均已结清，合同即视为终止。凡是委托人已委托某货运代理公司为国内某港口货运代理的，委托人应通知有关单位，对同一委托事项，或同一时期不得另行委托其他单位做同样的货运代理业务。双方委托代理关系一经建立，货运代理人即表示接受委托，开始履行货物的进出口代理业务。代理人在港口办理进出口货物的代理业务，委托人必须提供有关的单证资料，作为代理人办理货运代理的依据。然而，由于委托代理关系建立在委托人和受托人之间互相了解、信任的基础之上，双方能否达成协议很大程度上取决于拟委托事项的内容、委托的条件，受托人对待委托事项的态度、办理委托事项的能力。双方往往需要反复接触、多次磋商，才能最终达成协议。为了明确双方的权利、义务关系，常常还要将协议内容以一定的形式体现，履行必要的手续。在实践中，委托代理合同关系的建立远非经过要约、承诺两个阶段。一般来讲，委托代理合同关系的建立至少需要经过以下几个阶段：

（1）提出委托、代理意向；

（2）调查、了解对方资信状况；

（3）表达订立合同的愿望；

（4）审核、评估合同条款；

（5）回复对方当事人；

（6）签订委托代理合同。

3. 委托代理合同的格式与内容

委托代理合同即国际货运代理服务协议书，其格式是多种多样的，大部分是一份货物托运单或称运输指示单（Shipping Instruction，S/I 或 SI；Shipper's Letter of Instruction，SLI①），也有比较正式的委托运输代理合同。托运单的格式多种多样，但所有的表格本质上所含的内容都一样。通常不同的运输模式使用的托运单相同，由承运人或货代提供。托运单有时含有“出口商授权以上货运代理作为出口控制和报关服务的货运代理”或类似的文字。委托代理合同应明确以下内容：

（1）详细、明确的服务范围；

（2）双方的权利和义务；

（3）双方的责任和豁免；

（4）合同价款及支付方式，即合同价款及构成、合同价款支付的时间约

---

① Shipping Instruction 或 Shiper's Instruction 也可用来指买方发给卖方的装运、包装指示。这里指货物托运单、托运书或货物运输委托书（Entrusting Order for Cargo Transport）、出口货运代理委托书（Entrusting Order for Export Goods），简称委托书；SLI 则在空运中使用。

定、合同价款的调整；

（5）保密条款；

（6）不可抗力；

（7）委托人和代理人的全称，注册地址、联系方式；

（8）委托方应提供的单证及提供的时间；

（9）明确为履行全部或者部分委托事宜，货运代理可以自己的名义与第三人签订合同，该合同效力及于委托方；

（10）委托方和代理人的特别约定；

（11）一般条款，包括法律适用，合同的订立、解释、履行、修改、终止及争议的解决，合同的完整性，合同的分割性；

（12）宜将《国际货运代理通用交易条件》（GB/T 22153—2008）（详情请扫描二维码 3-1）并入合同。

二维码 3-1　国际货运代理通用交易条件

3.3　我国国际货运代理业管理规定

3.3.1　国际货运代理企业的资质、等级与备案

1. 企业资质要求

在中国境内设立的国际货运代理企业应当依法取得中国企业法人资格。国际货运代理企业应当具备下列条件：

（1）具有与其业务规模、作业需求相适应的营业或作业场所，配备必要的设施、设备和辅助工具，并应符合保障安全生产、计量检定的有关法律、法规、国家标准或者行业标准的规定。

（2）至少应有 3 名具有国际货运代理从业资格的业务人员。

（3）应有一定数量的具有丰富从业经验的业务人员和高级管理人员。

（4）应配置符合业务需求的专门机构和服务机构网络。

（5）应取得签发各类业务单证的资格。如需签发国际多式联运提单、货运单、航空货运分运单，则应经商务主管部门备案登记；如需开展无船承运业务，则应持有“无船承运业务经营资格登记证”。

（6）应有一定数量的运输设备或工具。

（7）应具备信息网络化服务能力，信息化管理应覆盖、贯穿业务管理的全过程，信息化建设和业务管理一体化。

（8）企业名称宜含有表明行业特点的“货物运输代理”“运输服务”“仓储”“配送”“集运”“物流”等相关字样。

（9）应投保国际货运代理人责任险或独立经营人责任险（或国际货运代理提单责任险）。

（10）应具有一定的偿债能力。

（11）应有健全的经营、财务、风险控制、质量管理、信用管理、统计、安全、技术服务、客户关系管理等部门和相应的管理制度。

国际货运代理企业按运输方式、业务类型、服务功能等主要特征可分成海运型、陆运型、空运型、综合型、仓储型及国际快递型等，经营范围相近的企业为同一类型。每种类型国际货运代理企业应具有一定规模，以该项业务为主并经营该项业务达两年以上；其中空运型、国际快递型企业还需符合国际航空运输协会（IATA）的要求，并有至少3名取得航空运输销售代理人员相应业务合格证书的从业人员，仓储型企业要求企业具有一定设施、设备，综合型企业要求能根据客户要求，为客户制定整合国际货运及物流资源的运作方案。

国际货运代理企业的注册资本最低限额应当符合下列要求：

（1）经营海上国际货运代理业务的，注册资本最低限额为500万元人民币；

（2）经营航空国际货运代理业务的，注册资本最低限额为300万元人民币；

（3）经营陆路国际货运代理业务或者国际快递业务的，注册资本最低限额为200万元人民币。

经营两项以上业务的，注册资本最低限额为其中最高一项的限额。

国际货运代理企业可依法设立子公司或不具有法人资格的分支机构，每设立一个不具有法人资格的分支机构应当增加注册资本50万元人民币。

设立外商投资国际货运代理企业应按国家现行的有关外商投资企业的法律、法规所规定的程序，向省级商务主管部门呈报规定的文件。省级商务主管部门自收到全部申报文件30日内，作出同意或不同意的决定，经审查批准的，颁发“外商投资企业批准证书”；不予批准的，书面说明理由。超过省级商务主管部门审批权限的，省级商务主管部门应在对报送文件进行初审后，自收到全部申请文件之日起15日内上报商务部。商务部应自收到全部申报文件60日内，作出同意或不同意的决定，经审查批准的，颁发“外商投资企业批准证书”；不予批准的，书面说明理由。

设立外商投资国际货运代理企业需提供如下文件：

（1）申请书；

（2）项目可行性研究报告；

（3）设立外商投资国际货运代理企业的合同、章程，外商独资设立国际货运代理企业仅需提供章程；

（4）董事会成员名单及各方董事委派书；

（5）工商部门出具的企业名称预核准通知书；

（6）投资者所在国或地区的注册登记证明文件及资信证明文件。

外商投资国际货运代理企业正式开业满 1 年且注册资金全部到位后①，可申请在国内其他地方设立分公司。分公司的经营范围应在其总公司的经营范围之内。分公司民事责任由总公司承担。外商投资国际货运代理企业每设立一个从事国际货运代理业务的分公司，应至少增加注册资本 50 万元人民币。如果企业注册资本已超过最低限额，则超过部分可作为设立分公司的增加资本。

申请设立分公司的，应向总公司所在地省级商务主管部门提出申请，由总公司所在地省级商务主管部门在征得拟设立分公司所在地省级商务主管部门同意意见后批准。根据《外商投资国际货物运输代理企业管理办法》及其他外商投资法律、法规超过省级商务主管部门审批权限的，省级商务主管部门应在初审后，将全部申请材料及拟设立分公司所在地商务主管部门的同意意见函上报商务部，由商务部负责审批。外商投资国际货运代理企业设立分公司需提供以下文件：

（1）申请书；

（2）董事会决议；

（3）如增资，则需提交有关增资的董事会决议及增资事项对合营合同、章程的修改协议，外商独资国际货运代理企业仅需提交章程、修改协议；

（4）企业验资报告。

国际货运代理企业按照不同评价指标，将具备一定综合服务能力和服务水平的 6 种类型企业的等级分为 AAAAA、AAAA、AAA、AA、A 5 个等级。其中，AAAAA 等级最高。

企业等级评价工作可由全国性的国际货运代理行业中介组织设立评价机构具体实施。评价机构根据规范的评价指标体系，运用科学的评价方法，履行严格的评价程序，通过信用记录、企业内在素质、管理能力、经营水平、外部环境、财务状况、债务偿还能力、风险控制能力、履行承诺的能力、发

① 我国因鼓励外商投资，所以允许其注册资金分期到位，而内资企业的注册资金必须一次性到位。

展前景及可能出现的各种风险等进行全面了解、调查、研究分析后，做出综合判断和评价。

2. 企业备案和年度业务备案

依法注册登记的国际货运代理企业及其分支机构成立后，应向商务部或其授权的地方商务主管部门进行企业备案登记，并向商务部委托的中国国际货运代理协会和各地方国际货运代理协会办理年度业务备案登记。外商投资国际货代企业依法领取“外商投资企业批准证书”后，办理工商登记注册手续，并向商务部委托的中国国际货运代理协会和各地方国际货运代理协会办理年度业务备案登记。国际货运代理企业备案工作实行全国联网和属地化管理。商务部委托各省、自治区、直辖市和计划单列市商务主管部门（以下简称备案机关）负责办理本地区国际货运代理企业备案。商务部委托中国国际货运代理协会和地方国际货运代理协会（以下简称备案机构）负责实施国际货运代理企业年度业务备案。

国际货运代理企业依法取得工商行政管理部门颁发的营业执照后30个工作日内，应向所在地的备案机关办理企业备案手续。国际货运代理企业法人备案程序如下：

（1）领取“国际货运代理企业备案表”（以下简称“备案表”）。国际货运代理企业可以通过商务部政府网站（http：//www. mofcom. gov. cn）下载，或到所在地备案机关领取“备案表”。

（2）填写“备案表”，保证填写内容完整、准确和真实，由法定代表人签字、盖章。

（3）向备案机关提交如下备案材料：

1）按以上要求填写的“备案表”；

2）营业执照复印件；

3）组织机构代码证书复印件。

备案机关应自收到企业提交的全部材料之日起5日内办理备案手续，并在“备案表”上加盖备案印章。国际货运代理企业应完成企业备案手续，并到海关、外汇管理、税务等部门办理开展国际货运代理业务所需的相关手续。国际货运代理企业应凭有效的或经年度复核的“备案表”办理工商年检手续。国际货运代理企业备案信息发生变更时应在30日内办理“备案表”的变更备案手续，逾期未办理的，其“备案表”自动失效。国际货运代理企业已在工商部门办理注销手续或被吊销营业执照的，自营业执照注销或被吊销之日起，“备案表”自动失效。备案机关应将国际货运代理企业“备案表”失效情况及时通报海关、外汇、税务等部门。

国际货运代理企业应当自企业设立的第二年起，于每年2月底前根据中国国际货运代理协会制定的《企业业务备案实施办法》办理年度业务备案。国际货运代理企业业务备案程序如下：

（1）领取“国际货运代理企业业务备案表”（以下简称“业务备案表”）。

国际货运代理企业可以通过商务部政府网站（http：//iffe. mofcom. gov. cn/corp/notice）或中国国际货运代理协会网站（http：//www. cifa. org. cn）下载“业务备案表”。

（2）填写“业务备案表”，保证填写内容完整、准确和真实，并由法定代表人签字、盖章。

（3）国际货运代理企业应提交如下备案材料：

1）按要求填写的“业务备案表”；

2）“备案表”复印件或“外商投资企业批准证书”；

3）营业执照复印件；

4）组织机构代码证书复印件；

5）从业人员资格证书；

6）责任保险合同复印件；

7）提单复印件（如签发）；

8）国际货运代理货运单和航空货运分运单复印件（如签发）。

业务备案机构自收到企业提交的材料之日起5日内办理完毕业务备案手续。备案机关和备案机构应当为备案企业保守商业秘密。

3. 国际货运代理提单登记

国际货运代理企业签发的国际货运代理提单实行备案登记制度。境外国际货运代理企业的提单在中国境内始发或以中国为目的地，也必须备案登记。

《海运条例》第7条要求经营无船承运业务，应当向国务院交通主管部门办理提单登记，并交纳保证金。

在中国境内经营无船承运业务，应当在中国境内依法设立企业法人。国务院交通主管部门应当自收到无船承运业务经营者提单登记申请并交纳保证金的相关材料之日起15日内审核完毕。申请材料真实、齐备的，予以登记，并通知申请人；申请材料不真实或者不齐备的，不予登记，书面通知申请人并告知理由。已经办理提单登记的无船承运业务经营者，由国务院交通主管部门予以公布。

申请办理无船承运业务经营者提单登记的，应当向国务院交通主管部门提出提单登记申请，报送相关材料，并应当同时将申请材料抄报企业所在地或者外国无船承运业务经营者指定的联络机构所在地的省、自治区、直辖市人民政府交通主管部门。申请材料应当包括：

（1）申请书；

（2）可行性分析报告；

（3）企业商业登记文件；

（4）提单格式样本；

（5）保证金已交存的银行凭证复印件。

申请人为外国无船承运业务经营者的，其委托的联络机构应当向交通运输部备案，并提交下列文件：

（1）联络机构说明书，载明联络机构名称、住所，联系方式及联系人；

（2）委托书副本或者复印件；

（3）委托人与联络机构的协议副本；

（4）联络机构的工商登记文件复印件。

联络机构为该外国企业在中国境内的外商投资企业或者常驻代表机构的，不用提供以上第（2）（3）项文件。联络机构或者联络机构说明书所载明的事项发生改变的，应当自发生改变之日起15日内向交通运输部备案。

有关省、自治区、直辖市人民政府交通主管部门自收到上述抄报材料后，应当就有关材料进行审核，提出意见，并应当自收到抄报的申请材料之日起7个工作日内将有关意见报送交通运输部。交通运输部收到申请人的材料后，应当在15个工作日内按照《海运条例》第七条和第八条的规定进行审核。审核合格的，予以登记，并颁发“无船承运业务经营资格登记证”；不合格的，应当书面通知当事人并告知理由。中国的申请人取得“无船承运业务经营资格登记证”，并向原企业登记机关办理企业相应登记手续后，方可从事无船承运业务经营活动。

没有在中国港口开展国际班轮运输业务，但在中国境内承揽货物、签发提单或者其他运输单证、收取运费，通过租赁国际班轮运输经营者船舶舱位提供进出中国港口国际货物运输服务，或者利用国际班轮运输经营者提供的支线服务，在中国港口承揽货物后运抵外国港口中转的，应当按照有关规定，取得无船承运业务经营资格。有以共同派船、舱位互换、联合经营等方式经营国际班轮运输的情形除外。

外国的无船承运业务经营者在中国境内的分支机构，应当按规定交纳保证金，并按规定进行登记，取得“无船承运业务经营资格登记证”。申请登记应当提交下列材料：

（1）申请书；

（2）母公司的企业商业登记文件；

（3）母公司的“无船承运业务经营资格登记证”副本；

（4）母公司确认该分支机构经营范围的确认文件；

（5）保证金已交存的银行凭证复印件。

无船承运业务经营者申请提单登记时，提单抬头名称应当与申请人名称相一致。提单抬头名称与申请人名称不一致的，申请人应当提供说明该提单确实为申请人制作、使用的相关材料，并附送申请人对申请登记提单承担承运人责任的书面声明。无船承运业务经营者使用两种或者两种以上提单的，各种提单均应登记。国际班轮运输经营者和无船承运业务经营者的登记提单发生变更的，应当于新的提单使用之日起15日前将新的提单样本格式向交通运输部备案。无船承运业务经营申请者交纳保证金并办理提单登记，依法取得无船承运业务经营资格后，交通运输部在其政府网站公布无船承运业务经营者名称及其提单格式样本。

国际货运代理提单经备案登记后方可正式使用，其正面应载明该提单的备案登记编号和企业的中英文名称、地址、电话、传真、电子邮箱等。

3.3.2 国际货运代理企业的作业风险和责任保险

1. 国际货运代理企业的作业风险

（1）国际货运代理企业作为代理人的主要风险

1）因安排运输疏忽，错发、错运、错交、迟延运输货物，遗漏、错误缮制、签发运输单证、文件而给委托人造成的费用损失；因自身过错造成他人集装箱箱体及附属设备损坏；因侵权行为，造成第三人的人身伤亡或财产损失。

2）因受托包装、加固货物不当，临时保管不善，选择承运人、仓储保管人不慎，装箱、拆箱、拼箱操作失误，给委托人造成的货物损失。

3）因报关失误，违反进出口管制规定或海关要求而被有关当局征收额外的税费，处以的相应罚款。因代办保险失误，漏保、错保、申报错误，造成委托人不能或难以获得保险公司的赔偿。因交付、接收货物疏忽，没有取得当时货物状况的证据，导致委托人不能向责任人索赔的损失。

（2）国际货运代理企业作为当事人的主要风险

1）因运输工具本身发生火灾、爆炸、碰撞、倾覆，造成货物的损失。在运输、看管、仓储、搬运、装卸、包装、保管的过程中，货物被盗窃、污染、雨淋水淹、冲走，造成整件或部分损毁、灭失、污染、变质。在运输过程中因挤压、碰撞、震动造成货物的破碎、弯曲、折断、散落。因包装不善，配载、积载不当造成的货物损失。

2）错发、错运、错交致使货物迟延交付造成的运费损失。因其他原因迟延交付货物而被货主追究违约责任。因违规装运危险货物、特种货物，而对运输工具或其他货物造成损坏。因驾驶运输、装卸、搬运工具不当或其他原因，而造成第三人的人身伤亡和财产损失。因发生其他意外事故，造成第三人的人身伤亡和财产损失。因信息系统损毁、故障、软件错误、漏洞而给客户造成的财产和费用损失。

因操纵运输、装卸、搬运工具，使用集装箱不当，损坏其他运输工具、集装箱、托盘、拖车等承载工具造成的损失。因使用不符合规定的燃油、润滑油、电源，而对出租人出租的运输、装卸、搬运工具、承载工具造成的损害。因自有或租赁承载工具及所载货物重量申报不实，而造成的运输、装卸、搬运工具、设备损坏和他人的人身伤害。

因违规丢弃包装、捆绑、衬垫物料，清理、排放残留货物、废水、废渣、废油、废物造成的环境污染损害。

2. 国际货运代理人责任保险

国际货运代理企业应建立风险管理制度，依法防范、控制、规避经营风险。国际货运代理责任保险分为国际货运代理人责任险和国际货运代理提单责任险。

（1）国际货运代理企业作为代理人的保险制度

国际货运代理企业应投保国际货运代理人责任险，其责任范围包括企业从事货代业务应承担的法律责任、错误、疏忽、遗漏等责任。具有法人资格的国际货物运输代理企业投保国际货运代理人责任险最低保险限额为100万元人民币，保险期限应不少于1年并应逐年连续投保。企业每增设一个分支机构，增加保险金额不低于20万元人民币。

国际货运代理企业变更国际货运代理责任保险内容的，应在保险合同变更后30日内，到原备案机关办理相关的备案变更手续。中国国际货运代理协会是国际货运代理责任保险的组织和协调机构，负责评议责任保险条款并公布经保险监督管理机构备案的保险条款、费率标准、保险合同范本等。中国国际货运代理协会应公开、公正、公平地选择保险公司和保险服务机构，并每年定期向国际货运代理企业推荐保险公司、保险经纪公司，公布保险合同范本、保险费率。

（2）国际货运代理企业作为当事人的保险制度

国际货运代理企业以独立经营人身份签发提单的，国家标准《国际货运代理作业规范》（GB/T 22151—2008）要求企业应投保国际货运代理提单责任险。国际货运代理提单责任险范围涵盖国际货运代理人责任险范围，国际货运代理企业投保提单责任险后，可不投保国际货运代理人责任险。具有法人资格的国际货物运输代理企业投保国际货运代理提单责任险最低保险限额为100万元人民币。企业每增设一个分支机构，增加保险金额不低于20万元人民币。国际货运代理企业投保国际货运代理提单责任保险时，保险期限应不少于1年，并应逐年连续投保。

国际货运代理企业应凭有效责任保险合同，办理企业备案和业务备案手续，具体方法如下：

1）凡新设立的国际货运代理企业，在取得国家工商行政管理部门颁发的企业法人营业执照后30日内，应办理投保手续，并凭有效责任保险合同办理企业备案；

2）凡申请国际货运代理提单备案登记的国际货运代理企业，在申请备案登记前，应办理投保手续，并凭有效保险合同办理提单备案登记；

3）国际货运代理企业每年应凭有效责任保险合同，办理业务备案手续。

《海运条例》则要求无船承运业务经营者应当在向国务院交通主管部门提出办理提单登记申请的同时，附送证明已经按照《海运条例》规定交纳保证金的相关材料。保证金金额为80万元人民币；每设立一个分支机构，增加保证金20万元人民币。保证金用于无船承运业务经营者清偿因其不履行承运人义务或者履行义务不当所产生的债务以及支付罚款。保证金及其利息，归无船承运业务经营者所有。专门账户由国务院交通主管部门实施监督。

无船承运业务经营者应当依法在交通运输部指定的商业银行开设的无船承运业务经营者专门账户上交存保证金，保证金利息按照中国人民银行公布的活期存款利率计息。无船承运业务经营者交存的保证金，受国家法律保护。除下列情形外，保证金不得动用：

1）因无船承运业务经营者不履行承运人义务或者履行义务不当，根据司法机关已生效的判决或者司法机关裁定执行的仲裁机构裁决，应当承担赔偿责任的；

2）被交通主管部门依法处以罚款的。

有以上情形需要从保证金中划拨的，应当依法进行。无船承运业务经营者的保证金不符合《海运条例》规定数额的，交通运输部应当书面通知其补足。无船承运业务经营者自收到交通运输部书面通知之日起30日内未补足的，交通运输部应当按规定取消其经营资格。

外国无船承运业务经营者按照外国法律已取得经营资格且有合法财务责任保证的，在按照《海运条例》及其实施细则申请从事进出中国港口无船承运业务时，可以不向中国境内的银行交存保证金。为了保证外国无船承运业务经营者清偿因其不履行承运人义务或者履行义务不当所产生的债务以及支付罚款，满足保证金金额的规定，该外国无船承运业务经营者的政府主管部门与中国政府交通主管部门应就财务责任保证实现方式签订协议。

无船承运业务经营者被交通运输部依法取消经营资格、申请终止经营或者因其他原因终止经营的，可向交通运输部申请退还保证金。交通运输部应将该申请事项在其政府网站上公示30日。在公示期内，有关当事人认为无船承运业务经营者有因其不履行承运人义务或者履行义务不当，根据司法机关已生效的判决或者司法机关裁定执行的仲裁机构裁决应当承担赔偿责任的情形需要对其保证金采取保全措施的，应当在上述期限内取得司法机关的财产保全裁定。自保证金被保全之日起，交通运输部依照《海运条例》对保证金账户的监督程序结束。有关纠纷由当事双方通过司法程序解决。公示期届满未有前款规定情形的，交通运输部应当通知保证金开户银行退还无船承运业务经营者保证金及其利息，并收缴该无船承运业务经营者的“无船承运业务经营资格登记证”。

相关链接

经营美国航线的注册远洋运输业者（Ocean Transportation Intermediaries，OTIs）通常要通过保险公司签订两种由第三方担保的担保合约（Bond①），这两种担保合约（The OTI Bonds 和 U. S. Customs Bonds）是美国政府的两个部门——美国联邦海事委员会（Federal Maritime Commission，FMC）和美国海关所要求的。FMC 是掌握美国进出口承运人及海运事务的官方组织。承运人必须向它申请并将提单存档备案。远洋运输业者担保合约又分为两种：国际货运代理企业作为代理人（Freight Forwarders）时，最低担保限额为 5 万美元，企业每增设一个分支机构，增加的担保金额不低于 1 万美元；国际货运代理企业作为当事人时，最低担保限额为 7.5 万美元（提单担保合约，B/L Bond），企业每增设一个分支机构，增加的担保金额不低于 1 万美元。在美国以外经营业务的国际货运代理企业的最低担保限额为 1.5 万美元，但经营中美航线业务的国际货运代理企业作为当事人的最低担保限额为 9.6 万美元。根据提单担保合约，当货物短少（Shortage）、损坏（Damage）时，国际货运代理企业可按合约承担一定的自付额，并获得保险理赔（Coverage），保险金额为 15 万美元的货物年保费约为 11 万美元。

美国海关担保合约为年度担保合约（Annual Bond），其受益人（Beneficiary）为美国政府和海关，其作用在于当进口商（Consignees，C/S）因故不提领货物且不支付运费而弃货时，美国海关除逾期拍卖货物外，还可依合约向保险公司求偿以支付该批货物于美国所产生的各项堆存费、税金等费用。美国航线的提单上所显示的提单号就是国际货运代理企业与承运人所签订的年度担保合约的编号。

① 不是保险。

3.3.3 国际货运代理企业的法律责任

在中国境内从事国际货运代理业务活动的企业，应遵守国家有关国际货运代理的法律法规，依法经营。国际货运代理企业未履行企业备案登记义务；未报送企业年度经营信息；未履行国际货运代理提单登记编号义务；未投保国际货运代理企业责任险或多式联运提单责任险；代理签发未经商务部登记编号的境外货运代理提单；存在其他违法违规的经营行为，经商务部查实后，应责令其限期改正。被调查人未在限期内改正、履行法定义务的，可进行以下处罚：

（1）警告并责令其限期改正；

（2）对违法违规企业处以3万元人民币以下罚款；

（3）将企业违规情况通知工商、海关、税务、外汇等部门，并建议相关部门依照有关法律法规进行处罚。

国际货运代理企业有以下违法行为的，商务部依照法律法规予以处罚，构成犯罪的，移交司法机关处理：

（1）伪造、变造、涂改、出租、出借“备案表”“业务统计表”“多式联运提单登记证”、责任保险合同及其他的业务单证；

（2）采取不正当竞争行为影响行业经营秩序和行业利益的；

（3）以商业贿赂方式承揽各项业务的；

（4）滥用优势地位，以歧视性价格或其他限制性条件实施经营行为，危害对外贸易秩序的。

商务部可按照《对外贸易经营者违法违规行为公告办法》的规定，发布违法违规企业名录和处罚公告，并将有关企业名录和处罚决定通知工商、海关、外汇、税务、公安等机关以及地方商务主管部门和国际货运代理协会、物流与供应链管理协会之类的行业中介组织等单位。

本章小结

本章从法律、合同的角度来看待国际货运代理行业，特别介绍了商务人员熟悉的国际货运代理关系与我国国际货运代理业管理规定，让读者明白如何通过行业法律规范来维护企业的权利，了解如何与同行打交道。介绍了委托代理合同的订立程序，让读者通过学习掌握签订国际货运代理合同的基本方法，同时在国际货运代理业务中遵守行业交易标准。

 学习情景2

2009年7月19日，原告清远外贸公司（以下简称清远外贸）与被告蓝海国际货运代理服务有限公司（以下简称蓝海货代公司）签订了一份货物运输合同，约定：蓝海货代公司将清远外贸的国际销售合同金额4万美元的货物从清远外贸公司中国清新区基地仓库运至目的港德国汉堡，允许转船和分批装运，收货人凭指示，运费从仓库装完货开始计算（包括陆运与海运），货物装船后支付运费。

10月17日，蓝海货代公司的清新区分公司受蓝海货代公司的委托，派汽车将已装入集装箱的货物从清远外贸公司清新区基地仓库运至装运港，装载集装箱的卡车在途中坠入河里，所装货物全部报废。造成此事故的原因是：驾驶员未遵守交通规则，超车避闪不及，卡车司机承担完全责任。事故发生后，清远外贸即与蓝海货代公司协商解决货损赔偿4万美元的等值人民币事宜。蓝海货代公司总经理郭宝关当年在校期间并没有系统学过物流法律法规，对该方面的知识一知半解。他的本能反应是设法阻止对方的索赔，他让商务部门经理出面辩称，实际装运货物并造成货损的是清新区分公司及其雇员，蓝海货代公司仅是货运代理人，并非实际承运人，不应承担货损责任。故蓝海货代公司不是本案的适格主体，他称即使清新区分公司赔偿，也只能赔偿该货物的国内销售价，清远外贸遂诉至法院，要求赔偿4万美元。

通过本章的学习，我们要掌握处理国际货运代理业务法律纠纷的方法。大家认为郭总的做法对吗？你们认为法院的最终判决应该是什么？理由是什么？

通过对该学习情景的讨论，我们来说说企业要做强做大，应该做一个负责任的企业还是推卸责任的企业？蓝海货代公司出了这样的问题，与公司领导在公司业务扩张期不重视客户服务质量有关。下一章我们将展开讨论国际货运代理客户服务相关问题。

第4章 国际货代客户服务

关键术语

客户服务　在途状况　客户投诉管理　客户关系管理　需求调研　服务质量

学习目标

- 熟悉国际货代基本职业礼仪；
- 熟悉国际货代客户关系管理；
- 掌握客户常见咨询投诉问题及处理技巧；
- 掌握国际货代客户服务的含义；
- 掌握国际货代服务质量的主要内容；
- 掌握提高国际货代服务质量的途径。

随着国际货代企业客户群的日益增大，在应对客户需求方面单靠揽货员显然是不行的，而揽货员的高流动性又增加了公司流失客户的风险。另一方面，客户质量良莠不齐，客户刁蛮无理，拖欠甚至不支付货代服务费用或转嫁贸易风险的现象时有出现。为了更好地服务客户、稳定客户和筛选客户，许多国际货代企业设立客户服务部，由专门的客户服务人员来管理客户，同时为VIP客户提供贴身服务，当然，客户服务部还肩负着管理国际货代服务质量的重大责任。

4.1 国际货代客户服务概述

4.1.1 国际货代客户服务的定义

国际货代行业是服务行业，服务客户的精神必须贯穿于企业运营的所有环节中。规模较大的国际货运代理公司分工较细，会把客户服务作为独立的部门，其职员可称客服人员或客户服务代表。国际货代客户服务部（Customer Service）并非单纯地为服务客户而设立，有的被视为操作部与揽货部之间的桥梁，也属于内部揽货范畴；有的被视为服务客户及所有部门的部门；也有企业把它和揽货、商务作为处理不同类型业务的部门。

国际货代客户服务是指为满足客户需求和管理客户群所提供的各种服务，具体包括：回复客户咨询、管理客户关系、处理客户投诉、调查客户需求、国际货代服务质量管理等。简单把客户服务称为国际货代行业的售后服务是不够的，不要忘了还有售前服务。

售前服务：给客户提供产品的信息。例如，告知客户国际货代费用的计算方式、服务的项目等。

售后服务：在某特定保证期内，对产品所提供的后续服务。例如，处理运输事故、货赔、查货、客户投诉处理等。

4.1.2 国际货代客户服务的重要性

国际货代行业竞争激烈、强手如云，企业靠什么胜出？国际货代企业常常有这样的口号，“为客户提供百分之一百加一的服务”，即提供超出客户期望值的服务，在正常的工作职责之外继续为客户提供服务。国际货代客户服务是一个重要的对外窗口，国际货代企业希望以最低的成本给客户提供最满意的服务。

国际货代客户服务是国际货代企业增值服务的一部分。追求卓越服务质量的意识要从国际货代客户服务开始，应贯穿和融入所有部门的日常工作中。由国际货代客户服务体现出来的服务质量意识是国际货代企业的核心价值。

国际货代客户服务是维护企业良好形象的关键职能，是以客户为尊的具体体现。其可以帮助企业与客户建立长期互利的关系，合理创造价值以提高客户的竞争力，从而增加客户对企业的信任度和忠诚度。

国际货代客户服务提供的客户调研研究市场需求与发展，从时间、价格、运力、路线、环节的组合去发现增强实力的途径，紧跟市场，挑战现有工作程序，进行开拓性的思考，寻求创新的方法为客户创造价值。

4.2 国际货代客户咨询

提供真实、准确、连续、完整的货物运输情况以及客户要求的其他信息，对于与运输计划存在差异之处，应及时通知客户，最大限度地保护客户的利益。信息化管理要覆盖、贯穿业务管理的全过程，实现信息化建设和业务管理一体化，包括作业流程、业务管理、电子单证管理、财务管理、客户管理、合同管理、信用管理、质量管理、货物跟踪、客户信息自动查询、客户信息人工查询。现场操作人员应保证24小时通信疏通，能够及时应对、处理各种突发性事件，保证与国外代理沟通顺畅、高效，及时处理目的地发生的突发事故。

不得随意泄露合同任何一方的业务经营范围、经营渠道、操作程序、标准、价格及其他财务记录等资料，并应采取必要的措施，将所知悉或了解的信息限制在有关职员、代理人或顾问的范围内，并要求他们严格遵守保密条款，不将有关信息泄露给任何第三方。

提示客户下达任何指示均应当采用书面形式（限于信件、电报、电传、传真、电子数据交换、电子邮件），且应当明确、可辨识。由于客观条件限制无法下达书面指令的，客户可以采用口头指令，但客户应该在口头指令发出24小时内采用书面形式对口头指令进行确认。书面确认与口头指令不同的是，如果该口头指令已被履行，则该口头指令是有效的。

提供空运服务时：

（1）若在交运航空公司称重过磅过程中，发现称重、体积与货主声明的重量、体积不符，且超过一定比例的，须通知货主，进行确认。

（2）对于集中托运货物，还应将发运信息预报给收货人所在地的国外代理，以便对方及时接货、查询、分拨处理。

（3）在发运出口货物后，应将发货人留存的单据，包括盖有放行章和验讫章的出口货物报关单、出口收汇核销单、第三联航空运单正本，以及用于出口产品退税的单据，交付或寄送给发货人。

4.2.1 国际货代基本职业礼仪

国际货代基本职业礼仪是对客户尊重的具体体现，是与对方建立友好关系的“敲门砖”。时时注意礼仪不仅有利于双方愉快地合作，也能够帮助企业赢得客户的信任。

国际货代基本职业礼仪包括如下几个方面。

1. 见面礼仪

（1）注意观察对方的表情仪态

国际货代从业人员特别要学会同以下各种人员打交道：

1）性格阴郁的人；

2）外表冰冷的人；

3）毫无表情的人；

4）盛气凌人的人；

5）争强好胜的人。

在业务洽谈中，客户的心理活动往往会通过某种表情和行为表现出来，特别是一些细微的动作往往会流露出一些真实的想法。

（2）国际货代从业人员的形象

1）着装。男职员要注意服装的肩宽、胸围、衣长、裤长。西装单排如果要系扣一般只系上面一颗，单排三颗纽扣一般系中间一颗或上面两颗，双排则全扣上；领带要选斜条纹、方格、点状或不规则图形的；衬衫领口、袖口干净无污渍，穿西装不要挽袖子；西装口袋不要放东西，西裤笔挺有弹性，着黑色或深色袜子，皮鞋要光亮。女职员标准装为正规的裙装或裤装，穿着要大方得体，袖口不宜过长并保持清洁，裙子长短适宜，着无破洞的肤色短袜，鞋子保持光亮清洁，着装不宜太露、太透、过分花哨，不宜穿短于膝盖三寸以上的裙子，旗袍开衩不宜太高。

2）发式。男职员梳短发，头发要保持干净、整齐，切忌头发凌乱、发型怪异；女职员发型要文雅、庄重、整齐，长发用发夹束起。

3）其他。指甲不宜过长，要保持整洁，尽量少吃刺激性易生气味的食物，保持口腔卫生。女职员若涂指甲油要用无色透明的，脸部可化淡妆。男职员要将胡须剃干净。

（3）国际货代从业人员的仪态

1）表情。微笑是全世界唯一没有沟通障碍的语言。笑脸迎客是每个国际货代从业人员的基本要求。

2）眼神。微笑及交谈中要保持与对方平视，要有胆量正视和接受对方的目光，视线高于对方会让人感到被轻视，视线低于对方会让人存有戒心。

3）形体。国际货代从业人员在与客户交流时要注意各种肢体语言。

站姿方面：男士双腿分开约一肩宽，脚位呈“V”形30°~45°站立，两手胸前扣握，左右手均可在上；女士脚位呈“V”形或“丁”字形站立，两手胸前扣握，左右手均可在上。

坐姿方面：男职员双肩自然下垂，躯干竖直，双脚自然平行，双膝弯曲呈90°~120°，双手自然平放于腿上；女职员双肩自然下垂，躯干竖直，双脚并拢稍往内弯曲，双手自然相握垂放在双腿上。切忌跷二郎腿、交叉腿、分腿，以及双手抱头、斜躺、蹲坐。

女职员如有需要下蹲为客户服务，应采用半跪式右脚支撑呈 90°，左脚小腿与地面近乎平行，上身直立，双手递出东西。男女职员在任何时候都忌蹲坐。

（4）迎送礼节

迎送礼仪要注意安排客户的食宿、交通，最好事先定好行程表、相关环节接待人员和注意事项。这些礼节同样也适用于拜访客户。注意掌握行礼的最佳时刻和禁忌。

1）欢迎或登门拜访。鞠躬礼一般分为欠身礼、15°鞠躬、30°鞠躬。选择何种形式要看客户的级别、年龄和双方所处的场景。鞠躬礼可用于见面、送别和道谢。

握手礼是见面常用的礼节，正确的方式是与对方正侧面双手互扣，切不可斜扣；用力适中，太紧会给对方压力，软弱无力会显得毫无诚意。老熟人可以双手紧握，如果是上级对下级或长辈对晚辈还可以根据情形，右手握手，左手扶住对方的小臂、上臂或肩头以示关心。握手时要脱下手套，目视对方，切忌看第三者。

介绍的礼节：介绍自已要注意场合、内容、时间、态度、方式；介绍他人要注意介绍的人、次序、语调、称呼；交换名片时要事前准备好名片或把名片固定在要递给对方的宣传资料上，双手接受对方的名片时不要马上收起，要仔细看看对方的职位、头衔并顺口称呼，传递名片时最好双手递出并正视对方。

其他礼节如点头、脱帽、拱手或招手等也是国际货代从业人员需要注意的。

登门拜访客户一定要先预约，尽量不要成为不速之客。话术可参考如下范例：上门揽货，“您好，我们来自×××公司，真诚愿意为您服务……”；上门送货，“您好，您的货已送到，请验收……希望能再次为您服务，再见。”；上门取货，“您好，我们代表×××公司到贵处取货，请安排……”“您好，谢谢您对×××公司的支持……”

2）洽谈。若宾主向门并坐，则客户在主人的右手边，以右为尊，译员在主人的身后，记录员在客户的身后。若宾主对向而坐，客户则要面向大门，而主人应背向大门，两个译员分别在宾主的右手边；若是方形侧向门的桌子则客户在朝内的一边。

3）送别或告辞。对于特别重要的客户或重大庆典，为客户引路尤为重要。陪同客户进电梯时，陪同人员需要先入后出。为客户按电梯并指路，在经过楼梯、走廊时，要侧身让客户先行，为客户开门。乘车时要把最重要的客户安排在最主要的位置上，如果主人亲自驾车则应安排客户与主人同坐前排，如果司机驾车则应安排最重要的客户坐在后排靠右侧门的位置，吉普车或座位少的小型车等可以让最重要的客户与司机同排。大巴、游览车和中巴可以把最重要的客户安排在第一排最右边的位置，依此排列。

如果是登门拜访的客户，结束后则要礼貌地与对方告辞。因急事要临时告辞，记得向对方道歉。

礼貌用语歌：初次见面说“您好”，请人解答说“指教”，客户来了说“欢迎”，麻烦别人说“打扰”，表示歉意“对不起”，表示回礼“没关系”，表示感激说“谢谢”，向人祝贺说“恭喜”，白天分别说“再见”，晚上分手道“晚安”，请人勿送说“留步”，交往“请”字记心间。

2. 电话礼仪

（1）接听和拨打电话的基本原则

1）服务时，必须使用标准语言，声调平和，语气亲切。

2）解答问题时，语言简明易懂，口齿清晰。

3）尊称对方为先生、女士。

（2）接听和拨打电话的注意事项

1）不用质问、不耐烦和令人反感的服务忌语。

2）记录的信息一定要全面准确，接收正确的信息是提高企业效率的保证。

3）听不清的内容务必请对方再说一遍，数字、地址等要重核一遍。

（3）对话用语

1）接听电话：“您好，×××公司某某为您服务，请问您办理什么业务”“您找哪一位”“请问有什么事可以帮您”“谢谢您提出的意见”“不客气，很高兴能为您服务”。

2）转接电话：“请稍等，我这就去叫他”“请稍等，我帮您转接×××部门”。

3）记录电话：“对不起，×××现在不在，请您留下姓名、电话，我会请他尽快与您联络”“请稍等，我记录下来，我会将处理情况尽快通知您。”

3. 函电礼仪

收到客户的函件，要合理安排复函，特别要注意行文格式和落款签名的权限。

4.2.2　货载正常情况的查询

国际货代行业常见的咨询问题包括价格、航线、运输方式、交货时间、在途状况及其仓储、报关、拖车服务等。特别应注意的是大票货物与客户自提货物、外发货物、中转货物、甩柜拉货及更改情况的查询。客服人员应该告诉客户本企业所能提供的服务项目，只承诺能为客户做到的服务，切不可夸大。承诺的泛滥与夸大会使企业提供的服务与客户要求之间产生差距，带来投诉隐患和客户对企业的信任危机。不能马上回答的问题，让对方留下电话和姓名，把问题弄清楚后尽快回复对方。没有权限回答的问题要转接相关人员，尽量给对方满意的答案。优质的客户服务应处处为客户的便利着想。

国际货代企业可以把常见问题及答案放在网上供客户随时查看，以减少客服人员的工作量，而特殊的问题则可通过电话和网上在线或离线答疑处理。

查询货物情况的步骤与注意事项：

（1）接听客户来电时，根据客户所提供的信息在电脑查询系统中查找。客户所提供的信息包括托运单号、目的地、收货人、托运人、件数、重量、发货日期等。根据以上两条或两条以上信息进行查询，即可在系统中查询到此票货物。

（2）如果由于特殊原因电脑没有保存（如开单员、清单员疏忽），那么，我们可以根据大票清单、外发登记本来进行查询。

（3）根据不同的走货方式进行电话查询。外发货物可向外发点查询，大票货物可查询起运港，确认所查货物是否正常出港。

（4）若货物已正常出港，对方仍未提到货的话，则可以向目的港查询（自提）或向送货人查询（合票）货物是否正常进港。

（5）如果目的港确实少货，而起运港也确已装货，则可查询目的港是否传不正常（少货）报告至起运港，接着，在双方场站及码头进行查找（可让送货人给予协助）。如果确实查找不到货物，则让客户（自提货）或送货人（合票货）向目的港索要正规的货物运输事故签证。

（6）在经过查找确定货物丢失（或破损）后，可将事故签证及相关材料递交办公室，进行客户索赔事项的交接。向办公室提供的材料有：丢货或破损的情况说明书、相应的单号、提货清单、事故签证等。

4.2.3 答复有关货物在途状况的咨询

国际货代企业应该建立和完善追踪货运的信息工作制度，最初的货物追踪（Cargo Tracking）主要是为企业内部服务的。在货物装上远程运输工具之前，对货物的追踪有利于新货运单的配载，其中，运输工具的位置是调度室要清楚的信息。比如在集装箱运输中，集装箱空箱的调度得法将为运输企业节省一笔可观的费用。对货物装载情况的追踪可防止运输工具的空载或半载，可降低运载成本，进一步可给客户降低费率，使企业更有竞争力。

货物追踪有利于及时下指令给承运人变更装（卸）货港。有时在成交日由于某种原因未能确知具体装（卸）港口，在国际贸易合同中可写明装货港或卸货港为未指名港或选择港。以往，最终卸在何港口或从何港口发运实际上取决于承运人，原因是供需双方并不知道货物在运输途中的确切位置。

企业实践

正想贸易公司在 2002 年 11 月向福建泉州、广东潮州两家工艺品厂分别订一批散货，合同中签订的起运港为中国港口，计划从厦门港发货。货物在泉州起装时，正想贸易公司得知其向广东潮州订的另一批货已经完成生产，为了节省运费，该公司希望货代为其拼箱。货代企业立刻通知司机改变行车路线将货拉到潮州拼箱，两批货一同改从深圳盐田港发运。从这里我们看到货物追踪还有让客户节省运费的好处。

货物追踪实际上是电子通信技术在国际货代业的应用，也就是国际货代业中信息流的管理。国际货代企业已经意识到货物追踪的重要性，能充分利用互联网技术为其客户提供实时动态查询货物追踪的服务。2005 年 12 月 3 日，中国第一条装有集装箱电子标签的航线从烟台正式起航。2008 年 3 月 10 日，世界上首条投入商业运营的集装箱电子标签航线在上海港正式开航。电子标签是一块巴掌大小的黑匣子，挂在集装箱的门闩上，其中的芯片几乎储存着集装箱的所有信息：货物名称、件数、起运港、目的港、船公司、货主等。安上电子标签的集装箱，好比有了“电子身份证”，港区的主控电脑能清楚地显示其基本情况。

工作人员在装箱点对标签内容进行首次读取后，该集装箱的所有信息，就能通过无线局域网或移动通信网络上传至互联网。此后，带有电子标签的集装箱经过码头道口或由桥吊起吊装船时，固定读写器都会读取最新数据，并第一时间上传至互联网，直至集装箱抵达目的地港口，货物移交货主。在这一过程中，船公司、箱主、货主、港口、海关等服务对象都可以在网上查询集装箱的实时状态。国际海运网与上海国际港务集团联合打造了国家第一批信息化试点项目——“集装箱电子标签系统”专用网站（http：//shippingchina. com/special/rfid/index. html）。用户可通过国际海运网首页进行搜索，只要在查询页面输入箱号，该集装箱的物流、货物、作业、开关等信息就可以全部显示出来，包括该箱的货重、危险品等级、温度、联合国编号等。同时，该集装箱何时进港装船，何时卸船出港等动态信息也能在网上清晰显示。尤为关键的是，在整个货物运送过程中，如果集装箱被非法打开过，电子标签就会自动记录此次“侵袭”，并在网页上显示红色报警信号，集装箱就如同配备了一名尽责的“电子哨兵”。

许多承运人的物流数据由国际货代企业或码头公司的客户服务职员录入

承运人的网站。一方面，这极大地提高了货物流通的速度；另一方面，客户随时可以看到货物的情况。客户登录码头系统后可以非常方便地查看货物、单证、集装箱场位等各个环节的各种数据。客服人员收集物流数据的步骤如下：

（1）要认真、真实地填写各类跟踪表格，包括“货物跟踪表”“甩柜拉货登记本”“中转货物跟踪表”“网络信息反馈表”等；

（2）依船期表、航班时刻表跟踪货物是否正常出港，如甩柜拉货要及时通知客户并进行登记；

（3）货物到达时可联络目的地或网络送货人查询货物是否正常到达。

4.3 国际货代客户投诉管理

企业应当提供客户投诉的渠道，主要包括网络、电话、传真、电子邮件、信函、面对面等。

4.3.1 货载异常和投诉受理

1. 常见投诉问题

货载异常会招致客户的投诉，国际货代行业常见的投诉问题有收费与报价不符、货物卸错、交货迟、野蛮装卸、货差货损及服务态度差、服务与承诺的不一致等。

2. 投诉信息的记录和统计

企业应记录如下信息：

（1）投诉人的姓名、地址和联系方式；

（2）投诉的理由、目的和要求；

（3）其他投诉细节；

（4）在记录的过程中，应与投诉人核对信息，以保证信息的准确性；

（5）记录完信息后，应告知投诉人投诉处理时限。

企业应对投诉信息进行统计、分析。

4.3.2 处理客户投诉的态度及技巧

投诉的处理应在承诺的投诉处理时限内和按照服务承诺进行。

1. 耐心倾听客户的抱怨

（1）第一步是提出问题

引出客户投诉内容的提问方式有两种：开放式提问和封闭式提问。

所谓开放式提问是没有具体的问题，不需要客户马上做出“是”或“不是”这样判断的提问。客服人员可以说：“请问×××先生（小姐），您有什么事需要我帮忙?”让客户敞开心扉地尽情发挥，说出事实、问题和抱怨，宣泄情绪以平复心中的不满，有的客户甚至会对自己提出的问题给出一些解释和答案。

开放式提问的好处是客服人员在客户倾诉的时候可以收集到尽量多的信息。弊端是遇到话题无法收尾的客户，客服人员要无限延长处理问题的时间，客服人员要注意引导客户，不能让客户无穷无尽地抱怨。

所谓封闭式提问就是客户在投诉时，客服人员给出一个推测的问题和可供选择的答案，这时候客户回答“是”或者“不是”。封闭式提问可以有效控制时间，比如客服人员可以这样问：“您的货物是纸箱还是木箱包装?”可以很快导入投诉的主题。不过，封闭式提问会让客户觉得紧张和不舒服。有时客户会觉得自己是被咄咄逼人的客服人员审讯，感到不被尊重。特别是当客服人员提出多个封闭式的问题都得到“不是”的回答时，客户会认为他很不专业。客服人员必须不断提高自己的专业素质，以求问题直达要点。

这两种提问方式各有好处和弊端，无限制地使用开放式提问，同样会让客户觉得客服人员不够专业，正常的提问是先抛出开放式问题，客户开始回答，客服人员收集相关信息，然后有针对性地进行封闭式提问。

（2）第二步是复述投诉事实和情绪

倾听投诉的第二步是复述两个内容：一个是接收到的事实；另一个是接收到的情绪。复述的时候要重复一遍所收到的信息，看收到的信息是否准确。如果客服人员的理解出现偏差且没有得到纠正，后续的服务就白费了。复述事实时可以告知客户将要负责处理该问题的部门。复述情绪在投诉的过程中非常重要，它能够有效平息客户愤怒的情绪。复述情绪时需要有技巧，不能机械重复，比如客户说，“你们这是什么破地方？这么远!”这时，客服人员可以复述，“是的，我们这边是稍微远了一点，不好意思，让您辛苦了。”不宜复述，“是，我们这里的确很远。”

（3）第三步是勇于承认错误

在客户抱怨的时候，客服人员不要一味地推卸责任，而是要勇于承认错误。这种承认错误是有技巧地复述客户的情绪，有技巧地避开客户的锋芒。这种承认错误并非主动承揽责任，而是避免矛盾激化。

2. 避免正面冲突

如果货物没有及时送到，收货人又急着要货，双方常常会有冲突。客服人员在面对客户情绪化的投诉时，特别是无理取闹式的投诉时，要把注意力集中在所涉及的问题及事实上，尽量减少情绪上的反应，不要让自己失控。此时最能体现客服人员的素质。如果客服人员说脏话或态度不好，就会激化矛盾招致更严重的投诉，使问题升级，这并不是双方想要的结果。我们应该想一想，为什么客户会有这么激烈的反应？站在客户的立场上将心比心，绝不可与客户吵起来。可以用以下方法推测客户情绪化的理由，使自己的情绪缓和下来：

（1）他们也许本来是十分友好的人，只是因为各种与你无关的事情而感到不快。他们需要的是发泄不快的情绪。

（2）他们可能感到焦虑。有些人甚至对打电话都感到焦虑，说话语气就像换了一个人，变得情绪化、容易激动。

（3）不要把客户对你说的不礼貌的话当成是对你个人的侮辱。客户并不是在发泄对你本人的不满，而是由于主观或客观原因导致的对企业服务的不满。

3. 满足客户的期望

如何帮助客户，也就是如何满足客户的期望，是国际货代企业客户服务的重要内容。可以从以下几个方面来看待客户服务。

（1）服务的有形度

服务的有形度就是国际货代企业人员展现给客户的外在形象，即国际货代礼仪。其体现为客户来到国际货代企业的营业场所，看到的企业环境是不是优雅；职员的行为是不是职业化，着装是不是职业化，语气是不是友好，接待是不是热情。

（2）服务的专业度

客服人员要尽快了解客户的需求，理解客户的想法和心情。客服人员服务的专业度越高，客户对企业越有信心。

（3）服务的反应度

很多客户会因为服务慢而投诉。客户希望你马上解决他的问题，需要你迅速、积极地答复，至于可不可以圆满处理则是另一回事。比如我们去餐馆吃饭，吃完饭之后说，“小姐，拿牙签过来”，这个时候服务员有几种表现，一种是说“稍等一下”，另有一种是说“好的，我马上去拿”。“马上去拿”是不是听起来更加有反应度？所以，要记住“马上”这样的词会让客户觉得我们的反应度非常好。经常说“我马上为你解决”“我马上帮你查看”之类的话，会提高你的反应度的表现。

（4）服务的信赖度

良好的服务会慢慢让客户对你们公司产生信赖度。通过对客户的理解，接待客户的过程，客服人员处理问题的反应速度和专业化、职业化的形象等，会让客户慢慢对公司产生信任的感觉，最终对公司服务给予肯定。很多品牌的信任度并不是通过广告宣传得来的，而是通过日积月累地努力获取的。客

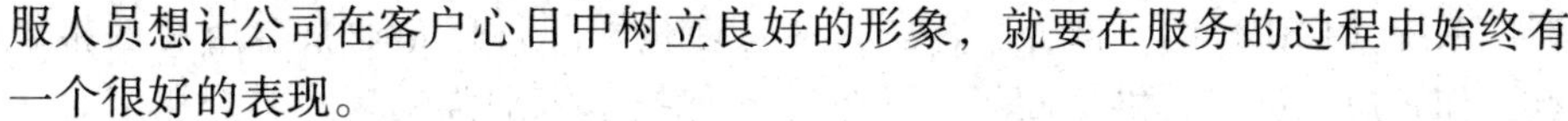

服人员想让公司在客户心目中树立良好的形象，就要在服务的过程中始终有一个很好的表现。

4. 处理客户投诉的注意事项

（1）完整地记录客户的投诉。认真倾听客户的陈述，做好详细的记录，记下客户的姓名以及联系方式，记录客户所反映的服务质量问题，不要打断客户。

（2）始终保持热情和友好的态度。音高适中，语调平和，不卑不亢。

（3）避免用凌驾于客户之上的语气说话或向客户发火，或责备客户。比如："你已经是今天第N个来反映这个问题的客户了""你们不懂流程才会犯如此傻的错误"。

（4）避免推诿责任或人为增加客户投诉的难度，比如："你拨错了号码""这不是我的过错""这件事情不是我处理的""能不能把你的情况写成书面材料传给我们"。

（5）平和处理无理投诉。有些客户会故意刁难人，特别是同行客户，他们知道对手公司的弱点，刁难对方是恶性竞争的手段之一。此时，客服人员要以良好的心态来应对。

（6）在了解全部事实之前避免主动承担责任或匆忙下结论，回复客户之前要考虑好。最好做一次深呼吸，让自己尽量平静下来。对客户表示同情但不失原则，如果判断是自己企业的错误，真诚地向客户道歉。对于情况不明的问题永远不要急于找借口，如果你对客户承诺了什么（比如回呼、解决问题的时间、解决方案等），要尽快兑现。

处理客户投诉是一系列环节的结合，它包括倾听客户的抱怨、记录客户问题、提出解决方法、博取客户的同情、通知客户处理的结果、挽留将要流失的客户。在这个过程中，沟通的用语、语气等都是有讲究的。要时刻保持投诉渠道的畅通，加强与客户建立伙伴关系的国际货代客户关系管理。对客户投诉进行预防比事后赔款更重要。

4.4 国际货代客户关系管理

客户资源对国际货代企业是至关重要的，企业应加强客户关系管理，通过管理客户信息资源，与客户建立长期、稳定、相互信任、互惠互利的密切关系，提高客户的满意度和忠诚度。客户关系管理是防止客户流失的有效方式。

客户关系管理（Customer Relationship Management，CRM）由美国Gartner Group公司在20世纪90年代率先提出。今天，客户关系管理已成为企业资源管理系统（ERP）的一部分。客户关系管理是国际货代企业整合所有的接触点，如客户、员工、供货商等，并整合各种技术来加强销售、客户服务、企业资源规划等的建设，以获得、保持、增加客户，并增加收入和利润的重要手段。

4.4.1 客户分类

国际货代所涉及的客户可以分成如下两类。

1. 狭义的客户

狭义的客户是指国际货代企业的委托人，即国际贸易货物的收（发）货人、通知人、承运人或他们的代理人，也是国际货代企业利润的源泉。通常可以按如下分类管理：

（1）按时间顺序分为老客户、新客户及潜在客户；

（2）按货物流向分为直接客户、同行客户、海外代理、承运人指定（客户）、货主指定（承运人、代理人等）；

（3）按航线分为美加线、东南亚线、欧洲线、日本线等；

（4）按信用等级分为A级、B级、C级。

当然，还可以按货物性质、服务环节分。总之，分类管理是为了更好地服务客户。按货物性质、航线划分客户有利于配载、跟踪；按时间顺序和性质划分客户有利于揽货员报价；按信用等级划分客户有利于财务结算。

2. 广义的客户

广义的客户是指国际货代业务的所有关系人。这些关系人包含承运人、仓库、堆场、货运站、码头、港口代理、机场、车站、保险公司、报关行、快递公司、拖车行、控箱公司、熏蒸公司、银行等相关企业，海关、税务局、外汇管理局、港务局等政府部门。不少外贸公司同国际货代企业合作并非因其提供了优惠运价，而是因其良好的外围关系。国际货代企业良好的外围关系有助于外贸公司履行国际贸易合同，订单的长期稳定胜过运输成本的降低。外贸公司的业务员往往在签出口合同之前就预估了运费，稳定的运价也便于核算成本。

承运人是国际货代公司揽货的“靠山”。同承运人建立密切关系甚至可以帮助进出口公司免除洗箱费和修箱费，从而让客户感到同本公司合作大有裨益。

外贸企业有时会自己办理报关、拖车、保险业务，有的也委托国际货代公司办理，这时，国际货代企业需要有和自己合作良好的报关行、拖车行、保险公司。

4.4.2　客户关系管理的内容

客户关系档案包含如下3个部分。

1. 基础资料

基础资料一般是揽货员通过一定途径收集来的，这些资料要不断地更新、维护。

客户的基础资料包括：客户单位的名称、地址、电话、经办人、规模、所有制形式、经营特点；关键人物（总经理、储运部经理、业务部经理、财务经理）的资料，如姓名、联系方式、年龄、兴趣爱好（喜欢什么、经常坐什么车、喜欢看什么电视节目等）、禁忌与习惯、学历、爱人及子女的生日等。

2. 业务资料

业务资料包含资信额度、结算方式、汇率设置情况、投诉管理、历史报价、欠收欠付、历史实收实付、毛利、发票、对账单、余额表等；每个托运人所对应的多个收货人、多个通知人、多个供应商及装货地点；特殊要求等。

3. 统计分析

以上两部分资料的统计分析是客户关系管理的重要内容。具体来说，包括以下内容：

（1）统计某客户对本公司每季度或每年各航线业务量的贡献排名，对本公司每季度或每年利润贡献排名；

（2）该客户同本公司的合作现状及存在的问题；

（3）该客户同本公司竞争对手的合作现状及存在的问题；

（4）该客户产品销量趋势和未来发展动态；

（5）该客户的信用评估，揽货员、营业部、分公司、揽货区域的业务量统计是公司绩效考核的重要指标。

通过统计调查、统计分析，提供真实反映企业的实际经营活动范围、经营能力和经营状况的统计资料和统计咨询意见。统计分析的结果可以提供给人事部门作为各部门考核的依据，同时，对国际货代企业的每一个职员特别是决策层有相当重要的指导意义。除了对客户基础资料和业务资料的分析外，对客户调研结果的分析也是十分重要的。客户基础资料和业务资料进行分析结果和客户现实需求调研结果是互相印证的。

根据统计分析，客服人员还可以定期制作公司服务质量分析报告和提供个性化服务信息。国际货代公司一般对客户进行分级管理，使信息的利用更有效。

客户跟踪、客户回访也是客户关系管理的重要工作，而这些行为记录的存档工作也十分重要，其中包含联系人的信息、预约记录、拜访记录、事情处理结果。

 4.5　国际货代客户需求调研

国际货代客户需求调研就是了解客户的业务，预计客户的需求。根据调研的结果迅速及热诚地回应并满足客户的需求。

4.5.1　国际货代客户需求分析

企业应对客户需求特点、需求层次、影响客户需求的基本因素进行分析。

1. 客户需求的特点

由于受多种主、客观因素的影响，客户的需求是复杂多样的，从总体上来看，客户需求有以下 4 个特点。

（1）客户需求的无限扩展性

随着运输设备、运输技术及通信水平的不断提高，以及国际贸易市场、国际货运市场的变化，国际货代市场的客户需求也在不断向前发展。作为国际货代营销者，要不断开发新服务项目，开拓新的市场，以适应不断变化的客户需求。

（2）客户需求的多层次性

客户的需求是在一定的支付能力和其他条件的基础上形成的。这使客户需求具有多层次性的特点。客户需求的多层次性要求企业在对国际货代市场进行细分的基础上，准确地选择自己的目标市场。

（3）客户需求的可诱导性

客户需求有时是内在的，有时是受外界刺激诱导而产生的。因此，国际货运代理营销者不仅要适应和满足客户的需求，而且应通过各种促销途径，正确地影响和引导客户需求，变潜在的客户为现实的客户。

（4）国际货运市场客户的分散性

我国改革开放以来，许多大中型企业乃至私营企业都取得了外贸进出口权，加之大量吸引和利用外资，客户数量激增，分布面广。因此，国际货代营销者应采取灵活多样的营销揽货方式和服务方式，适应国际货运代理市场结构的变化。

2. 客户需求层次分析

在营销导向阶段，企业的经营活动实质上是一个不断满足客户需求的过程。根据美国著名心理学家亚伯拉罕・马斯洛的需求层次理论，国际货代市场客户的需求，也是分层次和递进的。客户需求的层次越高，对国际货代提

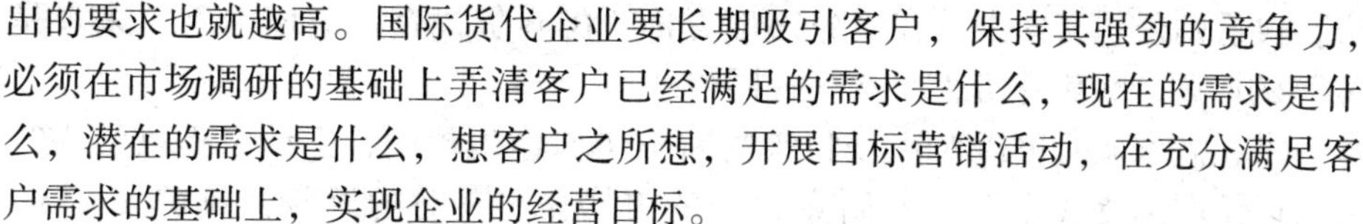
出的要求也就越高。国际货代企业要长期吸引客户，保持其强劲的竞争力，必须在市场调研的基础上弄清客户已经满足的需求是什么，现在的需求是什么，潜在的需求是什么，想客户之所想，开展目标营销活动，在充分满足客户需求的基础上，实现企业的经营目标。

3. 影响客户需求的基本因素

（1）运价

运价的高低经常成为客户选择国际货代企业的主要因素。不过运价并非唯一决定市场占有率的因素，要求较高的委托人会首选稳定可靠的服务。毕竟代理只是一种依附关系，运价并非承运人和货代主观意志所能左右的，而是受货源与运力供求关系影响的。国际货运目前呈现出薄利多运之势，对货主大为有利，而承运人和货代企业倍感竞争压力，实力弱的货代甚至退出了市场。

（2）服务质量

国际货代服务质量的优劣，是委托人选择国际货代企业的另一个重要因素。托运人最关心的国际货代质量包括：1）运输时间的长短；2）运输班次的多寡；3）货运仓储设备的先进性、交通通信的便利性；4）货代单证制作的准确性；5）客户服务的水平；6）运后服务的质量等。

（3）社会文化因素

委托人选择国际货代企业也会受到一些非服务质量因素的影响，如有的人只相信大公司，有的人因信任揽货员而选择他所服务的国际货代企业等。其中，企业文化也是营销过程中不可忽视的一环，它能帮助企业在委托人心目中树立良好的形象，从而成为影响客户需求的重要因素。

4.5.2 国际货代客户需求调研

企业注意捕捉与客户有关的信息来源（包括内部来源和外部来源），国际货代客户需求调研分为现实需求调研和潜在需求调研两部分。调研方式可采用电话或面对面沟通、在线调查和问卷调查，收集各种媒体的报告、行业研究的结果等。

现实需求调研是对现实需求的事实反映，首先要了解客户的运输方式要求：空运、汽运、铁运、快递还是海运；其次要知道客户的时限要求，比如是8小时还是12小时、24小时；再次是操作质量要求，如货差率、货损率、接货及时性、包装等；最后是财务要求，如付款方式、保险、发票、代收款等。

国际货代企业针对客户的需要提供合适的服务，确定合适的价格。合适的服务价格应该参照市场行情和结合公司的成本核算来制定，过高会吓跑客户，过低则公司有损失。在服务态度方面，国际货代企业应该本着“来者是客”的原则，无论业务大小均一视同仁。

潜在需求调研可以对市场将来的需求走向作出预测，把结论提供给决策人，以便国际货代企业针对瞬息万变的市场作出及时的反应，或扩大投入，或及时撤离。

4.6 国际货代服务质量管理

4.6.1 国际货代服务质量

1. 国际货代服务质量定义

国际货代服务质量是指国际货代企业在一定时期内，为客户提供服务的效用及其对客户需求满足程度的综合表现。

（1）服务效用

服务效用是指国际货代企业为客户提供货代服务的有效性和有用性，是反映企业提供国际货代服务满足客户和社会明确或隐含需要能力的特性总和。其包括安全性、时间性、准确性、经济性、方便性和信用性等。国际货代服务以“安全、迅速、准确、节省、方便、守信”为服务质量方针，也即基本服务质量要求，具体如下：

1）安全。应按客户要求，合理组织、妥善安排、慎重处理、有效控制每个业务环节，按时、按质、按量、安全地完成货物的收受、单证处理、报关、载运、拼装、积载、管理、包装或分拨、卸载、送达、交付等，保护客户所提供的资料、信息的安全。

2）迅速。应按客户要求，对以下因素进行充分考虑、比较和综合分析，选择最佳的运输方式、路线和最优的整合方案，求得最佳效益地完成服务全过程。

① 各种运输方式的不同适用范围和不同的技术经济特征；

② 各类货物的特点、性质和合理流向以及运输条件、数量、运输距离；

③ 二程或转运环节的安排、跟踪；

④ 地理差异、航区特点；

⑤ 季节变化、市场需求的缓急；

⑥ 风险程度、风险控制、风险转移；

⑦ 速度与成本的关系；

⑧ 其他。

3）准确，包括以下内容：

① 按照客户的指示，准确无误地收受、交接货物，包括准确地审核、办

理各种手续、处理各类货运单证，保证单证一致，单单一致，单货一致，单（同）一致。

② 准确地计收、计付各项运杂费、服务费，避免错收、错付和漏收、漏付。

③ 准确地处理各类信息和各业务环境中出现的问题。

④ 预见性地准确判断、慎重处理、化解可能出现的各类风险、危机，即正确履行各委托事项，掌握和提供最新的货运信息，迅速处理突发事件等。

4）节省。熟悉国际贸易规则，依从国际惯例，因地制宜，为客户精打细算。在整合资源优势的基础上，设计出合理的方案，提高工作效率，降低成本，节省费用，并通过加强企业经营管理，提高企业的经济效益和社会效益。

5）方便。树立全局观念，加强团队协作，强化服务意识，彰显保障作用，即加强与商务、税务、外管、海关、银行、保险、港口、货主、承运人、船舶代理、货运代理等之间的联系，相互配合、密切协作，为企业创造更多的便利条件，竭尽全力为客户排忧解难。

6）守信。依从国际惯例，维护社会公共商业道德，提倡合法、公平、有序竞争，诚实守信，依法经营。不应有下列行为：

① 相互串通，操纵市场价格，损害其他经营者或客户的合法权益；

② 乱收费，肆意扣押客户运输单证；伪造、变造、涂改、出租、出借、转让经商务主管部门备案的企业资质、单证、从业人员资格证书、国际货代责任保险凭证及其他的业务单证；

③ 采取不正当竞争行为影响行业经营秩序和行业利益；

④ 以商业贿赂方式承揽各项业务；

⑤ 滥用优势地位，以歧视性价格或其他限制性条件实施经营行为。

（2）客户需求的满足程度

客户需求的满足程度取决于客户总价值（产品价值、服务价值、人员价值、形象价值）与客户总成本（资金成本、时间成本、精力成本、体力成本）的比值。比值越大，满足程度越高。在总价值和总成本一定的情况下，客户的满意程度取决于客户的预期价值与感受价值的比值。比值越大，满意程度越高。

企业应确立客户满意度的评价标准，确定责任部门，对信息的收集方式、频次、分析、对策及跟踪验证等作出规定。企业应依据客户对各个服务项目的要求和已经取得的成绩进行分类、咨询、测评和跟踪，评价客户对服务质量的满意程度，验证服务质量标准与顾客需求和期望的距离。

客户满意度的评价程序应包括：汇总客户满意、客户投诉信息；利用适当的统计技术进行分析处理，确定客户的满意程度；收集社会有关方面对服务质量的感受，找出提供的服务与客户期望的差距；制定改进措施。

2. 国际货代服务质量内容

国际货代服务质量的主要内容包括服务态度、服务技术、服务设施、服务项目、服务时间等。

（1）服务态度

服务态度是指服务人员在服务过程中言行举止的外部表现形式。它是由认知、情感和行为倾向三部分构成的一个有机整体。受主客观因素的影响，不同员工服务态度的表现形式各异，但长期的实践证明，良好的服务态度主要是由亲切、主动、耐心、诚恳、周到、热情等方面构成，这些方面相辅相成，共同构成良好的服务态度。

（2）服务技术

服务技术是指服务人员在服务过程中对服务知识和操作技能掌握的熟练程度。它由服务知识和操作技能两个部分构成。二者相辅相成，缺少任何一方面，都会对服务技术产生根本性的影响，最终会导致服务质量下降。

（3）服务设施

服务设施是指国际货代企业为客户提供服务所必需的硬件设施。它包括运输工具、港口码头、车队、场站、集装箱、通信设备等。先进的现代化设施是国际货代企业为客户提供优质服务的必备条件。

（4）服务项目

服务项目是指国际货代企业为客户提供的服务范围或服务内容，或者是它的业务经营范围。“一业为主，多种经营”是现代化企业的经营原则。国际货代企业的业务经营范围是国际货运及其相关业务。现行的法律允许国际货代企业作为签订运输合同的独立经营人，同时注册成为进出口货物收、发货人。服务项目的设置要以“需要”和“可能”为原则，以客户满意为度，同时兼顾协调性策略。

（5）服务时间

服务时间包含两层含义：一层是国际货代企业为客户提供的工作时间范围；另一层是国际货代企业为客户提供服务的时间效率。服务时间效率包含及时、准时和省时三个方面。

综上所述，国际货代企业要想提高服务质量，必须改进服务态度、提高服务技术、完善服务设施、合理设置服务项目、强调服务效率。

4.6.2 提高国际货代服务质量的途径和方法

国际货代客户服务是内部营销的重要组成部分。按现代市场营销观念，企业营销工作分为外部营销和内部营销。外部营销是指公司为客户准备的服务、定价、分销和促销等常规工作。内部营销是指国际货代企业必须有效地培训和激励直接与客户接触的职员和所有辅助服务人员，使其通力合作，为客户提供满意的服务。国际货代企业使自己区别于其他企业的主要方法之一是持续提供高于竞争对手的服务质量。要提高国际货代行业的服务质量，首先，要在提高服务的科技含量和专业水平上下功夫；其次，要扩展服务的范围和层次，适应客户对国际货代服务更广泛、更深入的需要，提供增值服务；再次，要建立完善的市场信息机制；最后，要在降低服务成本上下功夫，让客户以较少的投入得到最满意的服务。进一步说，可以从以下两个方面入手。

1. 做好有形展示工作

国际货代服务产品的无形性及生产过程和消费过程的不可分离性，决定了客户无法在购买之前感受到服务，或对服务内容进行具体的审视。所以，企业应对无形服务产品进行有形展示，变无形为有形。国际货代企业有形展示的主要内容有硬件展示和软件展示两大部分。

通过有形展示，使客户对企业形成良好的初步印象，对企业产生信任感，提高客户对服务质量、管理水平的认知水平，从而使其产生合理的预期，增加其使用后的满意度。同时，有形展示也有利于塑造本企业的形象，达到促使员工提供优质服务的目的。

（1）作业场所

企业应具有与其业务规模、作业需求相适应的营业或作业场所。配备必要的设施、设备和辅助工具，并应符合保障安全生产、计量检定的有关法律法规、国家标准或者行业标准的规定。企业应具有固定的、易识别的营业场所，如搬迁或停业应到工商和商务主管部门办理变更手续，并通过各种渠道和各种有效方式告知客户。

（2）标志

企业的名称应含有表明行业特点的“货运代理”“运输服务”“仓储”“配送”“集运”“物流”“贸易”“国际快递”等相关字样。服务营业场所、运输工具等宜有企业标识。单证上应标注经商务主管部门备案的企业名称、经营代码、地址、电话、传真、电子邮箱等。

2. 提高服务质量的两项具体策略

（1）标准跟近策略

国际货代服务质量可用关键绩效指标或称重要表现指标（Key Performance

Indicator，KPI）来衡量，国际货代客户服务可以根据示例中的 6 个指标进行统计分析并与目标作比较，供决策层参考。将自己的产品、服务和市场营销过程同竞争者的标准进行比较，在检验和比较中逐步提高自己的水平。

示 例

某国际货代公司的 KPI 指标

① 订单完成率：≥99%　　④ 仓库货损货差率：≤0.1%

② 运输准点率：≥98%　　⑤ 按时回单率：≥98%

③ 运输货损货差率：≤0.1%　　⑥ 客户投诉率：≤2%

服务性行业是以人为中心的，因此，产品的质量在很大程度上取决于提供服务的具体人员。由于服务提供者个体的差异，因此服务质量有较大的差别。为了最大限度地提高客户满意度，企业可以参照竞争者的标准制定更高标准的服务规范。

服务行业的竞争关键在于服务质量。一家公司的好坏就在于它是提供“最起码”的服务，还是提供“优质”的服务，即瞄准 100% 零投诉、零错误、零意外的目标。

（2）蓝图技巧

蓝图技巧是通过分解组织系统和架构，鉴别客服人员与客户的接触点，并从这些点出发来改进企业的服务质量。

4.6.3 国际货代服务质量的保障措施

中国加入世界贸易组织（WTO），一方面为国际货代企业创造了难得的发展机遇，另一方面使国际货代企业的竞争更加激烈和残酷。有效地满足客户需要是企业在竞争中取胜的不变之道。

国际货代企业应恪守以客户需求和欲望为导向的经营理念，把企业的经营活动看作一个不断满足客户需求的服务过程，以始于客户的需求，终于客户满足的服务宗旨做好服务工作，并在不断了解、分析市场需求特点的基础上，不断改进、提高服务质量。

ISO 9000 系列标准是对国际先进企业质量管理的概括和总结，将此套标准应用于国际货代企业的质量管理实践是一个创新过程，必须在充分研究企业的资源和客户需求的基础上进行。因此，质量管理的培训必须是全员的、系统的和科学的。

1. ISO 9000 系列标准的产生及其发展情况

ISO 9000 不是一个标准，而是一个系列标准的统称。其基本思想是“过程控制”和“质量改进”，认为“过程控制”是保证产品质量的有效方法；强调过程控制的出发点是防患于未然；质量管理必须坚持质量改进。

2. 质量管理的8项原则

为了有效地组织实施质量管理，ISO/TC 176（ISO第176技术委员会）吸纳了国际上最受尊敬的一批质量管理专家的意见，整理并编撰了8项管理原则，并在国际上广泛征求意见，得到了众多国家的一致赞同。

（1）以客户为关注焦点

企业依赖于客户，所以应该了解客户现在和将来的需求，满足客户的需求并努力超越客户的预期。企业应以客户为焦点，需要调查和了解客户的需求和期望；确保把企业目标和客户需求连接起来；在企业内部讨论客户需求和期望；调查客户满意度，并针对结果采取行动；系统地管理客户关系；维持满足客户和其他利益团体之间的平衡。

（2）领导作用

领导为企业建立统一的目标和方向。领导应该创造和维持能让员工充分参与目标实现的内部环境。应用领导作用原则通常需要整体考虑各利益团体的需求，包括客户、企业所有者、员工、供应商、金融机构、当地社团、社会；为企业建立一个清晰的愿景；设置有挑战性的目标；在企业各层级建立和维护共同的价值观和道德模型；建立信任，消除恐惧；为员工提供所需资源、培训以使其履行相关的职责和义务；激发员工的潜能，认可员工的贡献。

（3）全员参与

全员参与也称全面质量管理，国际货代企业为客户提供的服务是一个整体的运输服务解决方案，包括从揽货开始直至货物交付的全过程。因此，国际货代服务质量高低，取决于国际货代服务全过程的各个环节、各个部门及所有员工的工作质量。因此，除了满足客户服务质量的要求外，还必须形成人人关心服务质量的提高，人人设身处地为客户着想、为客户提供优质服务的企业文化氛围。

（4）过程方法

当我们把活动和相关资源作为过程来管理的时候，期望的结果将更有效地达成。应用过程方法原则通常需要系统地定义获得期望的结果所必需的活动；为管理关键活动建立清晰的职责；分析和调查实施关键活动的能力；识别关键活动在企业各职能部门之间的连接关系；关注如资源、方法和原料等能提高企业关键活动成功率的因素；评估关键活动对于客户、供应商和其他利益团体的风险和影响。

（5）管理的系统方法

企业应按一定的时间间隔进行内部审核，以确定服务质量是否符合企业的服务质量方针、达到企业的服务质量目标、得到有效的实施与保持。

企业应建立将财务因素与服务质量管理体系联系起来的方法，在企业内用财务用语进行沟通。财务测评方法可包括对服务质量合格成本和不合格成本进行预算，对服务质量合格成本和不合格成本的分析。

企业应建立和实施自我评价过程，并依据服务质量目标和各项活动的重要性来确定评价的范围和深度。

（6）持续改进

企业应建立、完善服务质量管理体系，掌握市场需求的变化，深入了解、分析、评价客户的满意度和投诉反映情况，不断改进服务质量。企业可通过定期评审服务质量方针、目标，对服务中重复出现的不合格现象采取纠正、预防措施，定期召开服务质量管理体系评审会议，对体系的适宜性、充分性及有效性进行评审，使服务质量管理体系持续改进。

企业应采取纠正措施，以消除服务质量不合格带来的影响。纠正措施的力度应与服务质量不合格的影响程度相适应。纠正措施应编制成文件，以规定以下方面的内容：

1）确定服务质量不合格的原因；

2）服务质量不合格的纠正措施及处理方式；

3）记录纠正措施的结果。

企业应不断寻求对其服务过程的改进，强调改进措施过程的效率和有效性，并应监控这些措施，以确保实现预期目标。可能采取的改进措施包括日常的改进活动以及长远的改进项目。措施主要包括：

1）树立整体服务质量管理的思想；

2）坚持持续进行服务改进的理念；

3）做好内部服务营销工作；

4）明确内部人员的职责和权限，以识别服务改进的机会；

5）收集员工对企业满足其需求和期望所采取方式的意见；

6）评定个人、集体的业绩及对企业的服务质量所做出的贡献；

7）制定高标准的服务规范；

8）做好有形展示工作；

9）制定提高服务质量的具体策略；

10）确保改进过程的有效性和效率；

11）管理者应对改进过程给予大力支持。

企业应确定措施，以消除服务质量不合格的隐患。预防措施力度应与潜在问题的影响程度相适应。预防措施应编制成文件并对其进行评审。

（7）基于事实的决策方法。

（8）与供方互利互惠的关系。

本章小结

本章内容包含国际货代基本礼仪、国际货代客户关系管理、客户常见投诉问题及处理技巧、国际货代客户服务含义、国际货代服务质量的主要内容、提高国际货代服务质量的途径。其中，详细介绍了处理客户咨询投诉问题的流程，也给出了提高国际货代服务质量的重要性和方法。

推荐阅读

1. 客户世界 http：//www. ccmw. net
2. 广州物流网 http：//www. guangzhou-logistics. com

思考题

一、选择题

1. 国际货代企业为货主提供服务时，应当遵循的经营方针是（　　）。

　A. 安全　　B. 迅速　　C. 准确

　D. 节省　　E. 方便

2. 第三方物流服务要为客户提供（　　）。

　A. 物流合理化设计　　B. 降低物流成本建议

　C. 可靠的质量保证　　D. 可靠的时间保证

3. 以下哪些方面是质量管理的 8 项原则之一（　　）。

　A. 全程负责　　B. 全员参与

　C. 持续改进　　D. 过程方法

4. 客户关系管理的内容包含（　　）。

　A. 基础资料　　B. 业务资料

　C. 统计分析　　D. 应付投诉

二、判断题

1. 货运服务提供者个体的差异，必然导致货运服务质量的差异。（　　）
2. 处理客户投诉的技巧之一是避免正面冲突。（　　）

3. 耐心倾听客户的抱怨就是倾听对方无限制的发挥直到对方结束为止。（　　）

4. 客户关系管理是防止客户流失和增加客户忠诚度的有效方式。（　　）

三、简答题

1. 国际货代基本职业礼仪主要包含哪些方面？
2. 简述国际货代客户常见的咨询问题及处理技巧。
3. 体现国际货代服务质量的关键业绩指标有哪些？
4. 如何理解国际货代服务质量？
5. 如何提高国际货代服务质量？

第5章　国际货代操作

关键术语

订舱　船期表　卸货地订舱　租船　包机　包舱　包板　报关

学习目标

- 了解卸货地订舱业务、国际租船的基本概念；
- 了解报关、保险等货代服务；
- 熟悉船期表、航班时刻表；
- 掌握订舱、国际包机、包舱的基本概念。

国际货代企业的操作（Operation）是继揽货、商务操作之后的重要环节，操作也可解释为国际货代企业的经营、营运。

5.1　国际货代操作概述

操作部是国际货代企业的核心部门，每一票货的处理都要经过操作员的手，就像工厂车间的操作手，产品质量的好坏、生产数量的多寡都掌握在这些操作员的手中。服务业不同于制造业，其标准化程度和机械化、电子化程度都更低，不可控的外部因素和主观的不稳定因素非常多，一单业务中间常常会出现一些意想不到的情况，如司机提不了箱、船没有准时到港、货主提不了货等。操作员此时要耐心地分析问题，并迅速找到解决办法，否则，损失的不只有金钱，还有公司的声誉。因此，操作员不仅要掌握操作的流程，更要懂得紧急情况的处理办法。

5.1.1 业务介绍

货代操作的主要业务包括：订舱，托运，报关，保险，仓储，包装，中转及相关的短途运输服务，集拼业务，国际多式联运，国际展品、私人物品及过境货物运输代理，国际快递，货物的监装、监卸、分拨。本书从第 5 章到第 9 章将分别对这些内容作详细描述，第 5 章介绍订舱、托运、报关、保险；第 6 章介绍接管货物、交付货物、仓储、包装业务；第 7 章介绍中转及相关的短途运输服务，集拼业务，国际多式联运，国际展品、私人物品及过境货物运输代理；第 8 章介绍一些相关的集装箱业务；第 9 章介绍货物的配箱、配车、配载、卸载、监装、监卸、分拨。

5.1.2 部门设置

国际货代企业的中央控制室就是操作部。它既是负责货物流转操作的部门，也是公司的调度中心，而各营业部用柜台（Counter）作为内务操作和外勤现场的指挥联络中心，负责协调和各合作方的联系，大型国际货代企业甚至会单独设订舱部。操作部是公司最重要的部门之一，也是工作量最大、最具挑战性的部门。操作是使每一票货顺利抵达目的地的所有作业环节的汇总。国际货代企业常常由不同的操作员来负责不同航线、不同地区或不同类型的客户。国际货代企业揽货员、操作员、单证员三者的密切配合有赖于操作部的协调。原则上这三者各司其职，若客户有特殊要求要处理，操作员则需同揽货员协商解决；若客户需要报价，若由揽货员处理，操作员需第一时间同揽货员联络，得到指示后，方可报价；无揽货员跟踪的客户要求报价时，由操作员经主管同意后报价；揽货员外出时，若有客户找，则操作员要以一定形式（如便条）通知揽货员。单证报文的取送，由单证外务自行解决，最好不要由揽货员代劳，以免职责不清。不少国际货代企业操作部与单证部合二为一负责货物与单证的流转。各分部的配合脱节时，应向主管人员反映，并交由主管人员处理，不可抱着抵触情绪来处理，以免出现恶性循环，影响公司正常业务的运营。

5.1.3 人员素质要求

1. 团队精神

操作部是公司的协调部门，最重要的是团队精神，任何一方面协调不好都会影响公司和员工的切身利益。操作部是公司的凝聚力和文化所在。

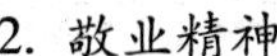

2. 敬业精神

操作员要从最基本的事做起，踏实肯干、不斤斤计较、严格把关，做好自己的本职工作。国际货代的每一个环节都是相辅相成的，需要细心和严谨的工作态度，任何疏漏都可能造成损失，甚至是不可挽回的毁灭性后果，导致最后的赔偿纠纷。

3. 沟通技巧

操作员要掌握沟通技巧，让客户信任，让客户感到满意。切忌和客户争辩，争辩给客户的感觉不好，而且无论如何争辩，最终还是要解决问题。操作员的工作是解决问题，而不是使问题的难度增加。

4. 心理素质和应变能力

操作员要稳重、反应快。在实际操作中有很多突发事件，操作员只有熟悉操作流程和借助积累的经验才能处理好。永远要走在客户、合作企业的前面，只有这样才有可能保持整个货运流程的流畅贯通，解决问题时才能游刃有余。

5. 专业知识

操作员要扎实、虚心向同事学习。英文不好的职员要准备一张常用专业英语单词及其简写表，随身携带以备不时之需。

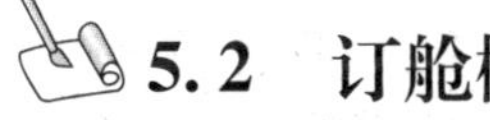

5.2 订舱概述

5.2.1 概念

1. 定义

订舱（Booking）是操作最基本也是最为关键的一步。订舱指托运人或其代理人在截单日前向运输业者申请货物运输，运输业者对该请求进行承诺的行为，即根据货物的运输数量预先订好在运输工具内的舱位。这里通常指托运人委托国际货代企业在截单日前向承运人或其代理人申请货物运输，承运人或其代理人对该请求进行承诺的行为。如果国际货代企业是独立经营的，则货主向国际货代企业托运的行为也可被认为是订舱。订舱单（Booking Note，Booking Form，Booking Sheet，B/N）是国际货代企业向承运人订舱的单证。如果委托人的货量大则会涉及租船、包机、包舱、包板的行为，则可能需要签订合同而非用订舱单。

特别提示

为了避免因重复抄写或重复录入而出错，不少企业把委托人的货物托运单（货物委托单）直接设计成订舱单，中文名用托运单，英文名用Booking Note。很多书把托运和订舱写在一起，业界包括马士基航运公司在内的企业也把订舱单称托（运）单。严格来说这两者是有区别的，托运是揽货的结果，在订舱之前。

有人将订舱写成定舱或订仓，这是不准确的，但为方便，业界常用"仓"来代替"舱"，《船务周刊》也经常这样使用。实际上，"舱"指运输工具的载货空间，而"仓"则是静止不动的存储空间。承运人可以通过订舱了解和掌握货源情况。

2. 订舱的分类及方式。

订舱按性质可分为如下两类。

（1）暂时订舱

暂时订舱指托运人或国际货代企业向承运人订舱时只是为了预订舱位而没有特定的货物要运载的行为。采用暂时订舱是怕舱位紧张。在许多国家，除危险品运输之外，托运人的口头订舱是被允许的。

暂时订舱因运输工具配载时实际货量可能没有预订的多，即预订的舱位没有被使用而变成"被风吹走的订舱"（Windy Booking），即虚舱，所以承运人通常会让运输舱位超订（Overbook）10% ~20%，以应对这种不确定性。暂时订舱虽在一定程度上带有不确定性，但能使承运人大致了解今后一段时间内的货源情况，为承运人的货运组织与管理奠定基础。航空公司计算虚舱的标准一般是50千克起算。负责订舱的国际货代公司也要承担风险，原因是承运人要收取虚舱费或称死费（Dead Fee）、亏舱费，具体计算方法参见10.4。托运人要避免支付虚舱费，必须尽快将不用该舱位的决定通知国际货代企业，以便其他的托运人使用这些舱位。

（2）确定订舱

确定订舱是委托人根据信用证或合同的要求和货物出运的时间，选择合适的船舶，在船期表或航空运输规定的截单日期之前，向承运人或其代理人以口头或书面形式提出的订舱。就海运来说，它包含货源的确切信息：订舱船名、接货地点、装货港、卸货港、交货地点、揽货代理名称、货名、数量、包装、重量、接货方式、交货方式、所需空箱数、装箱地点等。一般向船公司确定订舱的时间是在截单日前7天，通常船公司到那个时候才放舱。

企业实践

空运的订舱是指向各航空公司预订某条航线的吨位。新邦物流有限公司（简称新邦物流）是南方航空公司（简称南航）的第一货运代理，新邦物流分部一般向公司总调订舱，公司总调则向南航航线吨控订舱。吨控是指对所属航线的舱位进行合理分配的控制机构。南航吨控分为华北、华东、西南三部分。南航一架飞机的舱位装的货物，首先是鲜活货物，其次是南航柜台的货，即南航自己收的货物，再次是EMS的，最后才是国际货运代理人的。操作员先要考虑前面的舱位然后才能装后面的舱位，如果前面的装多了，后面的就只能拉货，装不下的货只能改下一班机。拉货指货物已过安检，在装机的过程中由于某种特殊原因被临时拉下而滞留机场的现象，这种情况是经常出现的。因为货量的不确定性，新邦物流每天都要向南航暂时订舱，但并非时时满舱，所以每年公司都要交几万元的虚舱费。航空运输较其他运输方式利润高，所以虽有虚舱损失但总体是赢利的。国际货代行业竞争是非常激烈的，暂时订舱可以避免遇到爆舱货运不出去的麻烦，以减少客户流失的风险。

订舱方式主要有如下3种：

（1）离线订舱。离线订舱主要通过传真、电话或者E-mail（电子邮件）、EDI（电子数据交换）等途径实现。网上离线订舱可以使用离线订舱软件，然后发电子邮件给承运人完成订舱。

（2）在线订舱。在线订舱也称电子订舱（E-booking），它可以给客户提供一个交易平台，通过互联网把客户的要价和服务供应商的报价进行协调，使双方达成交易。

企业实践

锦程国际物流集团股份有限公司的锦程全球订舱中心（Global Booking Center）提供在线订舱的服务。锦程国际物流集团是依托锦程国内200多个集团成员及300多个海外代理资源，借助电子商务网络技术，通过箱量整合、集中采购，为客户提供低成本的集中订舱及全航线运价咨询服务的运营系统。实际承运人也会提供在线订舱的服务，典型的有马士基航运公司的“MPower Shipper”（http：//www.mpower-shipper.com），客户可以通过它进行网上订舱，图5-1是马士基在线订舱的界面。

（3）卸货地订舱。通常的订舱都是装货地订舱，即由出口商订舱，而卸货地订舱（Home Booking）即由进口商订舱，贸易术语使用F组或E组时，

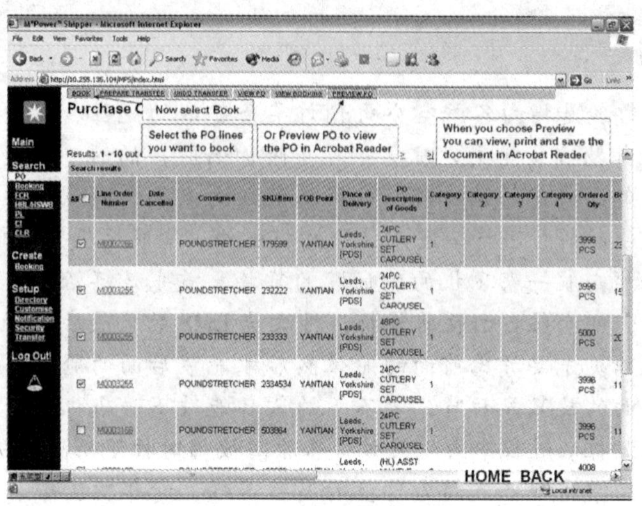

图 5-1　马士基的在线订舱界面

国外的买方（Buyer），即进口商（Importer）负责签订运输合同，但他们一般不自己订舱，而委托某国际货代代为订舱，通常还指定某承运人的运输工具。受委托的国际货代称指定货代，该承运人称指定承运人，这两者不一定同时出现。这种指定货使用路线单（R/O①，即 Routing Order）或指定货通知（Nomination Shipping Advise）。指定货通知依来源可分为代理指定货通知（Nomination Shipping Advise from Agent）和托运人指定货通知（Nomination Shipping Advise from Shipper），这里所说的代理是国外进口商在其本国的货运代理。

相关链接

日本线是东南亚地区指定率最高的航线。日本进口客户指定某一家承运人或货代处理（Handle）其货载（Shipment）或货物（Cargo）的原因有两个：其一，日本有一些道路被承运人或货代买下经营权，其他公司不得进入，欲进入须交路费，有的需要在路口卸下以人手搬运至工厂；其二，日本人重视长期性合作，转型为物流商的货代可提供报关、仓储、运输、配送等一系列服务，故被许多日本客户长期指定。

① R/O 还可指 Rail/Ocean，铁路和海路联运，或写作 O/R，即 Ocean/Rail。

5.2.2 船期表与航班时刻表

1. 船期表

班轮船期表（Liner Schedule）是班轮承运人营运组织工作的一项重要内容，也是国际货代企业操作员必读的资料之一。船期表的作用是多方面的，首先是为了招揽航线途经港口的货载，既满足揽货的需要，又体现货物运输服务质量；其次是有利于船舶、港口和货物的及时衔接，以便船舶在挂靠（Call）港口的短时间内取得尽可能高的工作效率；最后是有利于提高船公司航线经营的质量。

船期表以前登在一些地方报纸上，现在其最重要的载体是船务期刊与互联网。国际货代企业经常订阅的载有船期表的杂志有《中国航务周刊》《香港航务周刊》《广东船务周刊》《深圳船务周刊》。示例是中远海运集装箱运输有限公司的一份船期表（见表5-1），我们可以看到船期表的主要内容：航线、船名、航次号、截关日、始发港、中途港、终点港、离港时间、到港时间以及收货地点和截货时间，业务、客服联系电话、传真，公司网址、地址。有时会附带其他注意事项。

示 例

船期表示例见表5-1。

表5-1 中远海运集装箱运输有限公司船期表

<table>
<tr><td colspan="7">中远海运集装箱运输有限公司
总代理（网址）：http：//www. coscon. com
中国香港办公室：香港新界葵涌集装箱码头南路8号集装箱码头东中远国际大厦8楼</td></tr>
<tr><td colspan="3">日本航线服务</td><td colspan="4">整箱特快服务</td></tr>
<tr><td colspan="7">业务部：852－26121819
客户服务部（订舱和查询）：852－26161845　订舱传真：852－25472757</td></tr>
<tr><td>船名</td><td>航次号</td><td>堆场截关</td><td>香港离港</td><td>到港横滨</td><td>到港东京</td><td>到港名古屋</td></tr>
<tr><td>* Yan He</td><td>360E</td><td>26/12</td><td>28/12</td><td>30/12</td><td>02/01</td><td>03/01</td></tr>
<tr><td colspan="7">堆场收货地：中远国际集装箱码头（Hongkong International Terminals）8号码头，堆场截货时间：12：00</td></tr>
</table>

（1）船名（Vessel）与航次号（Voyage Number）

这两项是用来识别某航线特定航次的标志资料。

（2）截关日（Customs Closing Date）

截关日是承运人为特定的航次在指定的送货地点或截关地点（集装箱终

端或码头）最后接收货物的日期。出口商必须在最后日期和时间安排货物到达承运人指定的截关地点，否则有可能丢掉订单。货物的送货日期和地点及截关日期在订舱单中要写明。允许送货日为两天（包含截关日的前一天）。如果货物比承运人指定的日期早到集装箱终端或码头，场站可能不接收，接收则要收仓储费。截关地点一般是海关查货和监管的地方。

特别提示

截关日是船期表上最重要的内容，具体到小时则称截关日期及时间（Cut-off Date and Time），行业内对此的称呼五花八门。有的称截止签单日或截单日，因为不再签发装货单了，所以也称截载日；有的公司用“截重期或截重日”，指重箱还回码头的截止日期；有的用截数日期来称呼；因为这个日期与报关相关，所以有人以“截放行条日”来表示，放行条是海关放行货物出具的单证。英文的写法也是五花八门，复杂的写成预计截关时间（Estimated Time of Closing，ETC），也有的写为 Closing Date，Closing，CLS，C/D。

美国“9·11”恐怖事件发生之后出现的 24 小时舱单预申报制度（Automated Manifest System，AMS）使截关日变得更复杂，其一般可分为舱单截货和码头场站截货。

1）舱单截货。许多船期表习惯将其写成仓单截货，指的是截止交舱单的时间。英文用 SI（托运单）来表示舱单。所以就出现了 SI CLS、SI CUT-OFF、SI AMS CUT-OFF、E-SI CLOSE、EDI SI CUT-OFF、DOC、DOCUMEN TATION CUT-OFF 等表示方法，其中 AMS 是美国 24 小时自动舱单申报系统，E 或 EDI 指电子数据交换，DOCUMENTATION 或 DOC 指单证。因为 DOCUMENT 也可翻译成文件，所以该日也称截文件日。

2）码头场站截货。这里指的是截止收货的地点和时间。如 CY CLS、FCL CLS、CY RCVG 指集装箱堆场整箱收货，RCVG 是 RECEIUING 的缩写；而 CFS CLS 指集装箱货运站拼箱收货；WPRD CLS 指珠江三角洲码头收货。第 105 页示例中的堆场收货地为“8 号中远国际集装箱码头”，即通常讲的 HIT（Hongkong International Terminals）码头，堆场截货时间是中午 12：00。

3）加载货物（Additional Cargo）。截关日之后承运人一般是不收货的，但如果船舶空舱太多，承运人为减少损失在截关日以后也收货，这些临时托运的货物被称为加载货物。加载货物时要注意舱容和积载系数及海关的最后报关时间。

结关日同截关日不同，它是指海关对货物结束监管的日期。一般海关放

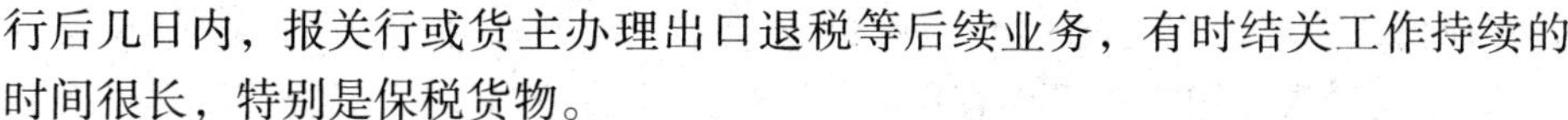

行后几日内，报关行或货主办理出口退税等后续业务，有时结关工作持续的时间很长，特别是保税货物。

（3）运输时间（Transit Time，T/T or T. T.）

运输时间是港口间的航行时间，如从中国上海到美国洛杉矶的运输时间为12天（T/T FM SHA TO LAX：12 DAYS），SHA、LAX分别是Shanghai（上海）、LosAngeles（洛杉矶）的缩写。

ETD（Estimated Time of Departure，ETD）一词指预计或期望的从起运港或点起运的时间，发运或大约发运（Shipment on or About），称离港时间，适用于所有的运输方式。ETS（Estimated Time of Sailing）一词指预计或期望的从起运港开船的时间，开船或大约开船（Sailing on or About），适用于海运。每一水船的截关日早于开船日［或叫开航日、实际离港时间（Sailing Date or Time）］。

ETA（Estimated Time of Arrival）一词指预计或期望的目的港或点到达时间，简称到港时间，适用于所有的运输方式。TA（Time of Arrival）是到达时间。

2. 航班时刻表

（1）主要元素：起点、经停点、航路、机型、班次、班期、时刻。

（2）分类：国内航线、国际航线、主干航线、分支航线。

（3）航班：按班期时刻表在规定的航线上，使用规定的机型，按照规定的日期、时刻进行的生产飞行。可分为去程航班、回程航班。

5.3　订舱程序

5.3.1　班轮班机订舱

航空运输的订舱较为简单，以下内容主要以班轮订舱为主。

1. 审核订舱内容，缮制订舱单

（1）审核订舱内容

国际货代企业接单即接受客户的托运，托运单也相当于订舱委托书。操作员收到揽货员或客服递来的工作流程单后，先审核客户货运详细资料，看看是否有缺项或错误，告诉客户向承运人订舱的内容是基于其提供的信息，请务必保证其准确性；审核无误后填写公司的订舱单。操作员审核时一定要细心，粗心订错目的港等会给公司造成损失，订错箱型、箱量会产生额外的费用。国际货代企业现在都采用责任和罚款挂钩的制度，操作员出错要付出代价。订舱资料来自信用证或合同，托运单的完整内容包括以下项目，须加盖客户公章。

1）关系人，包括以下内容：

① 订舱单位名称、电话、传真及联系人；

② 发货人（Shipper）完整的抬头、托运人签名、地址、联系人、电话和传真；

③ 收货人（Consignee）完整的抬头和地址；

④ 通知人（Notify Party）（如清关行等）完整的抬头和地址。

2）运输条款。运输方式、交接方式、运输线路（起运地、抵运地、目的地等）、运杂费支付方式。

3）货物资料，包括以下内容：

① 商品名称、包装方式、运输包装标志或称唛头（MARK）、声明价值，特别注意与客户确认商品品名、编码；

② 运输数量：每款货物对应的箱数、件数、毛重、体积，这些内容是确定箱型的依据；

③ 供运输用的声明价值、保险金额；

④ 贸易合同号、货号、备货时间、交货日期、成交方式。

4）订舱操作（在订舱确认后填，以配舱回单形式给托运人），包括以下内容：

① 船期：船名、航次、装货地点[①]与送货日期（截关日）、ETD、ETA 等；

② 集装箱箱型、箱量（集装箱运输时）；

③ 订舱单号（Booking No.）或装货单号（S/O No.）或提单号。

5）处理事项及特别要求。公司需要的其他内部作业资料如下：

① 工作流程单号、日期、业务员姓名、报关行、拖车行的资料；

② 如果是指定货，要注明指定承运人的名称、电话、传真、联系人；

③ 公司报价及收费项目。

相关链接

中国内地和中国香港间的货物运输在下托运单时，要填写详细的货物运输相关资料，包括货物的中文品名、毛重、体积、件数、托盘数、工厂地址、联系人电话以及到厂收货时间、运输费用、香港截关日期、香港地址以及联系人电话、随附文件、签收单送交地点、结算方式等。确认好后盖章签字回传。

① 装货地点涉及业界常说的做箱方式或称装箱方式，详见第 8 章。

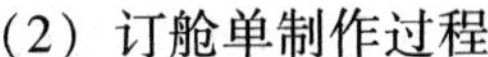

(2) 订舱单制作过程

前面谈到的客户出托运单，揽货员填工作流程单，再由操作员制作订舱单的操作方式是比较规范的。实际上业界的做法很多，一般是直接把托运单当成订舱单，所以这个操作也称填托单。主要有如下3种方式：

1）顺向制单。客户、国际货代、承运人三者“共用”一份订舱单，各自填上自己的内容。国际货代操作员向客户传真空白订舱单，客户填好后回传。操作员审核后盖订舱章并签字，然后向承运人传真经货代签章的订舱单，承运人在上面填好订舱操作信息以示确认再回传给货代。订舱号是索取装货设备的预订号和签发提单或运单之前的控制号。

2）逆向制单。国际货代操作员向客户传真空白的承运人印制的装货单（Shipping Order，S/O①），客户填好后回传。操作员审核后盖订舱章并签字，然后向承运人传真经货代签章的装货单，承运人在上面填好订舱操作信息以示确认再回传给货代。国际货代操作员审核回传的装货单无误之后，把装货单按照客户提供的联系方式传真给客户。传完之后必须确认客户有没有收到装货单，以让客户为下一步作业做准备。此方法效率最高，但不同承运人的装货单式样不同，不利于国际货代企业对外宣传自己的独立品牌，同时因装货单透露了承运人信息，容易使客户跳过货代直接和承运人或其代理联系。

3）两段制单（比较规范）。国际货代操作员向客户传真空白订舱单，客户填好后回传，操作员审核后盖订舱章并签字后传给承运人，承运人在上面填好订舱号、船名、船期以示确认再回传给货代。国际货代操作员不传已确认的订舱单给客户而直接要求客户交补料（Cargo Detail or Cargo Status），货代另出订舱确认书（Booking Acknowledge）给客户。

补料是之前客户填的订舱单不够详细和准确需要补充更正的材料，所以补料单也称更改单（Correction Notice）。国际货代操作员自己填补料单，填好后再传给客户审核确认，经确认的订舱单称“OK件”。出提单前请客户传的正确装箱资料也是补料，有时这两者是合二为一的，出提单前一次补全。国际货代操作员再向承运人索要空白的装货单，填好或直接在原有的订舱单上补料后传真给承运人，承运人确认后写上装货单号或签发装货单回传给国际货代操作员。

未经承运人确认的订舱单或装货单称“下货纸”，珠三角地区出于方言发音的缘故将其叫作“落货纸”或“落货单”，国际货代操作员应将此订舱单或装货单涂掉承运人的联络方式或另出订舱确认书回传给客户。这样细微的操作看起来微不足道，但是对于保持公司的业务量是很重要的。因为订舱单

① S/O也可作为订单（Sales Order）的缩写。

透露了承运人的地址，所以很多客户会自己联络船公司而导致国际货代企业客户流失。

一份详细、完整的订舱单能使国际货代企业各部门及合作公司明了货运的进度、费用（包括额外产生的费用）、有无特殊状况、应该怎样跟进。另外，其也是公司出具收费发票的唯一依据，收费发票又是成本计算、利润分析、揽货员佣金计算的基础，所以不允许有错。各相关人员需要知道订舱单的重要性，随时将产生的各项费用登记在订舱单上，必须最大限度地保证原始订舱单数据的正确性、相符性以减少后续过程的频繁更改。不同时段的补料费用不同，一般截关日前不收费，截关日后补料要付费，正本提单出后再补料的改单费更高。当运载危险品时，订舱一定要有书面申请。签发了一张危险品订舱单，并不意味着这些货物可以允许装船。当货物运到指定截关地点，在清关（Clearance）和装货之前，货物、订舱单及危险品通知要递交给船长批准。另外，要避免发生纠纷，订舱单中的开船时间是大致时间而非准确时间，填制时用“约”或者“左右”的字眼。

2. 备齐资料去订舱

在接到客户的订舱单后，国际货代要在合理的时间内前往船公司或其他承运人处办理配载等手续，并应及时向客户提供船期、航班、车次等预报以及承运人截止接单日期。上述预报不构成双方对运输工具驶离装货港和抵达卸货港的具体时间约定，仅作为双方办理订舱事宜的参考。操作员审核订舱单后盖订舱章并签字，需要提供订舱附件（如承运人的价格确认书，确认承运人的价格是很重要的一环）的，需备齐附件后向承运人订舱。操作员将订舱单传给承运人之后，一般要确认一下承运人有没有收到订舱单，以便及时收到承运人回复的装货单。承运人一天可能收到很多订舱单，其职员难免会出现忘记签发装货单的失误。

向持有优惠价格的代理人或公司预先订舱，注意交货时间以及交货方式和地点的把握。在航空运输中，外发的货万一没有赶上发货时间，就要联系其他航空代理点，如果其他代理点可以发货，则应快速向第一个外发点退货，并马上安排人员办理退发手续。

海关实行预配舱单后，只有承运人发送了预配舱单后，才能够报关，所以拼箱货每票都需要分别订舱，并获得每票货物的提单号。2018 年出台的新舱单制度不允许拼箱货物交叉混拼，每票货物的提单号须对应该票货物的所有箱子，即遵循“任意两票货物的箱号不重叠，如果重叠则必须完全一致”的原则。订舱方法可以采取加拼订舱方法或 EDI 订舱方法（需要货代系统能够生成 EDI 订舱格式的 EDI 报文）。订舱为整箱的，需加拼一票或几票。首先，对已经订舱的该票货物发送“新增更改”申请，在更改项目选择中“客

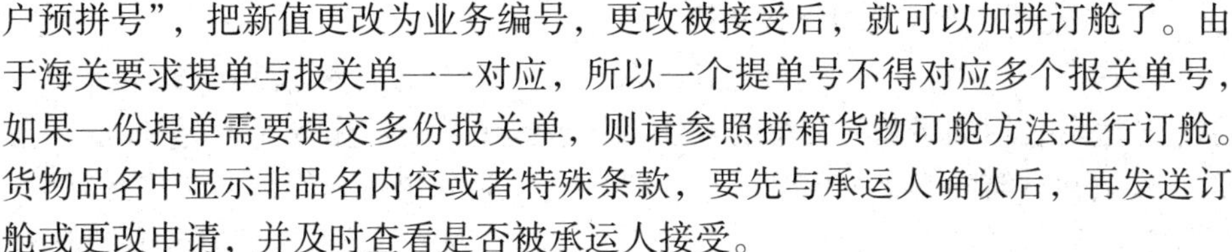
户预拼号”，把新值更改为业务编号，更改被接受后，就可以加拼订舱了。由于海关要求提单与报关单一一对应，所以一个提单号不得对应多个报关单号，如果一份提单需要提交多份报关单，则请参照拼箱货物订舱方法进行订舱。货物品名中显示非品名内容或者特殊条款，要先与承运人确认后，再发送订舱或更改申请，并及时查看是否被承运人接受。

企业实践

电子订舱系统加拼订舱方法：两票货拼一小一大两个箱子，两票货业务编号分别为“PINXIANG001”与“PINXIANG002”，其中最小的业务编号“PINXIANG001”为首票，首票的订舱方法基本与平时订一票整箱相同，但稍有不同，即所有内容输入完毕后需要在“自拼”处打钩，系统会自动把此票的业务编号填到“客户预拼号”处，然后点击“立即提交”，首票订舱就完成了。

除了首票以外的各票，我们称“从票”，从票的订舱则需要采取“加拼订舱”的方法。进入“加拼订舱”模块，然后点击“客户预拼号”右侧的放大镜，在跳出的窗口右上角的“客户预拼号”处输入客户预拼号“PINXIANG001”并点击查询，选中查询出的记录后，系统会自动返回并自动把客户预拼号填入“客户预拼号”栏位，把第二票的业务编号输入“业务编号”栏位并点击“确定以此整箱做拼箱订舱”，系统将自动把首票信息复制到第二票来，并把不允许修改的栏位加灰，根据需要修改可以修改的栏位后点击“立即提交”就完成了第二票的订舱。如果有更多票，请参照第二票的订舱方法。

3. 承运人确认订舱，签发装货单

（1）承运人确认签单

承运人或其代理审核托运单，确认无误可以接受订舱后，会在规定的时间内（如24小时内）进行回复或确认，表明承运货物的“承诺”。有的承运人如中远国际货运有限公司会以订舱确认书（Booking Confirmation or Booking Acknowledgement，B/A）或在订舱单上加填内容的形式表示确认，更多的是承运人或其代理签发装货联单或场站收据联单或空运单（Air Waybill）给国际货代表示接受装运申请，指示相关部门放舱或放箱。海运中，承运人加填订舱操作信息，然后留下配舱人留底（货主留底、船代留底）和运费通知三联或四联；若是七联单，则仅留配舱人留底联，将其余各联退还给货运代理人作为对该批货物订舱的确认，托运人凭以向海关办理出口货物申报手续，其余各联就是通常意义上的装货单。与此同时，承运人也传递订舱确认书给海关（详见第10章）。

(2) 运输工具放舱和集装箱放箱

在集装箱运输中，船公司或其代理人根据船代留底联缮制集装箱货物清单，分送集装箱堆场和集装箱港务公司（或集装箱装卸作业区），据以准备空箱的发放和重箱的交接、保管以及装船事宜。船公司或其代理人在接受订舱、承运货物后，即签发提箱单，连同集装箱设备交接单交给托运人或其货运代理人。如果承运人不另给提箱单，则要将放箱信息印在装货单确认单上（即船公司尚未放舱位给货代）。国际货代企业可根据客户供货所在地与哪个码头比较接近，指定放在哪个码头。此时的装货单兼具“提箱单”功能，货代将此装货单传真给拖车行出提箱单。当重箱返场时，返场当日叫拖车行回传确认。如果是散货，承运人回传装货单后，则由货代于此单上写明散货应送达的仓库地点。散货的装货单称散货进仓单（也叫进仓地图、散货进仓图、入仓纸），货主拿到写有货物交收地址的散货进仓单，把货送到指定码头或指定仓库。

(3) 客户接收订舱确认信息

国际货代企业操作员收到船公司签发的订舱确认书或装货单后，首先要审核其正误，再与客户确认做箱时间、地点，最后发入舱通知给客户或将配舱回单转交客户，写上确认过的做箱时间、地点。

典型的装货单包含：订舱号、托运人和货代的名称和地址、船公司名称、船名和航次号、开船时间、到达时间、起运港、目的港、截关时间及包装数量和类型（整箱货则是箱型、箱号、箱量）、空箱箱场地点及联系方式、装货工厂名称及地址、联系人、提箱日、还箱地址、报关方式等。对托运人而言，承运人签发的每份装货单或空运单是办妥货物托运的证明——一票货（Per Bill or Per Shipment）可能是一个集装箱或若干个集装箱或零散的不够装满一个整箱的散货，甚至是一小个包裹（Parcel Lot）。

交通部的《海上国际集装箱运输电子数据交换管理办法》规定了电子报文替代纸面单证管理规则，正式订舱报文（IFTMBF）替代集装箱货物托运单、订舱申请单。该报文包含订舱号和港口、收货地和装货港、可选卸货港、发货人、收货人、通知人、订舱预配箱、订舱货物、集装箱细目、货物信息、运费条款以及其他信息。订舱确认报文（IFTMBC）替代订舱配舱回单。该报文包含订舱单号和提单号，或者是拒绝订舱理由。《海上国际集装箱运输电子数据交换电子报文替代纸面单证管理规则》规定了货主或其代理通过 EDI 中心，向船公司或其代理传递正式订舱报文；船公司或其代理通过 EDI 中心，向货主或其货运代理传递订舱确认报文。

(4) 出货前需再次确认运费和舱位

运价变动可能引起费用增加，旺季（每年 7 ~ 8 月）爆舱会出现甩柜或拉货现象，即承运人取消已确认的舱位，或者承运人预留（Hold[①]）舱位给其大客户，忽视货量少的客户的利益，要求本票货走下一水船（Next Voyage）或下一班机。国际货代操作员要及时和承运人确认，如果原订的舱位出了问题，必须请揽货员及时和客户沟通。如果由于报关、备货等不及时导致重柜返场延迟而造成该次订舱无效需走下一水船，承运人通常会同意保留订舱号并于装货单上注明将此订舱号延至下一水船，但需付改船附加费（Charge of Changing-Vessel，COV）。国际货代企业不用重订舱，只要在下一水船的截关日前直接通知承运人即可。有的承运人规定货代出一份保函（Letter of Guarantee，L/G；Letter of Indemnity，L/I）给委托人，委托人也出一份保函给货代。自委托人提空箱之日起至重箱装上下一水船期间的时间若超过承运人的免费用箱时间（通常为5~7天），则需按日付箱租。

特别提示

二程船订舱时一定要保证有舱位，特别要防止大船因爆舱而甩柜的情况。如果客户的货物交货期很急，船期延误了是很难弥补损失的。例如从广州黄埔港出发须用驳船，则运到深圳盐田港或赤湾港上大船，如果不能保证二程船，则要建议客户用拖车陆运货物到深圳上大船。

（5）国际货代企业订舱注意事项

1）接受委托后，应根据客户提供的有关贸易合同或信用证条款的规定，在货物出运之前一定的时间内，及时填制订舱单向承运人或其代理人申请订舱。由总部统一订舱的公司，其分支机构的订舱单要按顺序传真到总部，若分支机构已经自行订舱应在订舱单上注明，并及时传真到总部备案。每月末，分支机构要将本月取消的订舱单统一传真到总部备案。

2）应考虑航线、运输工具、运输要求、港口（场、站）条件、运输时间等方面能否满足运输及单证的要求。

① 近洋线订舱：中国台湾线的危险品货物申报资料在开航前两天就须提供，中国台湾线基隆港请务必在订舱单注明清关关区，否则将被默认为基隆关区。

② 美西线订舱：不应接受没有注明保险合约号码（Bond No.）和包装单位以托盘计件的订舱，即托盘货的包装计件以托盘上的最大运输包装的件数为准。

---

① 到目的港后货代指示其目的港代理“Hold柜”，意思是“扣货”。

3）应要求托运人准确提供货物的总长、总宽、总高、总重。根据客户提供的具体货物名称、数量、种类、航程、时间要求、货物备妥时间、偏好的船公司或其他承运人等信息，及时报出运价。按客户要求，订舱前书面确认报价，待定费用也应作详细说明，保护客户的合法权益。

4）按客户或信用证的要求选择合理的运输方式和快速、安全、经济的运输线路，并及时安排运输。及时提醒客户提前订舱，以避免出现因舱位紧张而错过信用证规定的最迟装运期的情况。

5）订舱联系单所列项目必须完整、正确地填写。

① 抬头资料的要求：订舱时，所有收发货人及通知方（包括直接客户和同行客户）均需显示详细的公司名称、地址以及联系方式。直接客户除提供合约中规定的详细收发货人外，还需提供详细的实际收、发货人的公司名称、地址、联系方式以及国籍，而且发货人国籍必须显示货物出运国，不能显示第三国。若收货人是“to the order of shipper”（凭托运人指示）或“to the order of bank”（凭银行指示），托运人或银行的详细名称、地址和联系方法必须在“to the order of”后面列明。美国航线不接受收货人仅为“to order”的订舱。

② 电子订舱的客户：在网上输入订舱信息时，不允许出现中文或者中文的标点符号，也不能出现“-”“*”等字符。运费条款与附加费条款须一致。根据美国海关要求，集装箱航线所有的远洋提单号和货代提单号都只能限制在12位以内，对于客户自行发放的提单号，若因此引起无法申报问题，则由客户自行承担责任及风险。

（6）特种货物的订舱

在接受危险品、特种箱（包括挂衣箱、开顶箱、框架箱、冷藏箱、罐式箱和平板箱等）的订舱、运费支付条款为到付的订舱以及门点CY—DOOR和内陆点CY—RAMP的订舱时，需承运人确认后接受，有的承运人要求客户提前15个工作日提出书面申请。委托方有特殊运输要求的，如货物装水线以下、食品箱用箱要求等，应在订舱前运价确认和舱位确认时，提出书面申请。其中：

1）危险品订舱时，必须在订舱单上加注中文品名，注明《国际海运危险品规则》规定的等级、编号和性质（如有毒、易燃、易爆、放射性）；危险品货物申报单、船舶申报单、危险品装箱证明书必须在装船前两个工作日送达，详见6.1.2。

2）挂衣箱订舱时，托运书上应注明类型（如单杆、双杆、绳索或压条等）以及具体提箱日期；为防范走私及假冒货物运输，对于鞋类、服装类、纺织品类等容易出现问题的货物，各口岸代理应要求委托方提供详细的品名，尽可能避免笼统品名，例如衣服（Garments）、纺织品（Textiles）或鞋（Shoes），以减少目的港海关查验的可能。对于指示提单，要求通知方必须显示为正规公司名称、地址、电话、传真号。若通知方为个人，则必须提供护照号、详细地址。

3）开顶、框架或平板箱订舱时，因开顶箱或框架箱的数量在口岸有所限制，订舱后各口岸代理应要求委托方提供每件货物的最大外形尺寸和毛重、包装方式、件数、重量、合约号等资料，并随附表明货物外形的技术图纸（搬运、储存、防护等作业指示）和装箱要求，然后提供给特种箱贸易区主管，向其确认是否可装船，同时须得到装港、中转港、卸港可安排的确认后，方能安排。

4）冷藏箱（散油、冷藏货及鲜货、活货等）订舱时，必须在订舱单上加注中文品名，不应接受“Frozen Cargo”的货物描述。应注明冷藏温度、通风要求（如通风口开闭程度）、是否需要预冷、做 PTI 测试①以及预计提箱时间。如果有 FOB（船上交货价）订舱需求，则须提前联系特种箱贸易区主管，得到其确认。西班牙检疫检验制度异常严格，海关一旦发现温度记录有异常，就会禁止货物入境，从而产生大量的额外费用，此类案件已发生多起。因此，对于运往西班牙的货物，应尽量避免使用老旧冷藏集装箱，不仅要注意检查制冷温度是否完全符合货物的要求，而且要注意温度记录的准确性，并保证箱体完整、制冷正常。

（7）贵重物品的订舱

贵重物品订舱时要加注货价，选配适当的运输工具，保证货物安全；对按货价区分运价等级的五金、钢材，要列明 FOB 单价以作为支付和审核运费的依据。

空运订舱时，大宗货物、紧急物资、鲜活易腐物品、危险品、贵重物品应预订舱位。

（8）超限货物的订舱

接受超重、超限箱或特殊货物订舱前，应得到中转港、过境港、目的港代理的同意和托运人的书面确认。超限货物必须提供货物的超长、超宽、超重的具体数字，以安排舱位和作为审核时的参考。

重量超过 5 吨的货物，应在进出口订舱联系单上注明成套设备和机械设备重大件（包括裸装设备及大型箱装机器）；凡毛重超过 20 吨，长度超过 12 米，宽度超过 2.3 米，高度超过 2.2 米的货物，应在订舱联系单上逐件注明。各种车辆不论是否超长超宽，应注明长、宽、高以计算积载费用。

---

① 预检测试（PTI）指每个冷箱在交付使用前应对箱体、制冷系统等进行全面检查，保证冷箱清洁、无损坏、制冷系统处于最佳状态。经检查合格的冷箱应贴有检查合格标签。

特别提示

最早关于集装箱最大总重的规定是，20 英尺[①]集装箱为 20 长吨[②]（即 20 320千克），40 英尺集装箱为 30 长吨（即 30 480 千克），这一限度绝对不准超过。现在，同样尺寸的集装箱最大总重就多样了，通常实际配箱的毛重只能是扣去集装箱自重后最大载重的95%，详见第 10 章。多式联运订舱涉及内陆运输，还必须考虑所通过公路桥梁的载重限度，实际可载货重量远小于集装箱后门所标的载重量。尤其是目的港为发达国家者，例如澳大利亚有的州规定公路上通行的集装箱，其最大总重为 20 长吨，超过了这一重量的集装箱，必须用 13 吨的串联轴来运输。因此，实际上超过 20 长吨的 40 英尺集装箱，如果不采用特殊的底盘车，在该州就不能进行公路运输。美国有的州的公路也有这种限制。运往美国的货需要在美国国内拖箱时，如美国内陆点货物以及经船舶直挂港直接中转至美国门点的 CY—DOOR 运输，根据美国高速公路限重规定，各州的规定不尽相同（15 ~ 17 吨），当地均有地磅显示重量。一般承运人都会给出美国航线货物（US Inbound Cargo）订舱限重，有的会在托运单上印好限重；有的会于国际货代企业向其订舱后，在回传的订舱确认上盖限重章，如“本公司规定 20 英尺集装箱、40 英尺集装箱最多可装货 17. 1 吨与 19. 3 吨”。有些业务人员干脆在名片背面印上大小箱的内容积及限重。超限的客户如果坚持不改，就要承担一切后果及费用，超重每次罚 2 000 美元 ~3 000 美元，故对五金、瓷砖、石制品等重量货的揽收要特别小心。中远国际货运有限公司目前的限重规定为小柜[③]不可超出 17. 25 吨，大柜不可超出 19. 958 吨。

4. 卸货地订舱的跟进流程

（1）操作员收到海外代理指定货通知（Nomination Shipping Advise from Agent）立刻联系客户并答复海外代理货物准备情况及联系结果，需要向海外代理确认运输方式、需要的服务、运价及服务费用。通过前文提到的订舱程序进行订舱，得到订舱确认书后提供给海外代理，要求海外代理回复，填写收费账卡。

（2）操作员收到托运人指定货通知（Nomination Shipping Advise from Shipper）向托运人确认货物完成情况，并立刻联系代理，确认是哪个代理的指定货，确认后将货物准备情况及拟安排计划告诉代理，要求其确认。进行订舱，

① 英尺为英制单位，1 英尺 =0. 304 8 米。

② 长吨是实行英制的国家采用的重量单位。

③ 小柜指 20 英尺集装箱，大柜指 40 英尺集装箱。

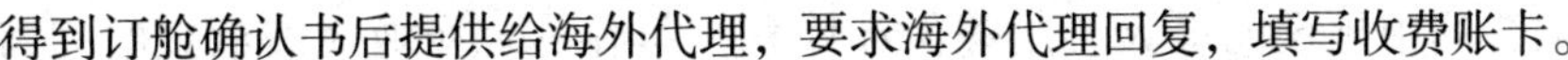

得到订舱确认书后提供给海外代理，要求海外代理回复，填写收费账卡。

5.3.2 租船业务

托运人的货物在一定时间内需要单独占用船舶全部或部分货舱，承运人需要采取专门措施给予保证的一种运输方式为货物租船业务。承租双方所签订的租船合同被称为租约（Charter Party，C/P）。承租双方谈判时所参照的范本在租船实务中被称为标准租船合同范本（Standard Charter Party Form）。

5.3.3 包机业务

托运人为一定目的包用航空公司的飞机载运货物的一种运输形式为货物包机运输。申请包机时，凭单位介绍信或个人有效身份证件与承运人联系协商包机运输条件，双方同意后签订包机合同。包机人与承运人应当履行包机合同规定的各自承担的责任和义务。包机人和承运人执行包机合同时，每架次货物包机应当填制托运书和货运单，作为包机的运输凭证。包机人和承运人可视货物的性质确定押运员，押运员凭包机合同办理机票并按规定办理乘机手续。包用飞机的吨位由包机人充分利用。承运人如需利用包机剩余吨位应当与包机人协商。包机合同签订后，除天气或其他不可抗力的原因外，包机人和承运人均应当承担包机合同规定的经济责任。包机人提出变更包机，承运人因执行包机任务已发生调机的有关费用应当由包机人承担。承运人按包机双方协议收取费用。提供航空包机运输服务应详细考虑每个环节，注意流程环节的合理性，货物装机不出现差错，卸货时需要对货物称重以保证报关时不出现差错。外包装变形的货物的实际尺寸需要重新测量。打板应符合货物的实际尺寸及客户的要求。轻泡货与重货合理搭配打板，最大化地利用机内舱室限重和限高。散货打板应最大化地利用、填充机内剩余舱室。

5.3.4 包舱包板业务

托运人的货物在一定时间内需要单独占用飞机货舱或集装板（箱），承运人需要采取专门措施给予保证的一种运输方式为货物包舱包板运输。包舱包板运输可分为固定包舱包板和非固定包舱包板两种方式。固定包舱包板是托运人在承运人的航线上通过包舱包板的方式运输，托运人无论是否向承运人交付货物，都必须支付协议上规定的运费，申请包舱或包集装板（箱）的合同签订及双方应当承担的职责和义务参照包机的有关条款办理。非固定包舱包板是托运人在承运人的航线上通过包舱包板的方式运输，托运人在航班起飞前72小时内如果没有确定舱位，承运人则可以自由销售舱位，但承运人对代理人的包舱包板的总量有一定控制。包舱货物的实际重量和体积不得超过包舱运输合同中规定的最大可用吨位和体积。国际货代企业应按约定时间将货物送到指定机场，自行办理各类手续。不应因货物迟到、装机困难、货物不符合安全要求、卸货不及时等而造成飞机延误。

5.4 检验检疫、报关、保险业务

当出口重箱回场后，接下来是检验检疫、报关。委托国际货代企业报关是按票收费的，有进出口权的客户可以自行报关或请国际货运代理企业或报关行报关；没有进出口权的客户则需找一家公司代理出口，这家公司就是代理外贸公司，该笔业务的外汇核销必须由代理外贸公司进行。

5.4.1 检验检疫及通关业务

中华人民共和国海关组织推动口岸“大通关”建设、进出境监管工作、进出口关税及其他税费征收管理、出入境卫生检疫和出入境动植物及其产品检验检疫、进出口商品法定检验、海关风险管理、国家进出口货物贸易等海关统计、全国打击走私综合治理工作，制定并组织实施海关科技发展规划以及实验室建设和技术保障规划、海关领域国际合作与交流等。

国际货代企业可以兼营代办报关和运输保险业务，通常这些业务是按票收费的。

1. 检验检疫的实施

出入境检验检疫是指海关依照法律、行政法规和国际惯例等的要求，对出入境的货物、交通运输工具、人员等进行检验检疫、认证及签发官方检验检疫证明、居间检验检疫公证和鉴定证明的全部活动。办理检验检疫业务是指有关当事人根据法律，行政法规的规定或对外贸易合同的约定，向海关申请办理检验、检疫、认定和鉴定的手续。

（1）出入境检验检疫业务范围与法律依据

法律、行政法规规定必须由海关实施检验检疫的（法定），输入国家或地区规定必须凭海关出具的证书方准入境的（输入地规定），有关国际条约或与我国有协议或协定规定必须经检验检疫的（国际条约或协定等），对外贸易合同约定须凭海关签发的证书进行交接、结算的商品（合同约定）都必须实施检验检疫。其具体内容包含：进出口商品检验、进出境动植物检疫、进口商品认证管理、进口废物原料装运前检验、出口商品质量许可、食品卫生监督检验、出口商品运输包装检验、外商投资财产鉴定、货物装载和残损鉴定、卫生检疫与处理。包括：

1）《中华人民共和国进出口商品检验法》及实施条例；

2）《中华人民共和国进出口进出境动植物检疫法》及实施条例；

3）《中华人民共和国卫生检疫法》及实施细则；

4）《中华人民共和国食品卫生法》。

（2）检验检疫流程

涉及法定检验检疫要求的进口商品申报时，在报关单随附单证栏中不再填写原通关单代码和编号。企业可以通过“单一窗口”（包括通过“互联网+海关”接入“单一窗口”）报关报检合一界面向海关一次申报。具体检验检疫流程如下：

1）入境：报关、申报—受理、审单—实施检验检疫—签证放行—提货。

① 提交的单据。收货人或货运代理人提供合同、发票、提单等有关单证，其他情况应当提供相关证明，如国家实施许可制度管理的货物，应提供有关证明；入境废物原料进行检验检疫时，还应当取得装运前检验证书；属于限制类废物原料的，应当取得进口许可证明。海关对有关进口许可证明电子数据进行系统自动比对验核；申请残损鉴定的还应提供理货残损单、铁路商务记录、空运事故记录或海事报告等证明货损情况的有关单证等。

② 时限和地点。对于入境货物，应在入境前或入境时向入境口岸、指定货到达地的海关办理检验检疫手续；入境货物需对外索赔出证的，应当在索赔有效期前不少于20天内向到货口岸或货物到达地的海关办理检验检疫手续。入境流向货物，应于口岸通关放行后20天到向目的地海关办理检验检疫手续。

输入微生物、人体组织、生物制品、血液及其制品，应在货物入境前30天进行检验检疫。

申请人向海关提交纸面单据和电子检验检疫数据后，检务部门审核后合格的，当场受理并出具编号，电子检验检疫数据自动转施检部门；审核不合格的，应一次性告知申请人，待申请人补充或修改后重新提交检验检疫申请。

检验检疫信息和资料提供完整、符合检验检疫检验检疫要求的，在1个工作日内完成检验检疫受理，特殊情况下，可延长至2个工作日；对于不能完成检验检疫受理的，需在1个工作日内退回检验检疫申请，并告知企业不予受理的理由。

2）出境：申报—受理、审单—实施检验检疫—报关、申报—装货。

① 提交的单据。收货人或货运代理人应进行出境检验检疫时，提供对外贸易合同（售货确认书或函电）、发票、装箱单等必要的单证以及其他情况检验检疫时需要的相关文件，如国家实施许可制度管理的货物，应提供有关证

明；出境货物须经生产者或经营者检验合格并加附检验合格证或检测报告；申请重量鉴定的，应加附重量明细单或磅码单；凭样成交的货物，应提供经买卖双方确认的样品等。

② 时限和地点。出境货物最迟应于报关或装运前7天向货物生产地海关检验检疫，对于个别检验检疫周期较长的货物，应留有相应的检验检疫时间。需隔离检疫的出境动物在出境前60天预检验检疫，隔离前7天检验检疫。

申请人向海关提交纸面单据和电子检验检疫数据后，检务部门审核后合格的，当场受理检验检疫并出具检验检疫编号，电子检验检疫数据自动转施检部门；审核不合格的，应一次性告知申请人，待申请人补充或修改后重新提交检验检疫申请。

检验检疫信息和资料提供完整、符合检验检疫检验检疫要求的，由中国电子检验检疫主干系统根据审单规则自动受理检验检疫，企业可在申请提交10分钟后收取检验检疫号；不符合检验检疫要求、检验检疫信息填写不完善的，经人工判定后，在0.5个工作日内退回申请，并告知企业不予受理的理由，特殊情况下，延长至1个工作日。

2. 报关的实施

报关是指进出境运输的工具负责人、进出口货物的收发货人、进出境物品的所有人或者他们的代理人，向海关办理运输工具、货物、物品进出境手续的全过程。电子报关是指进出口货物收发货人或其代理人通过“单一窗口”（包括通过“互联网+海关”接入“单一窗口”）报关报检合一界面向海关一次申报。按照《中华人民共和国海关进出口货物报关单填制规范》有关要求，向海关传送报关单电子数据，并备齐随附单证的申报方式。

（1）报关业务

1）代为办理填制报关单及其进出境备案清单、提交报关单证等海关手续。

2）代为办理缴纳税费和退税、补税手续。

3）代为办理结关、海关证明联等手续，以及配合海关对进出口货物的查验等。

4）代为办理进出口货物减税、免税等手续。

5）代为办理加工贸易合同手册设立、变更和核销及保税监管等手续。

6）应当由报关企业办理的其他事宜。

（2）海关监管制度

根据海关进出口监管制度，海关监管货物可分成5大类：一般进出口货物、保税进出口货物、减免税进出口货物、暂准进出境货物、其他进出境货物。报关程序按时间的先后顺序和海关管理要求分成3个阶段——前期阶段、货物进出境阶段、后续阶段，分别对应海关通关管理的3个阶段——前期管理、现场作业管理、后续管理。全国海关通关一体化改革打破了通关申报的地域限制，通过设置税收征管和风险防控两个中心，关键业务集中统一智能处置，同一企业在不同海关享受统一通关便利待遇。改革催生了企业通关业务布局的调整，将关务业务集中在一处，取消了原来多点分兵的布局，进一步降低了通关代理成本。纳税手续变得更加简便，企业可选择“自报自缴”“汇总征税”等新方式缴纳税款，在报关单申报环节即进行计税并得知税款金额，可以提前通知客户做好资金安排。海关现场减少了审价和归类作业，绝大多数进口货物都通过两个中心自动判断放行。

（3）报关单的填制

进出境货物的收、发货人或其代理人向海关申报时，必须填写并向海关递交进（出）口货物报关单。申报人在填制报关单时，应当依法如实向海关申报，对申报内容的真实性、准确性、完整性和规范性承担相应的法律责任。

1）报关人必须按照《中华人民共和国海关法》《中华人民共和国海关进出口货物申报管理规定》和《中华人民共和国海关进出口货物报关单填制规范》的有关规定和要求，向海关如实申报。

2）申报单证的填报必须真实，要做到“四个相符”。一是单、单相符，即一票货物所有的商业单据和货运单据必须是相符的；二是单、证相符，即所填报关单各栏目的内容必须与合同、发票、装箱单、提单以及批文等随附单证相符；三是单、货相符，即所填报关单各栏目的内容必须与实际进出口货物的情况相符，不得伪报、瞒报、虚报；四是单、机相符，即电子数据报关单与提交的纸质报关单的内容必须是相符的。

3）报关单的填报要准确、齐全、完整，报关单各栏目的内容要逐项详细准确填报。随附单证必须有效、合法。填报时涉及尖括号（< >）、逗号（,）、连接符（-）、冒号（:）等标点符号及数字的，都必须使用非中文状态下的半角字符。

5.4.2 保险业务

1. 国际货物运输保险的定义

国际货物运输保险是以对外贸易货物运输过程中的各种货物作为保险标的的保险。国际货物运输保险的种类以其保险标的的海运、陆运、空运以及邮政送递等运输方式分为4类：海洋运输货物保险、陆上运输货物保险、航空运输货物保险、邮包保险。国际贸易运输保险当涉及多式联运时，往往以货运全过程中主要的运输方式来确定投保何种国际贸易运输保险。

国际货代企业按照客户的指示，向满足客户投保要求的保险人办理投保手续，协助客户填写投保单，并以客户的名义（投保单由客户签章）向保险人投保。如果客户指定保险人，则需要明确其所指定保险人的具体名称。协助客户与保险人协商保险条件，包括保险责任、附加承保条件、保险人义务、被保险人义务、除外责任、保险费率、免赔额或免赔率、赔偿处理等事项。取得保险单和保费发票或保费通知单后，认真审核并交由客户确认，完成投保手续。在订立保险合同前，货物运输代理应协助客户履行如实告知义务，提示客户投保人应将其知道的或者在通常情况下应当知道的有关影响保险人据以确定保险费率或者确定是否同意承保的重要情况，如实告知保险人。投保范围以保险公司签发的保单上所规定的条款为准，间接损失和损坏或由于运输而引起货物性质改变的损失不在承保范围内。协助客户按照保险合同的规定及时支付保险费，确保合同的履行。

2. 国际货物运输保险涉及的损失

海上货物运输的损失又称海损（Average），指货物在海运过程中由于海上风险而造成的损失，海损也包括与海运相连的陆运和内河运输过程中的货物损失。

海上损失按损失的程度可以分成全部损失和部分损失。

（1）全部损失又称全损，指被保险货物的全部遭受损失、有实际全损和推定全损之分。实际全损指货物全部灭失或全部变质而不再有任何商业价值。推定全损指货物遭受风险后受损，尽管未达实际全损的程度，但实际全损已不可避免，或者为避免实际全损所支付的费用和继续将货物运抵目的地的费用之和超过了保险价值。推定全损需经保险人核查后认定。

（2）部分损失指不属于实际全损和推定全损的损失。部分损失按照造成损失的原因可分为共同海损和单独海损。

海上货物运输的风险分为海上风险和外来风险。

（1）海上风险：含恶劣气候、地震、海啸、火山等自然灾害等及搁浅、触礁、沉没、碰撞、爆炸等意外事故。

（2）外来风险：含货运途中偷窃、下雨、短量、渗漏、破碎、受潮、受热、霉变、串味、玷污、生锈、碰损等导致的一般外来风险以及战争、罢工、军事管制等特殊外来风险。

海洋货物运输保险责任开始后，被保险人不得要求解除保险合同。如果客户在一定期间分批装运或者货运代理分批接受货物，货运代理则要协助客户与保险人订立预约保险合同，提高保险操作效率。预约保险合同须逐票核实并以起运通知的形式，在客户与保险人之间建立完备的起保通知机制。

3. 国际贸易货物运输保险程序

在国际货物买卖过程中，由哪一方负责办理投保国际贸易运输保险，应根据买卖双方商定的价格条件来确定。例如按FOB条件和CFR（成本加运费）条件成交，保险即应由买方办理国际运输保险；按CIF条件成交，就应由卖方办理国际运输保险。办理国际贸易运输保险的一般程序如下。

（1）确定投保国际运输保险的金额

投保金额是计算保险费的依据，又是货物发生损失后计算赔偿的依据。按照国际惯例，投保金额应按发票上的CIF的预期利润计算。各国市场情况不尽相同，对进出口贸易的管理办法也各有差异。向中国人民保险公司办理进出口货物运输保险有两种办法：一种是逐笔投保；另一种是签订预约保险总合同。

（2）填写国际运输保险投保单

保险单是投保人向保险人提出投保的书面申请，其主要内容包括被保险人的姓名。被保险货物的品名、标记、规格、数量及包装，保险金额，运输工具名称，开航日期及起讫地点，投保险别、投保日期及签章等。

（3）支付保险费，取得保险单

保险费按投保险别的保险费率计算。保险费率是根据不同的险别、不同的商品、不同的运输方式、不同的目的地，并参照国际上的费率水平而制订的。它分为“一般货物费率”和“指明货物加费费率”两种。前者是一般商品的费率，后者系指特别列明的货物（如某些易碎、易损商品）在一般费率的基础上另行加收的费率。

交付保险费后，投保人即可取得保险单。保险单实际上已构成保险人与被保险人之间的保险契约，是保险人与被保险人的承保证明。在发生保险范围内的损失或灭失时，投保人可凭保险单要求赔偿。国际货代企业禁止擅自变更保险条款，提高或降低保险费率；禁止利用职业便利强迫、引诱投保人购买指定的保单；禁止使用不正当手段强迫、引诱或者限制投保人、被保险人投保或转换保险人；禁止串通投保人、被保险人或受益人欺骗保险人；禁止对其他保险机构、保险代理机构做出不正确的或误导性的宣传；禁止挪用或侵占保险费。

（4）提出索赔要求

当被保险的货物发生属于保险责任范围内的损失时，投保人可以向保险人提出赔偿要求。按Incoterms® 2010 E组、F组、C组包含的8种价格条件成交的合同，一般应由买方办理索赔；按Incoterms® 2010 D组包含的3种价格条件成交的合同，则视情况由买方或卖方办理索赔。

在保险期间发生保险事故，国际货代企业有义务尽力协助客户向保险人索赔。特别是既负责协助投保又负责办理接货手续的货运代理，在接货时应：

1）认真验收货物，及时检查货物外观和清点货物数量。

2）发现货损、货差应向有关责任方（如海运、陆运、空运的承运人或多式联运经营人，港务当局等）或理货公司索取货损货差证明。

3）当发现货损有可能扩大时，应协助客户采取必要的合理措施，防止或减少损失。

4）协助客户联系目的港或目的地商检机构和（或）保险公估人有关货损检验事宜，同时协助客户进行货物检验，提出检验报告，确定损失程度。

5）协助客户与有关责任方进行交涉。

6）协助客户收集有关索赔单证。

属于保险责任的，可填写索赔清单，连同提单副本、装箱单、保险单正本、磅码单、修理配置费凭证、第三者责任方的签证或商务记录以及向第三者责任方索赔的来往函件等向保险公司索赔。索赔应当在保险有效期内提出并办理，否则保险公司可以不予办理。2017 年 9 月，全球航运巨头马士基联手微软公司和四大会计师事务所之一的安永共同宣布，在航运保险领域里部署应用区块链技术。使用微软云服务 Microsoft Azure 构建一个共享数据库，记录货物相关信息和潜在风险，帮助航运公司遵守保险法规。区块链的发展使得将来的保险理赔更为简单，只要触发电子保险合同的相关条件，理赔过程会自动完成，相关单证不需要提供纸质版，网上会进行自动核对。

本章小结

本章作为国际货代操作的引导篇，除了介绍国际货代操作的整体业务外，还将订舱作为重点内容详细介绍。当国际货代企业业务人员接单后，托运人根据出货计划，提前将装货单传递给国际货代企业，操作员便开始了忙碌的工作。操作员要审单，审单无误后，向承运人订舱确定运输工具名称和起运时间，确认无误再通知托运人。当然，本章也少不了租船、包机、包舱等特殊情况的介绍，还简单说明了报关、保险等辅助性服务。

推荐阅读

1. 中国海关总署网站 http：//www. customs. gov. cn

思考题

一、选择题

1. 在航空货运中，下列货物中必须预订舱位的有（　　）。

   A. 活螃蟹　　　　B. 活鹦鹉

   C. 皮鞋　　　　　D. 打火机

2. 在国际铁路联运出口货运中，下列（　　）表明铁路承运人接受承运。

   A. 车站在运单上登记货物装车日期时

   B. 货物进入车站时

   C. 货物装上车时

   D. 车站在货物运单上加盖承运戳记时

二、判断题

1. 在航空货运中，运送小狗或时装都必须提前订舱。(　　)
2. 集装箱装载危险货物托运订舱时，必须随附“危险货物说明书”或“危险货物技术证明书”。(　　)
3. 航次租船合同中通常都对船舶完成一个航次或几个航次所需的时间进行规定，超出规定时间，租船人应支付滞期费。(　　)

三、简答题

1. 简述订舱的程序。
2. 简述包舱包板的含义。
3. 包舱包板有何意义？

学习情景3

打过几次官司之后，蓝海货代公司的郭总觉得应该请母校的老师来给自己的公司做一个企业诊断，老师建议从校企合作开始。郭总把往年的一些业务资料交给老师，希望老师把这些资料编成案例，在课程上让同学们讨论，一方面增强同学们的实操能力；另一方面讨论的结果也可供企业决策参考。以下是一个订舱的个案：

货源地在肇庆，客户打算把货发往美国的小石头城。蓝海货代公司和美国总统轮船（APL）有很好的合作关系，操作员在最近一期的《香港船务周刊》查到了美国总统轮船（APL）的船期表（见表5-2）。请同学们设计出最佳的运输方案。

表5-2 中国香港二程船的船期表

APL Eagle Phone
2957 3888
A 24-hour customer information service that provides fast and www. apl. com accurate answers to questions about the status of your shipments.

OUTBOUND SERVICE　CUSTOMER HOTLINE：29573888

PNW	VOY	Closing	ETD	ETA			
		CYL0800	Hong Kong（China）	Seattle	Vancouver	Toronto	Montreal
H. Admiral	140E	12/30	12/31	01/15	01/16	01/21	01/21
H. Commondeore	140E	01/06	01/07	01/22	01/23	01/28	01/28
H. Baron	141E	01/13	01/14	01/29	01/30	02/04	02/04
H. Duke	141E	01/20	01/21	02/05	02/06	02/11	02/11
H. Emperor	141E	01/27	01/28	02/12	02/13	02/18	02/18

PNW service does not accept Seattle local & MLB cargo

PS1	VOY	Closing	ETD	ETA							
		CY 1200	Hong Kong（China）	Seattle	Vancouver	Oakland	Chicago	New York	Dallas	Toronto	Montreal
APL England	142-1	01/01	01/02	01/12	01/14	01/17	01/18	01/18	01/21	01/21	01/21
APL Canada	137-1	01/08	01/09	01/19	01/21	01/24	01/25	01/25	01/28	01/28	01/28
APL Scotland	141-1	01/15	01/16	01/26	01/28	01/31	02/01	02/01	02/04	02/04	02/04
APL Belgium	139-1	01/22	01/23	02/02	02/04	02/07	02/08	02/08	02/18	02/18	02/18

每个班的同学分成若干个学习小组模拟订舱的过程。每次实训由其中一组充当托运人提供货物资料，另一组作为国际货代企业接受委托，向承运人订舱。

该学习情景涉及的内容不局限于第5章订舱操作的内容。首先，学习小组成员应该有足够的英文基础，能看懂上面的船期表，复习第1章的内容，辨认该航线是属于哪个区域的航线，进一步研究航线是如何开辟的，了解航线上船队的组成和航班密度。紧跟着，就是第6章要讲的内容，什么样的货物适合我们这次的运输？运输数量如何计算？散货拼箱应该怎么办？整箱应该如何处理？船期表也预告了第7章国际联运的内容，注意中国香港中转和美加内陆中转的问题，我们应该选择怎样的运输路线？整票货的运输时间应该如何把握？

运输方案中应该有危机处理预案，即当意外状况出现时，我们应该怎么办。

第6章 国际货代仓储

关键术语

重大件　交接方式　过磅量方　重量货物　轻泡货物　集运　电子拼车

学习目标

- 熟悉危险品的运输规则、分类、性质、包装、标志等；
- 掌握集拼业务、集装箱货物交接地点与方式；
- 掌握仓储、仓储管理、包装的概念；
- 掌握货物的计量和积载因数。

作为独立经营人的国际货代企业，其责任起于对货物的接管，终于对货物的交付。散货交接工作不免要涉及仓储、包装的问题。对于整箱、整车货物交接工作，国际货代企业更关心托运人的交接方式。

6.1 货物的基本概念

6.1.1 货物分类及装运要求

1. 按货物装运形态分

（1）件杂货（General，Break Bulk Cargo）

成件可数的货物称件杂货，其又可分为以下几类。

1）包装货物（Packed Cargo）：包装种类有箱（Case）、纸箱（Carton）、柳

条箱（Crate）、圆桶（特别是铁皮的）（Drum）、袋（Bag）、大包（Bale）、捆（Bundle）、篮（篓、筐）（Basket）、听（Tin）、罐头（Can）、盒（Box）、卷（Roll）、卷轴（Reel）、线圈（Coil）、布袋（Sack）、麻袋（Gunny Bag）、人造革袋（Leatherette Bag）、小桶（Keg）、桶（Barrel）、钢瓶（Cylinder）等。

2）裸装货（Non-packed Cargo）：不加包装而成件可数的货物。

3）成组化货物（Unitized Cargo）：采用一定的办法，把分散的单件货物组合成规格化、标准化的大件货物，如垫板货物、托盘货物（Pallet Cargo），托盘有平板型、箱型、柱型等。

4）集装箱货物（Container Cargo）：国家要求加强物流标准的配套衔接，推广1 200 mm×1 000 mm标准托盘和600 mm×400 mm包装基础模数，促进包装箱、托盘、周转箱、集装箱等上下游设施设备的标准化，推动标准装载单元器具的循环共用，做好与相关运输工具的衔接，提升物流效率，降低包装、搬倒等成本。

（2）散装货（Bulk Cargo）

散装货有别于常说的散货，它是指没有包装，一般无法清点件数的粉状、颗粒状或块状货物，其又分为：

1）干质散装货（Solid Bulk Cargo）；

2）液体散装货（Liquid Bulk Cargo）。

2. 按货物性质分

（1）普通货物（Ordinary Cargo）

1）清洁货物（Clean Cargo）；

2）液体货物（Liquid Cargo）；

3）粗劣货物（Rough Cargo）：指具有油污、水湿、扬尘和散发异味等特性的货物（Smelly Cargo，Dusty and Dirty Cargo）。

（2）特殊货物（Special Cargo）

包括如下几类：

1）危险货物（Dangerous/Hazardous Cargo，DC；Dangerous Goods，DG）。

2）冷藏货物（Reefer Cargo）。冷冻、冷藏货物大致分为冷冻货物和低温冷藏货物两种。冷冻货物是指在冻结状态下进行运输的货物，运输温度的范围一般在-20℃～-10℃之间。低温冷藏货物是指在还未冻结或货物表面有一层薄薄的冻结层的状态下进行运输的货物，一般允许的温度调整范围是-1℃～16℃。低温运输的目的主要是保持货物的鲜度。有时为了维持货物透气和防止箱内产生水滴，需要在箱内进行通风。使用冷冻、冷藏集装箱装载冷藏货应做到：

① 集装箱具有其所有人出具的集装箱合格证书或文件；

② 集装箱冷藏设备启动、运输、停止装置处于正常状态；

③ 集装箱通风孔处于所要求的状态，泄水管保持畅通；

④ 集装箱装箱前要经商检机构检验合格，并能达到规定的温度，货物要达到规定的装箱温度；

⑤ 货物装箱时，不能堵塞冷气通道，天棚部分应留有空隙；

⑥ 在装载过程中，冷藏装置要停止运转；

⑦ 冷冻货物最好不要混载，必须混载时，只有运输温度相同的货物才能装在一起，并要避免有恶臭、污染的货物混载；

⑧ 装载完毕，尽快使制冷设备工作，以尽快达到运输要求的温度。

3）贵重货物（Valuable Cargo）：包括黄金、白金、铱、铑、钯等稀有贵金属及其制品，各类宝石、玉器、钻石、珍珠等制品。

4）活动植物货物（Livestock and Plant Cargo）或鲜活易腐物品：需动植物检疫站颁发动植物检疫证书，同时托运人应提供最长允许运输时限和运输注意事项。包装要适合其特性，不能污染和损坏运输工具、设备及其他物品。某些航空公司的客运机不允许装载有不良气味的鲜活易腐物品。

5）长、大笨重货物（Heavy & Lengthy Cargo）：也称重大件（Outgauge Cargo），一般指超重货（Over Weight Cargo）、超高货（Over Height Cargo）、超宽和超长货（Over Width and Over Length Cargo）。海运或陆运的重大件一般情况下是指每件超过 5 吨或长度超过 9 米的货物。航空运输的重大件一般情况下是指每件超过 150 千克的货物，或需要一个以上的集装板方能装下的货物。由于重大件的重量和体积较大，一般不需要包装，但在接到货物时必须固定或放在距地面一定距离（5 厘米）的平台上，以方便操作。在国际展品运输中展品长度超过 3 米、宽度超过 2 米、高度超过 1.8 米或单件重量超过 3 吨，均被视为重大件。托运重大件时，请向国际货代企业提供装箱图及标明重心位置。如果托运人没有提供上述资料，由此造成货物的损坏及额外费用，国际货代企业将不予负责。超重货物要注意查看承运人所公布的各航线限重，对于超重货物，务必及时向承运人申请，避免因没有及时处理，而造成不必要的麻烦与损失。长大笨重货物的装运要求如下所述：

① 超重货。货物重量不能超过集装箱的最大载重，原因是集装箱在运输和装卸中所使用的机械都是按国际标准化组织（International Organization for Standardization，ISO）规定的标准最大载重来制造的。集装箱箱门上的参数中标有最大载重。

配重件时，应当注意使集装箱保持平衡，同时考虑对箱容的充分利用。尽可能搭配适当的轻货。装载时必须考虑集装箱底层的最大负荷量，可通过垫板来配置最大负荷量。要对照集装箱规范，绝对不能超过集装箱底层每平方英寸[①]（或每平方米）的最大负荷量。

② 超高货。注意标准集装箱和超高箱的箱门有效高度，如果货物超过了这一高度，就是超高货。超高货必须用开顶集装箱或框架集装箱装载。

装载超高货时，在陆上运输通过桥洞、车站和码头的装卸作业以及船舶装载中，将遇到许多问题，必须特别关注。

③ 超宽货。舱内集装箱与集装箱之间的横向间隙通常是120毫米～200毫米，其间距的大小要根据不同的船舶而定。所装的超宽货物的宽度如果不超过上述范围，则一般可以与普通集装箱一样装在舱内，为了防止货物横向移动靠在相邻的集装箱上，而使侧壁触破等事故的发生，要对超宽部分进行充分的固定。货物宽度超过上述间隙尺寸而不能装载时，可将货物直接装在舱口盖上，或者将几个框架集装箱，拆去侧立柱，横向并列起来，用于超宽货的装载。超宽货的装载方法与散件货相同。因此，超宽货能否装载是由集装箱和舱口的尺寸、舱盖的强度决定的。

④ 超长货。超长货不能装在舱内，因为每一箱格都有横向构件，所以必须装运时，只能装在甲板上。甲板上有拉紧集装箱的交叉拉杆，限制了超长货装载位置。超长货装在框架集装箱上时，其超长量限制在1英尺左右。

集装箱船舶需装载超长、超宽、超高、超重等非标准集装箱时，应在订舱前由托运人或承运人向港口提出申请，经确认后方可装运。

6）航空运输中的其他特种货物。

① 生物制品：如疫苗、菌苗、抗菌素、血清等生物制品，需托运人提供有关部门出具的无菌、无毒证明。

② 骨灰：应装在密封的塑料袋或者其他密封容器内，外加木盒，最外层用布包装。

③ 灵柩：需医院出具的死亡证明、殡葬管理部门出具的入殓证明及有关部门（公安、卫检）等出具的准运证明，要求以铁制棺材或木制棺材为内包装，外加铁皮箱和便于装卸的环扣。棺内铺设木屑或木炭等吸附材料，棺材应当钉牢，确保气味不致外漏。

④ 枪械、弹药：必须出具出发地或目的地县、市公安局核发的准运证或国家主管部门出具的许可证明。其包装必须坚固、严密，枪械和弹药应分开包装。

3. 按是否适合集装箱运输分

将货物装载于集装箱中进行运输，在技术上是否可能和在经济上是否合

---

① 英寸为英制单位，1英寸=2.54厘米。

理，按其适应程度可分为以下几类。

（1）最适宜货物（Prime Suitable Containerizable Cargo）。

属于这一类的货物一般都价值较高，海运运价也比较高，且易于破损和被盗。例如：酒类、医药用品、收音机、纺织品、服装、打字机、照相机、电视机、光学仪器、各种小型电器及小五金等。

（2）适宜货物（Suitable Containerizable Cargo）。

属于这一类的货物，本身价值并不高，海运运价也比最适宜货物低一些。这类货物破损和被盗的可能性较小。例如：电线、电缆、铅丝、纸浆、袋装面粉、咖啡、生皮、炭精以及各种轻工产品等易成为赔偿对象的货物。

（3）临界货物（Marginal Containerizable Cargo）。

这类货物虽然在技术上被装入集装箱是可能的，但是因为它们本身的价值和海运运价都较低，受损和被盗的可能性也很小，所以将它们装入集装箱进行运输，经济效益并不高，而且它们的形状、重量和包装也难以实现集装箱化。属于这类货物的有钢锭、生铁、原木等。

（4）不适宜货物（Unsuitable Containerizable Cargo）。

这类货物包含因货物的物理性质而不能装入集装箱内的货物；在大宗货物运输时，使用散装货专用船运输的大批量散装货；使用滚装船运输大批量的卡车；使用工程车辆运输反而能提高运输效率的货物，如废钢铁、长 40 英尺以上的桥梁、铁塔、大型发电机等钢铁结构货物等。

6.1.2 危险货物的处理

1. 危险货物装运规定

直到 19 世纪末，海运大国如英国都是禁运危险货物的。第一个《海上人命安全公约》（SOLAS 1914）原则上禁运危险货物，但对哪些是危险货物，则明确可由缔约国政府决定，并要求缔约国政府对危险货物的相关事项制定必要的预防措施，这就意味着，在一定的条件下，危险货物的运输是被允许的。1981 年 1 月，中国加入《国际海上人命安全公约（1974）》（SOLAS 1974）。最近的一次修正案是 2004 年，2006 年 7 月生效。国际海事组织制定的《国际海运危险货物规则》（International Maritime Dangerous Goods Code，IMDG Code）1965 年通过，第 38 – 16 修正案已于 2018 年 1 月 1 日在全世界强制实施。中国于 1982 年宣布承认《国际海运危险货物规则》。此规则对危险货物进行了统一的分类，描述了各种危险货物的危险性，对不同危险货物的包装、运输、保管、标志等提出了相应的要求。

《铁路危险货物运输管理规则》（铁运〔2008〕174 号）、《水路危险货物运输管理规定（征求意见稿）》（交办水函〔2014〕470 号）、《港口危险货物安全管理规定》(交通部令2017年第27号)、《道路危险货物运输管理规定(修订案)》(交通部令2010年第5号)、《汽车运输、装卸危险货物作业规程》(JT 618—2004) 和《船舶载运危险货物安全监督管理规定》(交通部令2018年第11号) 规定,装运危险货物品名表内已列载的约4 000种的有毒化学品时,托运人应向铁路、公路、港务监督部门登记或申报,填写危险品清单,包括一个航次或班次装运的危险货物信息,详细说明所托运的危险货物的危险品学名或技术名称 (Shipping Name)、联合国危险品编号 (UNDG No. or UN No.)、海运污染物标记 (Marine Pollutant, MPT, Y表示有污染、N表示无污染)、危险品等级 (Class No.)、副危险品等级 (Vice-Class No.)、包装件数、重量及装载、危险品页号 (Page)、危险品标签 (Label)、危险货物闪点 (Flash Point)、航运危险品应急措施号 (EMS NO.)、医疗急救指南号 (MFAG NO.),即性质及消防防护办法、中毒急救措施等,并具备规定的包装标志。对品名表中未列的有毒化学品,必须在托运前向运输主管部门提交经省、市化工厅(局)审核的危险技术鉴定书,经交通主管部门审核批准后才能进行。《化学危险物品安全管理条例》还规定了载客火车、船舱、飞机机舱不得装运化学危险品,装运化学危险品的汽车应按公安部门指定的行车时间和路线通过市区。危险货物共9类,分为全危品与半危品。

2. 危险货物的装箱要求

使用集装箱装载危险货物应按危险货物运输规则所列的性能作为配载的依据,具体应做到以下几点。

(1) 集装箱有正确的标记、标志,并有《集装箱装运危险货物装箱证明书》;

(2) 集装箱清洁、干燥,适合装货;

(3) 货物符合《国际海运危险货物规则》的包装要求,有正确的标记、标志,并经国家有关部门检验认可;

(4) 每票货物应有危险货物申报单;

(5) 不做拼箱,一般箱内不能放普通货物,需要与普通货物混装时,危险货物不得装在普通货物的下面,并应装于箱门附近;各种性能不同的危险货物或与危险货物性质不相容的货物禁止同装一箱;

(6) 不做直接换装 (Cross Docking);

(7) 包件装箱正确,衬垫、加固合理;

(8) 装载后,应按《国际海运危险货物规则》要求,在集装箱外部每侧粘贴危险货物类别标志。

3. 化学品的登记

CAS登录号 (CAS Registry Number, CAS Number) 是美国化学会的下设

组织——美国化学文摘服务社（Chemical Abstracts Service，CAS）负责为每一种出现在文献中的化学物质分配的唯一登录号，其目的是为了避免化学物质有多种名称的麻烦，使数据的检索更为方便。如今几乎所有的化学数据库都允许用CAS号检索。该号是检索有多个名称的化学物质信息的重要工具，是某种物质，如化合物、高分子材料、混合物或合金等以及生物序列（Biological Sequences）的唯一数字识别号码。

CAS登录号的格式为一个CAS登录号以连字符“-”分为三部分，第一部分有2到7位数字，第二部分有2位数字，第三部分有1位数字作为校验码。CAS登录号以升序排列且没有任何内在含义。校验码的计算方法如下：CAS登录号（第一、二部分数字）的最后一位乘以1，倒数第二位乘以2，依此类推，然后再把所有的乘积相加，再除以10，其余数就是第三部分的校验码。举例来说，水（H_2O）的CAS登录号前两部分是7732-18，则其校验码=（8×1+1×2+2×3+3×4+7×5+7×6）mod 10=mod（105，10）=5（mod是求余运算符）。异构体、酶和混合物的CAS登录号格式举例如下：不同的同分异构体分子有不同的CAS登录号，右旋葡萄糖（D-glucose）的CAS登录号是50-99-7，左旋葡萄糖（L-glucose）的是921-60-8，α-右旋葡萄糖（α-D-glucose）是26655-34-5。也有一类分子用一个CAS登录号的，比如一组乙醇脱氢酶（Alcohol Dehydrogenase）的CAS登录号都是9031-72-5，混合物如芥末油（Mustard Oil）的CAS登录号是8007-40-7。

欧盟REACH法规即《关于化学品注册、评估、许可和限制法规》，颁布于2006年12月。该法规将化学品安全使用的举证责任倒置，规定由企业来证明其进入欧盟市场的化学品可安全使用，不会对人类健康和环境造成不可接受的风险。2018年5月31日起，年进口量为1吨以上的未注册化学品将不允许投放欧盟市场。REACH证书可以由欧盟的化学品进口商注册，也可以由出口商在欧盟指定一家“唯一代表”代理其进行注册。无论通过何种方式注册，出口企业有义务提供注册所需的相关信息。注册相同化学品的企业，须分享数据、分担相关费用、联合提交有关信息。

6.2 货物交接方式

国际货代企业的责任期间是从发货人手中接管货物到货物交付收货人为止。货物运到目的地，国际货代以接管货物时相似的表面良好状况和相同数量卸交收货人后，国际运输代理合同即履行完毕，国际货代企业、委托人双方的权利义务终止。国际货代企业的货物交接方式（Receiving and Delivery System）——对于委托人而言就是交接方式，我们在日常实务中最关心的是委托人的集装箱交接方式，这也是托运单上运输条款的核心内容。

6.2.1 装箱装车方式

货物装箱装车应根据出口业务员编制的预配清单，在集装箱货运站或发货人的仓库进行。装箱装车方式分为整箱或整车装和拼箱或拼车装两种。在港口系统的集装箱状态（CTN. Status）中，F为整箱，L为拼箱。发货人装箱完毕，发货人或其货运代理人缮制装箱单（Packing List，P/L）和场站收据，在装箱单上标明装卸货港口、提单号、集装箱号、封条号、所装货物名称、重量、件数、尺码等，业内通常称点单。

装箱完毕一般要封上承运人提供的封条①（Carrier's Seal）。封条上印有承运人的名字（多为缩写，如COSCO，MSC，PIL）及一串阿拉伯数字。通常承运人将封条交给其船代保管。船公司的封条通常为子弹封，很牢固，开启箱门时需用大铁剪剪断。有人将承运人封条称"大封条"。通常，封条加在集装箱后门的右半边。若先打开左半边门是无法打开右半边门的，而相反则可，大部分集装箱后门有4个耳朵（理论上至多可加4个封条）。中转集装箱可以在后门上加两个封条，比如货物从黄埔港经中国香港到美国，第一个封条是广州—中国香港的头程支线船公司的，另一个是中国香港—美国的二程大船公司的，提单等相关单证上的封条号（Seal No.，S/N）栏可仅显示一个封号。若遇海关查箱则两个封条同时被剪，查完后需重新施封（拿两个新封条加上），单证上要显示新封条号。

因为封条是一次性的，封条号在提箱时已经出现在各种单证上，所以一旦锁上就不得解下，除非报关时要检查。如果遇上漏装货物却锁上封条或者封好后海关查箱拆封等情况，则需向承运人或堆场重新要一条封条，海关查箱后也会给集装箱加封条，但承运人并不允许以海关加的封条来代替承运人封条。因为在装货时有海关人员监装的情况很少，所以在实际操作中可以先用普通的锁锁箱门，等确认没有问题或海关没有查箱后再加封，这样可以省去多要封条和改单的额外费用。

1. 整箱货或整车货

整箱货（Full Container Load）或整车货（Full Car Load，FCL，Full Truck Load，FTL/TL）是指货方自行将货物装满整箱或整车以后，以箱或车为单位托运。整箱货通常在堆场（CY）处理，所以用CY来代表整箱货。这种方式

① 封条是用来标志和保护集装箱内装货物不被他人搬动的工具，上有号码，锁上之后一拆即坏，材质可以是铅、铝、塑料、铁皮等，因早期用铅，故常称铅封。子弹封则是形状像子弹的封条，牢固不易损坏。

通常在货主有足够货源装载一个或数个整箱时采用，除一些大的货主自己有集装箱外，货主一般都是向承运人或集装箱租赁公司租用集装箱。“门到门”指把空箱运到客户门点后，发货人把货装入箱内、计数、加锁、加封条后交承运人并取得场站收据，最后凭收据换取提单或运单；到达目的地后，同样是把重箱运到客户门点后，收货人自行拆箱（Unstuffing，Devanning）。拖车司机去箱场提空箱时找承运人的船代拿封条，在工厂做好箱后即可加上封条。整箱货的拆箱操作，一般由收货人完成，也可以委托承运人在货运站拆箱。承运人不负责箱内的货损、货差，除非货方举证确属承运人责任的。整箱货或非承运人货运站装箱的拼箱货则与传统运输完全不同，承运人只负交箱责任，即封条完好，集装箱外表与接运时相似，责任即终止。至于集装箱内所装货物的数量与质量，在一般情况下，承运人是不负责的。在整箱货运提单上，承运人通常加上“发货人装箱、计数并加封条”（SLCAS，Shipper's Load，Count and Seal 或 SLCS，Shipper's Load，Count，Seal）和“据称内载”（S. T. C，Said to Contain）的免责条款。

整车货（Full Car Load，FCL；Full Truck Load，FTL/TL）是指货方自行将货物装满整个吨车（厢式车）的车厢以后，以整车为单位托运货物。

企业实践

广州捷哒货运代理有限公司整车整箱的货量标准：体积和重量分别在 15 立方米或 2 吨以下可包 3 吨车，在 22 立方米或 3.5 吨以下可包 5 吨车，在 32 立方米或 5.5 吨以下可包 8 吨车，在 38 立方米或 7 吨以下可包 10 吨车，在 48 立方米或 12 吨以下可包 12 吨车，在 52 立方米或 15 吨以下可包 15 吨车。体积在 25 立方米以下包 20 英尺集装箱，在 55 立方米以下包 40 英尺平箱，在 65 立方米以下包 40 英尺高箱，在 72 立方米以下包 45 英尺箱。

2. 拼箱货或拼车货

拼箱货（Less than Container Load）或拼车货（Less than Car Load，LCL；Less than Truck Load，LTL）是整箱货的相对用语，指装不满一整箱的小票货物。拼箱通常是承运人（或代理人）接受货主托运数量不足整箱的货物后，根据货物性质和目的地对货物进行分类整理，把发往同一目的地的货，收集到一定数量拼装入箱的操作。由于一个箱内有不同货主的货拼装在一起，所以叫拼箱。这种方式在货主托运货物不足以装满整箱时采用。业界所称的“内装”，指于码头或集装箱货运站内装箱（Terminal Stuffing/Vanning）。码头单证科依据船公司的封条号在填写《理货记录》的同时配发封条，散货在装箱后立即施封。货主或其代理人将不足整箱的货物连同事先缮制的场站收据，送交集装箱货运站，集装箱货运站核对由货主或其代理人缮制的场站收据和送交的货物，接收货物后，在场站收据上签收。如果接收货物时，发现货物外表有异状，则应在场站收据上按货物的实际情况作出批注。集装箱货运站将拼箱货物装箱前，需由货主或其代理人办理货物出口报关手续，并在海关人员的监督下将货物装箱，同时还应从里到外地按货物装箱的顺序编制装箱单。拼箱货的分类、整理、集中、装箱（拆箱）、交货等工作，均在承运人码头集装箱货运站或内陆集装箱中转站进行。对于这种货物，承运人要负责装箱与拆箱作业，向货方收取装拆箱费用。拼箱与传统货运一样，承运人负有交货责任，负责保证货物件数和货物包装的完整，即必须与在出口港接货时相似。香港称散货装箱费为人箱费或 CFS 费。

6.2.2 交接地点

在国际贸易交货地点问题上，Incoterms® 2010 中使用了不同的表述方法。只适用于水上运输的术语，如 FAS、FOB、CFR、CIF，使用了“装运港”（Port of Shipment）和“目的港（Port of Destination）”两种表述。在其他的术语中使用的是“地点”（Place）或“终端”（Terminal），终端可以是港口或地点。在某些场合，有必要指明在“港口”和“地点”内的某“点”（Point），卖方不仅需要知道他要把货物交至哪个特定地区，例如某个城市，而且要知道在该地区的哪个点将货物交给买方处置。销售合同经常缺少这方面的信息，于是，Incoterms® 2010 规定如果在指定地点没有约定交货点，并且有几个点可以选择，则卖方可选择对其最有利的点交货（见 FCA 术语中的 A4 条款）。当交货点是卖方的“地点”时，则使用“卖方所在地”（FCA 术语中的 A4 条款）。所以，国际货运的货物交接地点自然而然有了“港口”“地点”“点”和“所在地”（Premise）等情况。

1. 船上和船舱

交接货地点在吊绳（Tackle）、货钩、吊钩（Hook）下或船上（Board）时，船公司不承担装卸船费。

交货地点在船舱，可用如下术语：FO 全称为 Free Out 或 Free Over Side、Free Over Board，意为船公司不负责目的港的卸船费；LO 全称为 Liner Out，意为班轮方式卸船；FI 全称为 Free In，意为船公司不负责起运港的装船费；LI 全称为 Liner In，意为班轮方式装船。

2. 集装箱装卸区

集装箱装卸区俗称集装箱码头（Container Terminal），是集装箱运输中，箱或货装卸交换保管的具体经办部门。集装箱装卸区承担下列各项业务：对整箱货的交换、保管；设有集装箱货运站者，办理拼箱货的交接；安排集装箱船的靠泊，装卸集装箱，每航次编制配载图；办理有关货运单证的编签；编制并检验集装箱运载工具的出入及流转的有关单证；完成集装箱及运载工具、装卸工具的检查、维修，以及空箱的清扫、熏蒸等工作；空箱的收发、存贮和保管；安排空箱和重箱在堆场的堆码，以及编制场地分配计划；其他有关工作。

集装箱装卸区一般由专用码头、前沿、堆场、货运站、指挥塔、修理部门、大门和办公室组成。

（1）堆场（Yard）

1）集装箱前方堆场或铁路调车场（Marshalling Yard）是指在集装箱码头前方，为加速船舶装卸作业，暂时堆放集装箱的场地。其作用是：在集装箱船到港前，有计划、有次序地按积载要求将出口集装箱整齐地集中堆放，卸船时将进口集装箱暂时堆放在码头前方，以加速船舶装卸作业。在铁路运输中，前方堆场是车厢调度和分类的场所，又称分类场（Classification Yard）。

2）集装箱后方堆场（Container Yard）是集装箱重箱或空箱进行交接、中转、保管和堆存的场所。有些国家的集装箱堆场并不分前方堆场或后方堆场，统称堆场。集装箱后方堆场是集装箱装卸区的组成部分，是集装箱运输“场到场”交接方式的整箱货办理交接的场所（实际上是在集装箱装卸区“大门口”进行交接的）。

3）空箱堆场（Van Pool）是专门办理空箱收集、保管、堆存或交接的场地。它是专为集装箱装卸区或中转站堆场不足设立的。这种堆场不办理重箱或货物交接。它可以单独经营，也可以在集装箱装卸区外另设。在有些国家，经营这种空箱堆场，需向航运公会声明。

（2）中转站或内陆站（Inland Container Depot，ICD）

中转站或内陆站也称内陆集装箱堆场，是海港以外的集装箱运输的中转站或集散地。它除了没有集装箱专用船的装卸作业外，其余业务均与集装箱装卸区相同。中转站或内陆站包括集装箱装卸港的市区中转站，内陆城市、内河港口的内陆站。集装箱货运站（Container Freight Station，CFS）指为拼箱货装箱和拆箱的船、货双方交接的场所。承运人在一个港口或内陆城市只能委托一个集装箱货运站的经营者，由它代表承运人办理下列业务：拼箱货的理货和交接；对货物外表检验，如有异状，则办理批注；拼箱货的配箱积载和装箱；进口拆箱货的拆箱、理货和保管；代承运人加封条并签发场站收据；办理和编制各项单证等。

有的托运人在他们的营业场地里有火车旁轨，可以直接让铁路承运人把货车开到他们的营业场所去装货。这种场地被称为火车下（Ramp），是多式联运终点站的俗称。在海运集装箱运输中，中转站或内陆站有超期使用费，也称滞期费，对那些滞期货车收费。船公司只负责将货物运至收货人所在地附近的与船公司有合约的多式联运终点站，而从多式联运终点站至收货人那段路程则由收货人自行安排拖车运输货物。例如，美国芝加哥为典型的多式联运终点站，为所有承运人提供运输至多式联运终点站的服务。若收货人所在地无多式联运终点站可供放置重箱或空箱（例如凤凰城），则承运人会提供全程服务，其拖车免费等待时间通常为两小时，便于收货人掏箱，超时则每小时收取45美元~50美元的罚金（Fine），因时间普遍不够用，故这种方式现在用得比较少。

3. 门点（Door）

门点是贸易合同所称的营业地，即委托人的工厂或仓库大门或其他营业场所，如办公地点。

6.2.3 交接方式

如上所述，集装箱货运方式分为整箱和拼箱两种，换一个角度来说，也可分为在起运地自送和上门取货，在目的地自提、送货上门两类。交接方式也称运输条款，按当前国际上的做法，大致有以下4类。

1. 委托人整箱交、整箱接（FCL-FCL）

发货人在工厂或仓库把装满货后的整箱交给承运人，收货人在目的地以整箱接货，换言之，即承运人以整箱为单位负责交接。货物的装箱和拆箱均由货方负责。

（1）CY—CY或PORT—PORT，P/P：从起运地或装货港集装箱堆场接收整箱货物并运至目的地或中转港集装箱堆场整箱交付，反之亦然。

（2）CY—FO：从起运地或装货港的堆场至卸货港的船舱内交货。条款常用于去中东（除西亚）、西亚地区的偏港，如以色列的海发（Haifa）、阿斯杜德（Ashdod），土耳其的伊兹密尔（Izmir）、伊斯坦布尔（Istanbul）、黎巴嫩的贝鲁特（Beirut）、利比亚地中海西岸的班加西（Benghazi）。

长江内河支线运输还有以下两种运输条款：

1）CY—FO：指支线承运人在装货港集装箱堆场接收整箱货物并运至中转港，但不负责卸货及中转，反之亦然。

2）CY—VB：指支线承运人在装货港集装箱堆场接收整箱货物并运至中转港的干线船舱底，由支线承运人负责中转港的中转，反之亦然。

（3）CY—TKL或CY—TACKLE或CY—HOOK或CY—LO：许多码头不允许危险品于港内久留，对危险品多采用现提（Alongside Delivery），又称“船边交货”（指卸货港船边）的方式交接。

（4）CY—DOOR或PORT—DOOR，P/D：从起运地或装货港的集装箱堆场至收货人工厂或仓库。

（5）DOOR—CY 或 DOOR—PORT：从发货人工厂或仓库至目的地或卸货港的集装箱堆场。

（6）DOOR—FO：从发货人工厂或仓库至卸货港的船舱内交货。

（7）DOOR—TKL 或 DOOR—LO：从发货人工厂或仓库至卸货港的船吊钩下或船边交货。

（8）DOOR—DOOR：从发货人工厂或仓库至收货人工厂或仓库，称“门到门”运输。由托运人负责装载的集装箱在其货仓或厂库交承运人验收后，全程运输直到收货人的货仓或工厂仓库交箱为止。

（9）FI—CY：从装货港船舱内至目的地或卸货港的集装箱堆场。

（10）FI—FO：从装货港船舱内至卸货港的船舱内交货。

（11）FI—TKL：从装货港船舱内至卸货港的船吊钩下交货。

（12）FI—DOOR：从装货港船舱内至收货人工厂或仓库。

（13）TKL—CY 或 LI—CY：从装货港船吊钩下或船边至目的地或卸货港的集装箱堆场。

（14）TKL—FO：从装货港船吊钩下至卸货港的船舱交货。

（15）TKL—TKL：从装货港船吊钩下至卸货港的船吊钩下交货。

（16）TKL—DOOR 或 LI—DOOR：从装货港船吊钩下或船边至收货人工厂或仓库。

（17）CY—FOR：承运人在装货港集装箱堆场接收整箱货物并负责运至铁路交货。

2. 委托人整箱交、拆箱接（FCL—LCL）

发货人在工厂或仓库把装满货后的整箱交给承运人，在目的地的集装箱货运站或内陆中转站由承运人负责拆箱后，各收货人凭单接货。

（1）CY—CFS：从起运地或装货港的集装箱堆场至目的地或卸箱港的集装箱货运站。

（2）DOOR—CFS：从发货人工厂或仓库至目的地或卸箱港的集装箱货运站。

（3）FI—CFS：从装货港船舱内至目的地或卸箱港的集装箱货运站。

（4）TKL—CFS：从装货港船吊钩下至目的地或卸箱港的集装箱货运站。

（5）CY—RAMP 或 PORT—RAMP，P/R：从起运地或装货港的集装箱堆场至目的地“内陆点”。

（6）RAMP—CY：从起运地内陆点至目的地的集装箱堆场。

（7）DOOR—RAMP：从发货人工厂或仓库至目的地“内陆点”。

（8）RAMP—DOOR：从起运地“内陆点”至目的地收货人工厂或仓库

门点。

3. 委托人拼箱交、整箱接（LCL-FCL）

发货人将不足整箱的小票托运货物在集装箱货运站或内陆中转站交给承运人。由承运人分类调整，把同一收货人的货集中拼装成整箱，运到目的地后，承运人以整箱交，收货人以整箱接。

（1）CFS-CY：从起运地或装货港的集装箱货运站至目的地或卸箱港的集装箱堆场。

（2）CFS-DOOR：从起运地或装货港的集装箱货运站至收货人工厂或仓库。

（3）CFS-FO：从起运地或装货港的集装箱货运站至卸货港的船舱交货。

（4）CFS-TKL：从起运地或装货港的集装箱货运站至卸货港的船吊钩下交货。

4. 委托人拼箱交、拆箱接（LCL-LCL）

发货人将不足整箱的小票托运货物在集装箱货运站或内陆中转站交给承运人，由承运人负责拼箱和装箱运到目的地货运站或内陆中转站，由承运人负责拆箱，拆箱后，收货人凭单接货。货物的装箱和拆箱均由承运人负责。

（1）CFS-CFS：从起运地或装货港的集装箱货运站接收拼箱货物并运至目的地或中转港集装箱货运站拆箱交付，反之亦然。

（2）RAMP-RAMP：从起运地“火车下”至目的地“火车下”。

6.3 接管与包装货物

6.3.1 接货与包装

1. 接管货物

接管货物是指国际货代企业接收托运人提交运送的货物。接管货物的方式分两种：国际货代企业在仓库接收直接客户或同行的客户送来的货；国际货代企业到直接客户或同行的客户门点去接货。对散货运输来说，接货是第一个货运环节，也是十分重要的环节。接货员是第一个直接与客户面对面交流的企业职员，从接货、搬货，到引导客户怎样进行托运程序等，都起到了广告的作用。因而，热情的服务、优良的业务素质是每一位接货人员所要具备的必要条件。接货人员要注意以下事项。

（1）主动接货，热情接待客户，接货时轻拿轻放，切忌抛扔货物。

（2）检查货物的包装和货物状况是否良好和能否保证货物安全运送，即是否符合托运要求，适合运输、仓库存储，货物的特殊属性是否符合相关的技术要求。确认货物外包装有无破损、污渍、水渍、不明粉末及箱内有无异响。精密易碎物品要特别注意，必要时轻轻摇动货物包装，检查内部有无破碎声音。如果发现包装有破损、污渍、水渍、不明粉末、特殊标志及箱内有异响等情况，则应详细记录，用数码相机拍下相片并发给客户。发现包装有缺陷或没有包装时，应提醒托运人重新打包。否则，要求托运人在托运单上填写责任自负声明。检查货物包装外表是否注明搬运、储存、防护等标志。检查包装的标志是否与货运单及托运书相符，若一致才能收货，如果不符，则接货人员应立即通知柜台，柜台及时向承运人和客户反映。

（3）注意订舱单上是否注明了对货物的储存、防护或者运输的特殊要求，则客户有特殊要求的要尽量满足。提示客户是否对货物有特殊要求，如果没有特殊要求，将按普通货处理，对因此造成的货物损坏或者造成客户和（或）第三人的任何损失，由客户承担。

（4）提示客户如实申报货物名称，不得在货物中夹带易燃、易爆、有毒、有腐蚀性、有放射性及国际规定的禁止进出口的物品。对具有危险品性质的货物，不论是否是《国际海运危险货物规则》中列明的，客户是否进行了危险品申报，由危险货物造成的一切损失、责任、费用，都由客户承担。如果托运的货物是危险品，则客户应当确定该危险品等级并书面告知。仔细清点托运人的货物，检查货物名称与货物是否相符，防止假报品名，夹带禁止或限制运输物品、危险品和其他违禁物品等情况的发生。有危险品或敏感货物（液体、粉状货物等），应立即与货主联系，确定是否托运。

（5）按合同约定的时间、地点、数量、质量、外表等要求进行货物验收，做好单证交接并记录明细。看清货物的件数、重量、包装（特别是汽车挡风玻璃、手机、海鲜等）是否符合标准。

负责查货的人员须开箱查验、核对。不同客户、批次、货名、规格的货物，都应量尺寸、称重、拆箱抽查货物，并在查货单上清晰、准确记录每项内容。特殊货物的查货除以上要求外，还有一些特殊要求，如一些电子产品需称净重，每批抽查5%，并要仔细检查包装盒、机壳上标示的名称及每台机附带的配件，全部如实写在查货单上；服装如果非报关要求，则一般不用拆箱查货，只需量尺寸和称重即可。

具体流程如图6-1所示。

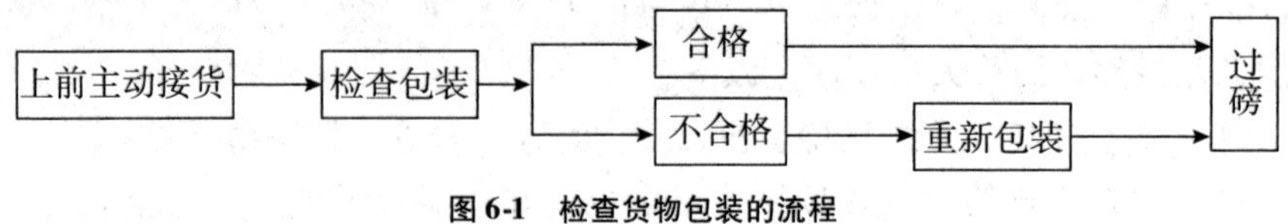

图6-1　检查货物包装的流程

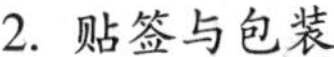

2. 贴签与包装

（1）贴签

1）查好货后，应在每板货上贴一张仓储标签纸，标明货主、箱唛、板数、日期、牌子、查货人等。将包装标志刷（印）于外包装（Outer Packing）上的操作称刷唛。有的还在货物外箱贴上自己的标签，包装人员要及时到营业柜台拿做好的标签及货运单资料。

2）仔细核对标签上的件数、重量、目的站等与货运单以及托运书是否相符，及时将不符的情况告知柜台，以便查明原因。

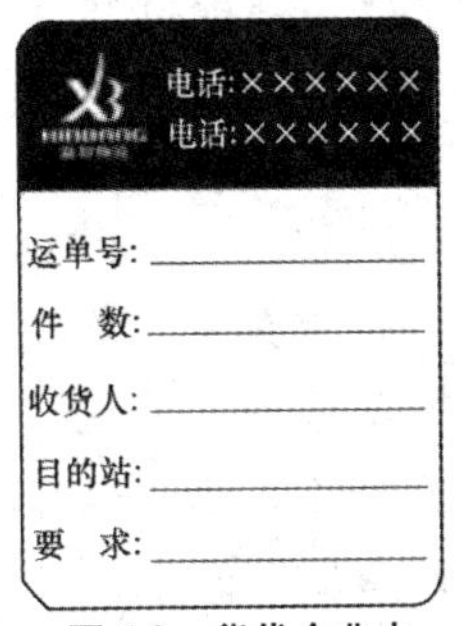

图 6-2　货代企业小标签示例

3）要正确贴挂标签，标签须贴挂在货物的侧面，不得贴挂在货物的顶部或底部；使用一个贴签，两个挂签，必须牢挂在编织袋上或竹筐等包装物上，并用透明胶纸贴好，防脱落；货物包装形状特殊的，应将标签贴挂在明显易见的部位。一件货物贴挂两个标签时，其中一个标签贴挂在另一个标签的包装另一面的相对部位；货物标签不能粘贴在绳索或其他捆扎材料的上面。航空合票的标签要贴两种，即货代企业小标签（如图 6-2）和航空公司主标签。贴航空公司主标签时不能覆盖货代企业的小标签。国际货代企业可以用不同颜色的标签来代表所在地点。

4）包装人员要及时将贴过标签的代单或正单资料送至总调台面。

（2）包装

货物包装对保证货物的安全运送具有十分重要的作用。航空货物运输具有中转、装卸次数较多和兼在地面运送的特点。为了保证飞行安全、运输质量和操作便利，接货人员应认真执行货物包装的有关规定，并根据货物的性质、大小、轻重、形状以及气候、运输环境等条件，要求托运人选用适用的材料及包装方法，进行妥善包装。

为保证飞机和设备安全，对货物的包装要求包括：货物包装应当能保证在运输过程中不致损坏、散落、渗透，不致损坏和污染飞机设备和其他物品。精密、易碎、怕震、怕压、不可倒置的货物，必须有相适应的防护包装。应注意如下几点。

1）服装、鞋类：一般采用纸箱、纤袋包装，包装内一定要有塑胶内包装。

2）液体胶状货物：不论是瓶装、罐装还是桶装，一定要加钉木架，并要求货主附上该货物性质的有效证明。

3）玻璃易碎品：应在查货单上清楚注明，并在包装上加贴易碎标志。内部要有泡沫或纸屑等防腐材料隔离，之后加上木架或木箱。

4）裸装货物：不怕碰压的货物，如轮胎等，可不用包装，但如果是不易清点件数的、形状不规则的或易碰坏承运工具的，应用绳索、麻布包裹或外加包装。

5）贵重物品：如手机、精密仪器，必须要求加钉密封式木箱。

相关链接

关于航空运输包装的建议

1. 了解货物处理环境

空运货物的各面受到几种威胁，比如震动（当包裹被抛下或被其他物体碰到时）、振动（当包裹在机动设备上传送或在飞机内时）、压缩（当包裹受到上方或侧面另一物体的压力时）及气候条件（如特别冷、热或湿）。考虑到所有因素，美国建议包装必须经得起 8～12 次的手工处理，允许任意面滑动，每平方英尺经得起 60 磅①压力，防雨 30 秒等。

托盘货物通常在空运集装箱或集装器（ULD）中拼箱，轻货在上。确保货物没有伸出托盘边，以免被理货设备碰坏。过载、失衡或结构差的托盘倒塌，不仅会使该托运人的货物损坏，还会连带损坏拼箱中的其他托运人的货物。另一普遍问题是：包裹因为里面过松而太大，产品周围的空气构成的空间没有支撑，所以任何叠压在上面的东西都会把包裹压扁。

包裹运输机运载的货物理货高度机械化。在机动环境里，每个人都尽可能快地移动包裹。如果是小件，可能被到处抛来抛去，而且当包裹通过中枢辐射配送系统时，单个包裹可能几次经过传送带、下斜坡和入箱或入袋。现在运输机的包裹重量上限被提高到 150 磅，重型货可能碰撞较小的包裹。

2. 了解你的产品

交运的货物是如何制造的、如何运转的及强度和脆度如何？如果有特殊的理货考虑，如温度敏感性或脆弱程度，可以同公司的产品工程、包装和采购专业人员交流。这些同伴真正了解你所发运的货物，并且可以帮助你理解这些产品如何满足运输条件。你甚至可以参与到产品设计中，运输中的损坏可能源自产品内部的脆弱而非包装不够好。

3. 注意天气

因为空运的速度较快，所以货物可能在一两天内从炎热、潮湿的地区被运送到特别寒冷、干燥的地方。如果某个产品对气候敏感，则必须用强度高、适当的内外包装包裹。要保护产品免受自然环境的影响，但也不能将其包得太紧以致其不能“呼吸”，一些托运人在他们的包裹内放了小包干燥剂。在起点、中转点和终点做准备以减少气候条件变化带来的影响。

① 1 磅≈0.45 千克

4. 和专家聊聊

和国际货代及航空公司沟通以确信你的货物得到足够的保护是重要的。第一次被托运的新产品或产品运输至一个新地方时，符合国际货代企业建议的包装可以帮助托运人最大限度地减少潜在的货损。包装制造商也可以提供有帮助的建议，但他们可能仅建议使用他们的产品。包装顾问也是一个好的信息来源，其对那些没有包装工程师的托运人尤为重要。

另外，保护货物的流通不应该止于对包装的选择。使用国际标准标志，在运输单据或每一个包装上标出特殊的理货要求，可以让货物在每一个需要特别注意的运输步骤上更清楚。

5. 作出正确的权衡

要对成本进行考量。轻货、大宗货的运费是基于货物密度或“体积重量”估算的。

如果托运的货物为危险品，国际航空运输协会（IATA）准则会规定内外包装的要求。同时也对商品种类及数量有严格要求。这些规则用于保护潜在危险货物和减少其泄漏、溅出、起火或爆炸的风险，一些易腐烂的产品受制于保证食物安全的规则。许多空运承运人甚至有他们自身的易腐货物包装规则，连包装材料本身也受到严格限制。中国、澳大利亚、日本和欧盟禁止使用原木来包装海运和空运货物，有些国家要求木质框箱和托盘用特定的方法处理并用特定的符号标识，以防止虫害的扩散。

6.3.2 决定运输数量

在实际操作中用件数、重量、尺码来形象表示货物的运输数量，包装件数是接货人员数（Count）出来的，重量和尺码是通过过磅和量方来获得的。空运货物在接货时要重新过磅，海运货物在接货时通常依照客户提供的磅码单进行检查，一些有限重的航线如北美航线，要防止客户虚报重量。尺码量过后可以用来计算体积，计算体积时，不论货物的形状是否为规则的长方体或正方体，均应以最长、最宽、最高三边的长度计算。长、宽、高的小数部分按四舍五入取整，海运单位为立方米或立方英尺等，空运单位为立方厘米。我国港台地区商人把立方英尺叫材积，“你的货是多少材积”指体积是多少立方英尺。在每票货物中，接货人员应抽取一件进行开箱检查，看其与托运单是否相符，复核尺码并计件，不同规格包装的货物抽样一至两件以上，以满尺丈量法复核尺寸，精确到0.5厘米。

1. 过磅

接货过磅时要注意轻拿轻放，切忌丢货、扔货、抛货。准确过磅，正确地在托运书中填写件数、重量。如果重新打了包装，要填写打过包装后的重量，并注明所打包装（方便柜台人员收取费用），再签上自己的名字，协助客户填写托运书，如属轻泡货物，则应在托运书上注明。将填写好的托运书交给柜台开单员。

过磅货物时，注意其重量和体积是否超过托运限制。在航空运输中，非宽体飞机载运的货物，重量一般不超过 80 千克/件，体积不超过 40 厘米 ×60 厘米 ×100 厘米/件；宽体飞机载运的货物，重量一般不超过 250 千克/件，体积不超过 100 厘米 ×100 厘米 ×140 厘米/件。每件货物的长、宽、高之和不小于 40 厘米。

过磅量方程序如图 6-3 所示。

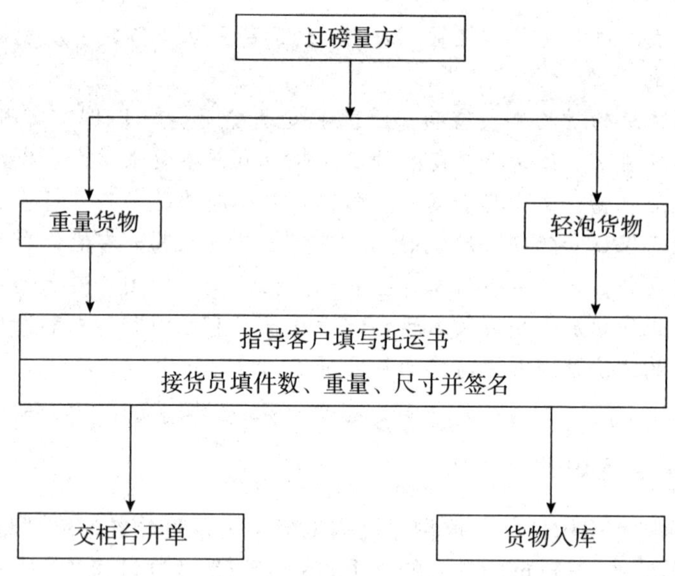

图 6-3　过磅量方程序

2. 测量轻重货

测量轻重货的目的在于确定货物的运输数量，特别是计算计费重量，详见第 10 章。

（1）散杂货的轻重货标准

货物密度（Cargo Density）指货物单位体积的重量，以平均每立方英尺或每立方米货物体积的货重作为货物的密度单位，是普通杂货船上常用的货物积载因数（Storage Factor，SF）的倒数。

表6-1 国际海陆空轻重货的标准

运输方式①	重量②	体积③
海运 吨 英吨（长吨） 美吨（短吨）	 1吨 1长吨 1短吨	 1立方米 42立方英尺 40立方英尺
陆运（火车、汽车） 美国内陆使用的标准是： 363千克/立方米，即1吨折合2.75立方米 北欧和加拿大内陆使用的标准是： 333千克/立方米，即1吨折合3立方米 也有公司使用250千克/立方米，即1吨折合4立方米 中国使用的标准是： 公路，205千克/立方米~210千克/立方米 铁路，500千克/立方米	1吨 1长吨 1磅	3.3立方米 3 300立方厘米 91.3立方英寸
空运 快递空运按1吨/5立方米计	1吨 1千克 1磅	6立方米 6 000立方英寸 166立方英寸

如果货物密度大于表6-1中②除以③之商，则货物为重量货物（高密度货，High Density Cargo/Heavy Cargo）；反之为轻泡货物（低密度货，Low Density Cargo/Light Cargo/Volumetric Cargo）；两者相等则为临界货物。

租船合同中一般规定租船人应提供满舱满载货物。所谓满舱，是指租船人提供的货物应装满舱容。所谓满载，是指租船人提供的货物数量应达到船舶的货物载重能力，换言之，即货物装船后，应使船舶的吃水量达到允许的最大限度。一般来说，如果是轻泡货物，则租船人提供的货物应达到满舱；如果是重量货物，则租船人提供的货物应达到满载。

（2）集装箱货的轻重货标准

对于集装箱来说，用集装箱的最大载货重量除以集装箱的容积，所得之商叫作集装箱的载货容积系数（或称单位容重）。集装箱的单位容重和陆运散杂货轻重货临界货物的密度相近。要使集装箱的容积和重量都能满载，就要求货物平均密度等于箱的单位容重。实际上，集装箱装货后，箱内空间或多或少会产生空隙，因此，集装箱内实际利用的有效容积应为集装箱容积乘以箱容利用率。通常在初步计算时，箱容利用率取85%。下面是使用货物密度和箱的单位容重来计算集装箱需要量的方法。

1）货物密度大于集装箱单位容重的货物为重量货物，用货物重量除以集装箱的最大载货重量，即得所需要的集装箱箱数。

2）货物密度小于集装箱的单位容重的货为轻泡货物，用货物体积除以集装箱的有效容积，即得所需要的集装箱数。

3）货物密度等于集装箱单位容重的货物为集装箱轻重临界货物，无论按重量还是容积计算都可求得集装箱的需要量。

6.4 入库与仓库管理

货物过磅后，把货物拉进仓库按指定的地点码放好，一般按发货时间分区摆放。

6.4.1 基本概念

1. 仓

“仓”除有仓库的含义外还常指堆存。在香港用“开仓日、开仓期”（即打开仓库大门迎接散货入库的日期）来指堆场截关日；免仓期（Free time）可指免费堆存期或承运人允许出口厂做箱时免费使用集装箱的期限，或集装箱到目的地后，收货人从提重箱至还空箱的免费期限。仓租则是应该支付的仓储费。我国内地的“仓”通常指仓库（Warehouse，W/H），分为普通仓库和监管仓库。监管仓库经海关批准设立，主要存放海关监管货物，在海关的监控下运行，从监管仓库进出仓的货物必须与海关记录相符。监管仓库分为保税仓库（Bonded W/H）和出口监管仓库。保税仓库是专门存放保税货物及其他未办结海关手续货物的仓库；出口监管仓库是存放已经办结海关出口手续并经海关同意货物的仓库，货物存放期限为6个月，除特殊情况外，货物的最终流向是出口。空运根据进出港货物运输量及货物特征，分别建立普通货物、贵重物品、危险物品、鲜活物品仓库。贵重物品、危险物品仓库，应指定专人负责出入仓库的管理、核对和销号工作。国际货代企业可以通过出口监管仓把多个发货人的散货拼装成整箱出口，所有进入监管仓的货物都必须接受海关监管，办理相应的出口报关手续。进入监管仓的货物视同出口，未经海关同意不得随意对货物进行各种各样的现场加工，退出监管仓需办理退关手续，解除海关监管。

2. 打托

打托指把货物置于托盘（货盘或托板）（Pallet）之上以便于装卸。如果托盘为木托盘，则集装箱需熏蒸或植检。

3. 衍生仓

为了有更好的客户体验，同时又考虑到仓储成本问题，物流业者结合互联网、物联网技术建立了多种仓储形式。

（1）前置仓：是区别于传统仓库，远离最终消费人群，在社区附近建立仓库的模式。多点前置仓是通过数据分析，前置被高频次购买的商品，使其形成一个灵活、高效的小仓库，与门店相互呼应。这样做，一方面可以给用户带来最优的服务体验，另一方面可以最大化地节约供应链成本。

（2）云仓：是指利用大数据、云计算技术，对物流板块进行“附能”，针对各类商品在不同区域、时间段的销量作提前预判，将相应数量的商品，提前备货到距离消费者最近的仓库，实现就近、高效配送。精确提供仓储与配送服务，同时通过自建和三方合作的形式，在终端市场提升配送能力，打造覆盖全国的供应链网络。

（3）FBA：是 Fulfillment by Amazon 的简称，即由亚马逊仓库提供的代发货业务。电商卖家在亚马逊上申请账号，然后通过亚马逊这个平台把东西卖给消费者，为了提高服务质量和水平，卖家可以利用亚马逊提供的 FBA 服务，根据销售预测先把货物通过海运、空运或国际快递等方式，大批量地运到亚马逊 FBA 仓库，采用“先有物流、后有交易”的业务模式完成销售。一旦买家下单，卖家就可以直接从 FBA 仓库发货，比如美国的买家下单后，货物直接从美国的 FBA 仓库发出，时效和服务质量都得到了提升。国际电商平台鼓励中国卖家更多地采用海外仓的方式发货，以保证“订单生成后 1～3 日送达”的客户体验。这种新型跨境电商出口业务的实现，实际上是一种互联网、智能物流、全球配送充分结合的复合型模式，可以称之为“B2S2C”（Business-to-Storage-to-Customer）模式。FBA 仓库是中国卖家海外仓的形式之一。FBA 头程指的是货物从国内发货，通过海运、空运、国际快递等方式进入亚马逊 FBA 仓库，可以上架销售的这一段物流运输以及相关的清关、代缴税等一系列业务。

（4）共享仓：仓储经营业主在满足自身需求外，将多余的仓储空间按照共享经济、共享服务理念，依托互联网、大数据、云服务等新型网络技术，通过共享形式开放给第三方，提高仓储利用率，减少资源浪费，为仓库建造和人力运营的巨大成本拓展了盈利空间。“共享仓”平台与全球电子支付、仓储服务、电商平台、ERP 系统互联互通、共享联动，实施统一的标准、服务体系、结算体系、评价体系、合作体系等一系列机制。共享仓为解决海外仓闲置浪费提供了思路。作为服务运营主体，共享仓需要在先进的互联网平台支撑下，通过与国际电商平台、仓储物流服务平台、外贸厂家及电商卖家进行多方协同和信息互动，完成国内厂家的商品从仓储、运输到海外尾程派送至消费者的一站式物流服务。卖家通过“共享仓”平台可以直观搜索到国内集货仓、干线国际运输、海外仓、海外配送服务商的透明运价和服务时效，实现一站式国际结算、国际收汇。海外仓通过“共享仓”平台可以承担国内金融机构的供应链金融服务监管仓，中国出口卖家可以通过“共享仓”平台整合的交易流、货物流、资金流信息向金融机构申请金融服务。

6.4.2 散货入仓

1. 开具散货进仓单

货物进入国际货代企业的仓库后，操作员接到客户填写的货物托运书或进仓凭证，填进仓单或托运单给客户，并在货物外包装上贴箱唛做标记。询问客户有什么特殊要求，如送达时限、是否出口退税等。还要收集客户的随货文件，了解通常出口货物报关所需资料。不能及时提供的，需请客户留下电话、姓名等联系方式，以便在尽可能短的时间内回复货主。一般建议客户在截关日的前一天将货物与报关资料送到仓库安排报关。有些承运人要求货物必须先报关再入仓，即工厂送货到仓库的前一个工作日必须将报关资料送到报关企业，报关通过后才可以送货入仓。仓库卸货入仓需要半天时间。仓库收到拼箱资料后，需要半天时间进行拼箱、配货、装货、出仓等。货物入监管仓后，报关出仓需要 1.5 个工作日。特别是货物需要在特定时间出口的，需及早提供报关资料再送货，以免产生额外费用。货主或送货人将货送到码头，到办证大厅办理《散货进仓单》（或直接用装货单代替），办单员根据订舱编号在电脑中建立入仓号，将送仓截止期、仓库地址和联系人、货名、提单号、数量、货物交接方式（如CFS—CY方式）、其他要求等打在《散货进仓单》上，并在上面签名、盖章。通过 EDI 系统各部门可以随时查到这批散货的情况，为以后的工作做好准备。

2. 送货入仓，理货堆码

货主或送货人拿到散货进仓单后，安排送货工厂装车时，要将货物按序整理好，以便仓库正确卸车和理货。货物可以自送也可选择国际货代企业派车运送。送货时注意保持货物包装的完好。雨天送货务必注意防潮，外包装潮湿或变形的货物，仓库会拒收。理货员在安排卸车入库的过程中，要认真计数，做好记录。同一运输工具里发现混装，要对其分票、分唛、分规格型号理货、堆码、打托，堆码时要定量、定型，箭头向上、向外，并且在明显的地方贴上货物堆放记录。

理货员要在每个托盘进仓时贴上一张写着仓位、数量和提单号的堆码纸，方便管理和计数，出仓时将其撕下，核对进出仓的数字是否一致。理货员根据不同的唛头分开计数，填好散货理货记录，最后编制散货进仓清单。在理货过程中发现货物有破损，填制货物暂收证明让货主或送货人签名，证明货物在收到前已经有破损，没有则不用。理货员在理货进仓记录上签名，货主或送货人也要签名，撕下散货理货记录其中一联作为暂收证明交给货主或送货人。之后，理货员再把散货进仓清单、散货理货记录交给单证部。

3. 健全保管制度

货物仓库应当建立健全保管制度，严格交接手续，对于出入仓库的货物，必须按照“三核对”原则进行操作，即保证货物、货运单、交接单三者内容完全一致。库存货物应当合理码好、定期清仓，做好防火、防盗、防鼠、防水、防腐、防冻等工作，保证进出库货物的准确完整。

从保证货物安全和便于操作出发，库内货物码放应遵守以下规定，要根据各类货物的堆码要求，对堆码形式、堆码方法、堆码的技术要求进行标准化管理，注意各种标签的保管。

(1) 出发、到达的货物要分开。接收的货物按收运先后顺序整齐码放，到达的货物按目的站分区域码放；

(2) 普货和特货分开，贵重物品入专库；

(3) 同一单货集中码放，退回的货应放在一个固定的位置；

(4) 遵循“大不压小、重不压轻、木不压纸”的原则，标志标签朝外，留有通道；

(5) 做好货物出入仓库的登记、核对和交接工作，所有库存的货物要进行白晚班交接。

收货单、场站收据或货代收据（Forwarder Cargo Receipt，FCR）要符合签发的条件，将符合要求的货物送至指定仓库（散货）或送至指定堆场（整箱货）；将符合要求的报关、清关文件按时送达国际货运代理企业；结清相关费用。海运货物，一般在船开后48小时内传真场站收据与客户确认，如有任何修改，客户应在24小时内回复以免延误取单。确认完毕后货代将正副本货代收据交给柜台备客户自取，如果通过快递送文件将收取一定的费用。

6.4.3 散货出仓

所有经海关放行的监管货物，自放行之日起，必须在监管仓库存放24小时才可拼箱出仓，《海关法》规定出口报关的时限为装货的24小时前。特殊情况需经海关特批。散货出仓一般在集装箱货运站（CFS）装箱，所以有时用CFS来代替散货。根据查货单和货物本身的物理化学性质，以及清关的要求配载装箱，确定装载顺序，制作装箱单，依次根据装箱单到仓库核对装箱货物数量等资料是否准确，并予以确认。一板货物中仅装运一部分，应在仓储标签纸中用笔勾画清楚。发现装箱单与仓存货物不符，应立即与该次装箱负责人、仓库值班文员联系，查清后予以更正。装箱时，如果人手充足，则应由一人负责点数，一人负责监督装箱，并按要求合理装好货物，叉货上车拼装。装完后封箱加施封条，起运准备通关。发货及点货人员要及时从办公室总调打制交接单，没有办公室操作部的书面通知，擅自安排货物出仓是不允许的。空运根据航班时间，分先后、有秩序地点货；装车完毕，同司机交接清楚，签字确认；外发货物做好跟踪。海运货物做箱后传真装箱单给船务部做预配船工作。

制定货物出库放行办法；核对凭证、防止差错；备妥货物、准备出库；核对实物、再行付货；货物出库后，更新台账，做好信息储存，为统计、查询、核算费用提供准确的依据；出库应做到及时、准确、方便、完好，使客户满意，全面履行仓储合同约定的义务。

转关出库的3种形式：陆路转关货物拼箱后通过陆路海关转关到指运地；海运转关货物拼箱后由起运地海关监管到码头海关办理验放上船；空运转关货物拼箱后由起运地海关监管到机场海关验放上飞机。出库应核对的资料包括做箱时间、海关放行条、监管货物出仓清单及司机资料。

监管货物实际离境后，海关才签发核销联及退税联，已实行国内货物入仓环节出口退税政策的出口监管仓库除外；不退税货物的办理进间为15个工作日，退税货物的办理进间为30个工作日。

6.4.4 拼箱货集运

集货、集运、合票（Consolidation）是把小批量零散的货物集中为成组货物进行运输。对委托人来说，这样做可以取得优惠运价而节省运杂费，国际货运代理企业也可从中赚取利润。从事集货的国际货运代理企业为集货商（Consolidator），小批量散货（CFS Cargo）火车或汽车运输称零担，集装箱运输称拼箱。

以海运为例，除大件散杂货外，大部分的散货都要经过拼箱再装船。码头单证部在接到国际货代的拼箱指令或称拼箱计划（包括要拼的箱号、箱型、各票货的提单号）后，检查货物重量、体积与所配集装箱是否匹配，收到船公司的放箱指令后，单证部向操作部发出拼装箱的指令，同时开出接受委托服务单或理货进仓记录、配发封条，码头操作部的调度根据指令安排拼装箱的人手和机械，使生产以最高效率进行。已拼货物装不完时，应立即通知单证科请示货代或船公司，依其指示处理，装完货将理货进仓记录交单证科并在EDI系统上消数。单证科在整个码头运作中处于中枢地位，协调着码头各部门的运作。

海运拼箱货物想合签一票提单，可以在提单确认截止日前开并单保函申请并单，承运人把各个分票信息累加起来作为总票（注意：件重尺是根据装箱信息累加的）。通常情况下，并单后的提单号与此拼箱货的最小提单号相同，但请注意，仅仅是提单号相同，其内容并不与那票最小提单号相同。申请并单后的所有更改必须以书面形式提交。

下面，以航空货运为例来说明合票优于分票。一批货单独开票时，收货人必须在目的地机场提货，不能送货上门，不能货到付款。合票运输是把几批货合在一起，也叫合大票，运费比较低，还可以货到付款，且收货人不必到机场提货，可以送货上门。

通常拼箱运输的方式可分为直拼运输和混拼运输。直拼运输是指一个拼箱在中转港不拆箱，从一条船（或一架飞机）卸下后直接装上另一条船（或另一架飞机）的运输方式。直拼通常在提单上显示集装箱号。混拼、非直拼运输则是指拼箱货在中转港拆箱后，重新拼箱到卸货港交货的拼箱货运输，提单可以不打集装箱号。危险品不能使用拼箱的方式运输。直拼运输方式比混拼运输方式在运输线路、相关手续、收费项目和费用等方面更简单、更节省费用。

企业实践

混拼运输：一个40英尺箱装A、B、C三种货（中国中山—中国香港），另一个20英尺箱有D、E两种货（中国顺德—中国香港），还有一个20英尺箱装F、G两种货（中国长安—中国香港），共三个箱于中国香港被卸下、拆开。将去鹿特丹的B、D、F重拼于一箱中，拼好后装大船运往欧洲；把去洛杉矶的A、C、E、G重拼于一箱中，装上去美国的大船。这些货物分别在新加坡、汉堡、鹿特丹拆箱再拼，拼好后装船运至目的地。

6.4.5　电子拼车

针对一些有进出口经营权的工厂通过网络报关的散货，国际货运代理企业提供电子报关散货拼车的服务，也就是把几个工厂的电子报关货物拼到一辆整车上发出。这样做相对于包车来说节约了很多成本。

6.5　拆箱分拨与交付货物

货物的交付也称放货，是指将货物交给收货人，或者按运输代理合同，或按交付地适用的法律或特殊贸易习惯将货物置于收货人的支配之下，或者根据交付地适用的法律或规定将货物交给必须交给的当局或第三方的行为。

6.5.1 整箱货提运

对于堆场交付的进口集装箱货物，收货人应于整箱卸入堆场后10天内提运。集装箱卸船后，在港口交付的货物超过10天不提货，港口装卸企业可将集装箱或货物转栈堆放，由此产生的费用，由收货人负担；在10天内，由于港口责任产生的集装箱或货物转栈的费用，由港口负担。收货人超过规定期限不提货或不按期限向指定地点归还集装箱的，应当按照有关规定或合同约定支付货物、集装箱堆存费及集装箱超期使用费。自集装箱进境之日起3个月以上不提货的，海上承运人或港口可报请海关按国家有关规定处理货物，并从处理货物所得的款项中支付有关费用。

收货人提取进口重箱时，应持海关放行的提货单①（Delivery Order，D/O）到集装箱承运人指定地点办理集装箱交接手续。收货人或货运代理人将整箱货提离码头堆场前，需先向集装箱承运人委托的箱管单位办理放箱手续。经管箱单位在设备交接单上加盖放箱章后，收货人或货运代理人再向营业所办理整箱提离手续。通常堆场是承运人和收货人责任、费用划分的场所，故要求收货人结清所有有关费用，留下提货单，然后签署交货记录（Delivery Record）。收货人或货运代理人在码头堆场提取整箱时，要出具承运人或代理人签发的交货记录、设备交接单。经核对无误后，码头堆场才能将集装箱交给收货人或货运代理人，双方应在交货记录上签字交接并进行集装箱交接。对一些特殊集装箱货物，如冷冻货、危险品或重大件等，集装箱从船上卸下后，往往在船边或码头集装箱堆场与收货人或货运代理人进行交接。

若集装箱在码头直接由铁路或水运向内陆运输，收货人或货运代理人还要持交货记录、集装箱作业申请单、铁路计划申请单或水路托运单向码头堆场或铁路相关部门办理托运手续。为此，提单上除填写通知方外，还必须填明实际收货人。码头堆场或铁路加盖受理章并与水运船公司、铁路或其代理人取得联系后，再把集装箱交给内陆承运人。

6.5.2 拆箱货提运

当交货地点不具备整箱运输条件而必须拆箱进行散件运输时，收货人或货运代理人需凭经海关放行的交货记录并填写整箱拆箱申请单，向码头陆运

① 提货单俗称小提单，但小提单在业界有3个意思：提货单，如先凭正本B/L去船公司或其代理换D/O，再凭D/O提货；相对于MB/L（Master-B/L）大提单、主提单的货代提单（House-B/L，HB/L）；驳船提单（Feeder B/L）。

机构申请，经审核同意拆箱并加盖认可章后，方可在海关监管下进行拆箱作业。同时，收货方与码头堆场办理箱、货交接手续。进口货拆箱需核对装箱单，分清唛头和票数，分别堆桩，以利于快速中转或货主提货。

进口散货清关后拿到卸货通知书后可以卸船，收货人或货运代理人在集装箱货运站提拼箱货，在提货前需先与船公司委托的集装箱货运站取得联系，凭海关放行的船公司或其代理人签发的提货单从货运站领取货物，货运站对提货单记载内容与货物核对无误后，即可交货。交货时，货运站与收货人应共同在交货记录上签字。

拆箱交付的进口集装箱货物应在卸船后或集装箱运抵内陆中转站、货运站后4天内拆箱完毕，要注意还空箱的时间安排。如果还空箱的时间紧迫，拆箱时间不够，就不能准时还空箱，要承担滞期所产生的费用。

拼箱货交给集装箱货运站进行拆箱分拨，根据装箱单和目录拆箱、分货，拆箱后货进仓库，操作员要负责通知客户。送货时要联系好收货人，防止没收货人或是不收货而造成返货。有些货物是客户自提的，则由货代办妥手续后交由货主自己提货；有些货物是要送货上门的，这时就要注明地址、电话、收货人，同时把单证打出来并分好，车队根据单证去送货。如果是中转货，将单证分好后把货运到中转货运代理那里。若货主委托代运，则与传统进口货物相似，货运代理人可根据交接方式负责代运工作。整箱货拆箱在货运代理人或其他非承运人集装箱货运站拆箱提货时，可按整箱提运至集装箱货运站，在海关监管下拆箱后进行货运站与收货人的交接，空箱由货运站负责返回。

本章小结

本章详细描述了国际货运代理企业接管和交付货物的细节。首先介绍运输对象——货物的计量和积载因数，其中要特别注意重大件和危险品的运输规则、分类、性质、包装、标志等。托运人的交接方式是国际货运代理业务中很重要的内容，整箱货的交接较为简单；拼箱货或散货则会涉及过磅量方、入库、仓储、包装等问题；集拼业务是散货操作过程中特别要关注的。

推荐阅读

1. 锦程物流网 http：//www. jctrans. com
2. 蛇口集装箱码头有限公司网站 http：//www. sctcn. com

思考题

一、选择题

1. 保税仓库所存货物如因特殊情况需延长储存期限，应向主管海关申请延期，经海关核准的延期最长不能超过（　　）。

A. 1 年　　B. 2 年
C. 3 年　　D. 4 年

2. 以下货物适合以货架方式堆码的是（　　）。

A. 煤炭　　B. 矿砂
C. 医药品　　D. 木材

3. “门到门”集装箱运输最适合的交接方式是(　　)。

A. 整箱交，整箱接　　B. 整箱交，拆箱接
C. 拼箱交，拆箱接　　D. 拼箱交，整箱接

二、判断题

1. 海关监管仓库全部由海关自行管理。(　　)
2. 保税仓库的经营人一般不经营进出口商品，但仓库可供各类进口商共同存放保税货物。(　　)
3. 在集装箱班轮运输中，进口货物的收货人没有在规定的时间内及时将空箱交还班轮公司，则收货人要向船公司支付滞箱费。(　　)
4. 集装箱装载危险货物时，危险货物外包装表面必须贴上《国际海运危险货物规则》规定的危险品标志和标记。(　　)

三、简答题

1. 什么是 FCL 和 LCL?
2. 集装箱货物的交接方式有哪些?

第7章 多式联运与展品运输

关键术语

拖车服务　设备交接单　中流作业　多式联运　大陆桥运输
过境货物运输

学习目标

- 了解大陆桥运输的历史、新欧亚大陆桥线路；
- 了解国际展品、私人物品及过境货物运输代理；
- 熟悉大陆桥运输线路；
- 掌握国际联运与中转的含义、特征和要素；
- 掌握美国大陆桥运输业务、西伯利亚大陆桥运输业务。

目前，国际货运代理业务很少以单一运输方式出现。国际货运代理企业或承运人接管货物后，在货物被装载上远程运输工具之前以及被从远程运输工具上卸下交付给收货人之前，必然需要短途接驳；全程运输过程中的中转、联运也是很常见的。

7.1 接驳业务

承运人同意承运后，签发装货单，并要求托运人将货物送至指定的地点。如果客户不要求国际货运代理企业提供短途运输服务和报关服务，则操作的流程即告结束，可在公司的货运系统中生成新的工作流程单号及计算订舱费用等，便于对每票货物进行统一管理和追踪，方便下一步操作。录入系统的资料一定要准确无误，单证员填制补料单时要查找和核对系统内的原始资料。有些客户需要国际货代提供短途运输服务，也称接驳或短倒服务；国际货运代理企业应依托互联网、大数据、云计算等先进信息技术，大力发展“互联网+车货匹配”“互联网+运力优化”“互联网+运输协同”“互联网+仓储交易”等新业态、新模式，实现货运供需信息实时共享和智能匹配，减少迂回、空驶运输和物流资源闲置。本节将详细介绍这些内容。短驳按运输通道可分为陆运短驳和水运短驳。

7.1.1 派车服务

起运地陆运短驳主要源于客户要求到门点接货，即交接方式为整箱门到门需要外拖[①]的和拼箱内装需要上门取散货的订单。

1. 基本概念

（1）拖车[②]（Trailer）的概念

1）内地香港拖车（双牌车，如粤港拖车）：同时拥有香港车牌和内地车牌，能从皇岗、文锦渡口岸无须换装直接前往香港，这种拖车价钱较贵。

内地与香港间的陆运有两种方案：①先将货物用内地车运至香港边界卸下再装上香港的拖车；②直接用内地香港拖车将货物从内地起运。

2）双拖或称“孖拖”：指一辆拖车上运两个20英尺集装箱。双拖可以节省费用，但石头箱、瓷片箱之类的超重箱，出于对安全的考虑，有的货主不让双拖。

3）自理拖车：客户自行负责拖车。

4）代理拖车：由货代负责拖车。

（2）司机资料

1）司机纸（载货清单）：车上该次所载货物的情况证明。所载内容包括车牌号、进出境日期、装货地点、卸货地点、货物资料、承运公司名称、司机姓名、海关关锁号等。海运的载货清单第10章会介绍。

2）司机簿（司机本）：全称为海关监管货物载货登记簿，是经海关严格审批的转关准载证书，以证明司机及其所属企业有从事转关货物运输资格。转关时，司机必须带司机本、受海关和交通管理部门的双重审核。司机本和司机纸均是报关必备的单证。

---

① “外拖”指拖车行将空箱拖至发货人门点，做柜后将重柜（Full Container）拖回CY（Local Vanning或Local Stuffing“当地装箱”）。

② 拖车分为拖头（Tractor）和挂车（Trailer）。

3）押司机本费：转关货若被司机耽误，作为罚款，责任方要向拖车行交此费用。

操作员审核完装货单和提箱纸的资料后，向拖车行或车队约车。派车是最为麻烦的环节之一，通常有两种车，一种是尚未装入箱的散货使用的吨车（Truck），另一种是整箱货使用的拖车。派车时要根据货量来配合适的车，时间安排也要合适，车队忙时可以请同行代运。驾驶员要向海关出具身份证明，同时司机本、合格证、准载证要对照一致，同时提交提箱纸、司机纸。

派车的费用包括拖车费或吨车费（T/R），珠三角地区的拖车还应付隧道费、码头费、换单费、堆场提箱费、修箱费、无偿修补费、营运检测和二级维护费、海关司机簿年审费等费用。内地与香港间的运输经常会产生一些相关的杂费，如入仓登记费、停车费、隧道费、查车费、过桥费等，除了隧道费、青马大桥费用外，其他的都有原始票据为证，国际货代企业凭此向客户报销。

2. 派车时间及意外处理

同供货方确认出货时间，由客户出具书面形式的通知，经确认后派车。最合理的派车时间应该是工厂装货日期前一至两天，太晚派车可能遇到临时无车或车晚到工厂的情况。在货运系统①中，根据客户提供的资料和承运人回复的装货单打出派车通知单或称集卡联系单、拖车订单（Trucking Order）、拖车通知书；将装货单连同派车通知单一起传给公司固定的合作车行，有转关需求的，要求司机带司机本等证件。传真之后要和车行确认其能否在客户要求的装货之日前赶到工厂做箱。如果客户要求得比较急，则要提前两三天通知车行。当车行收到派车通知单后，会根据里面的资料和装货单资料到码头提空箱和封条，之后要求车行回传有关司机的资料和车牌号等，公司将其回传给客户，让客户安心地将货交给车行做箱。派车操作在不出意外的情况下是比较轻松的，但也常有意外事件发生，操作员要学会及时处理突发事件，索赔时要懂得分清责任。

如果车辆因意外事故无法按时到达指定位置装载集装箱，车行则应及时告知原因与车辆目前位置，防止因集装箱车司机对路况不熟或因道路拥挤、堵塞无法及时抵达，延误客户工作。

3. 提取空箱

在领取空箱时，应与集装箱堆场办理空箱交接手续，并填制设备交接单。不使用损坏或变形的集装箱装载货物，避免因集装箱的缺陷产生货损。因集

① 常用的货运系统包括CARGO系统等，很多公司也会设立IT部门开发自己的系统。

装箱短缺需使用有微小缺陷的集装箱时，应事先告知客户，由其决定是否使用，或者异地换提箱。

装货前一天与拖车公司联络，确定拖车是否安排妥当。装货当天，国际货运代理企业操作员必须确定拖车是否顺利提到箱，是否准时到预定的地点装货。提取空箱[①]（Empty Pick-Up）是指从承运人的空箱堆场或集装箱场站提空箱至客户装货地的操作。通常，集装箱是由船公司无偿借给货主或集装箱货运站使用的。国际货运代理企业传真提箱单及集装箱出场设备交接单给拖车公司，提醒司机带司机本据此单到集装箱堆场或内陆集装箱场站提取空箱。在承运人的集装箱货运站装箱时，由货运站提取空箱。

空箱出场的设备交接单是承运人指示集装箱堆场将空箱或其他设备交予本单持有人（Bearer 或 Holder）的书面凭证。一般货物要从哪一个港口出口，集装箱就要是该港口指定承运人的集装箱，切不可提错箱，否则将会造成报不了关的严重后果，如果承运人本身没有集装箱，则涉及向控箱公司租箱的问题。

拖车到达场站时，司机向场站提交放箱通知书。在检查桥或门卫处，双方在集装箱设备交接单上签字交接，并各执一份。提箱后传司机资料、箱号、封号、装货单给客户。

4. 重箱返场

货物上完箱，必须将集装箱拖到指定的地点，装满货物的集装箱叫重箱。还重或称返重指装完货的重箱回到场站。重箱进闸口后，场站给货代或托运人一张签收的场站收据（Terminal Receipt），有人称尾纸（Receipt）、重箱纸、码头纸、场单。国际货运代理企业应根据订舱清单的资料、场站收据和货物装箱的情况，填制集装箱货物装箱单。发现原配计划与实际装箱有较大差异时，应及时反映，取得同意后再修改原计划。若还重在码头，则也可被称为码头收据（Dock Receipt，DR）、码头纸，重柜回场后集装箱堆场给的场站收据及散货入散货仓后，仓库给的收货单都是报关的基本单证。承运人一般委托集装箱装卸区、中转站或内陆站收到整箱货或拼箱货后签发收据。场站收据由发货人填制。同一批货物装有几个集装箱时，先凭装箱单验收，直到最后一个集装箱验收完毕时，才由港站管理员在场站收据上签字。场站在收到整箱货，发现所装的箱外表或拼箱货包装外表有异状时，应加批注。场站收据的作用，相当于传统运输中的大副收据，它是发货人向船公司换取提单的凭证。场站收据是报关行根据装货单、提单申请指示单（或其他出口运输指示）和装箱单内的指示和信息填的，份数依实际情况而定。一些国家要求至少返还已签发的一份场站收据给货运代理或托运人作为交货凭证。在适当的时间签发提单以换回场站收据。拖

① 提取空箱也称拣柜、取吉。

车司机将签过名的场站收据交回客户指定的地点，才能开始报关。整箱货通常在截关日前一天还重箱，拿到重箱纸后再报关；已装箱的直拼箱，因拼箱先报关后做箱，可在截关日当天上午将直拼箱送入重箱场。

7.1.2 进出境水运与陆运短驳比较

中国南方的进出境短途接驳主要发生在珠三角地区，以下以中国内地与中国香港间的运输为例来说明水运短驳与陆运短驳各自的优劣势。揽货员和操作员必须充分熟悉水运及陆运的优缺点，结合客户喜好推荐使用，另依公司政策及避免额外费用发生的困扰，宜说服客户优先采取全程海运。

1. 水运短驳的优点

（1）避免额外费用的产生。陆路运输常常会产生国际电话联系费用、入车场费用及种种因查货而发生的拖车过夜费、逾时费等不可预见的额外费用，采用海运运输，可省去诸如此类不必要的开支。如果客户不需要在香港卸货，要求直接把货物送到指定地点，则按照香港运输惯例需要加收专车直接交仓费用；如果客户需在香港加货，则一定要预先通知加货情况，还要收加货费。

（2）免除重复报关的困扰。陆路运输是以逐箱申报形式报关的，而海运是以每批货作为报关依据的。如此可免除因多重报关而产生的额外费用，尤其是一次性大货量进出时，海运运输的优点更加明显。

（3）免除二次查验的烦恼。因为陆路运输要跨越不同的海关辖区，所以货物经常遭遇不同关区海关的查验，耗时、劳神，且常导致拖车到厂时间延误，而致人员、械具在等待卸货上耗费时间，而水运可在当地一次性通关，简便易行，可确保货物运输的时效。

（4）可享受场内免费仓期，便于一般贸易报关及合同的周转。因内地码头可提供货到后约5天的免费堆存期（各港口情况可能不同），故便于工厂报关及合同的周转。同时，客户亦可视其人力及仓库容量，于货物放行后从容地决定进箱的时间及箱数，十分方便，若工厂不慎发生逾时或过夜压车现象，其发生的费用也比珠港拖车便宜很多。

2. 水运短驳的缺点

（1）水运的运送时间较陆路运输有所增加。由于二程支线船大多于香港时间晚间开船，第二天抵达大陆口岸，且由于航速限制，因此其运送速度较拖车会晚一两天，对要货较急的客户缺乏吸引力。

（2）部分地区水运中转的运输成本较陆路运输的高。珠江东岸距香港较近，无论是深圳还是东莞地区，仍以珠港拖车方式为主流，速度快且便宜。如果进口箱先卸于香港集装箱堆场后再作海运中转运送，则其除需全额支付香港本地费用（如码头处理费、单证费）外，另需支付在香港的中转费用。

如果靠水位交收箱，则需支付水位费（Waterfront Charges）。如果客户头程安排的船公司允许以中流方式船边接箱，则一般只需支付一半的香港码头处理费，可节省部分成本，其中20英尺集装箱的费用有差异，而40英尺集装箱的费用与陆运差不多。珠江东岸的大批量货物与珠江西岸工厂之间的运输只可使用海运方式。

(3) 内地港口海关拆箱率、查验率常较陆运车检场高。由于陆路海关的查验方便，因此对于进出口货物的品名、货类（Items）较杂者，通关查验较海运快捷，但卡关时，陆路运输的压车费、劳务费将十分昂贵。

(4) 加工贸易报关及合同周转较麻烦。由于工厂成品出口主要走欧美线，贸易术语使用CIF，港口选择以中国香港、盐田、蛇口为主，报关员常在陆运车检场报关。若料件走海运进口，则报关员又要到码头办理清关手续，不利于工厂报关员时间调配、合同周转及各项单证的申办作业。

7.1.3 配送

1. 航空运输的配送

国际货运代理企业的航空配送中心处理航空货物到达空港的提取、配送及周边城市的中转和运送业务。

(1) 机场提货

配送部职员在航班进港两小时内凭有效提货凭证，到机场办理提货手续，完成与机场的货物交接。在机场提货时，应认真检查货物的安全情况，按单号认真核对货物件数，同时确定货物是否正常到达。发现货物破损、淋湿、少货、散包及开包等不正常现象时，应立即到机场提货处进行调查，办理相关破损丢失事故证明手续。出现拉货情况时，须第一时间通知配送中心柜台当班组长或主管，要求联系对方网络公司，核实拉货情况再与提货处协商先提已到货物。货物装卸时应与司机交接清楚，并进行确定签名。跟货员让货车司机去机场将货物运回仓库。装卸人员应主动避免践踏货物，严禁扔、摔、抛、踩、推、倒置货物，做到轻拿轻放、文明装卸。

(2) 柜台操作

营业员收到传真后要认真核对，准确无误地将资料输入电脑以便客户查询；传真资料要求注明姓名、地址、电话；要求签收单原件返回、扣货、待放货等的，必须在备注栏注明；有不明事宜应立即联系始发公司。国际货运代理企业可以这样规定：货物入仓两小时之内，必须通知完所有客户，并做好记录；确定配送的货物，应在航班进港后5小时内配送完毕；转运周边地区和自提货物应在次日9：00在网点提取，派送至市区的货物12：00前应派送完毕，派送至边远地区的应在16：00前派送完毕。客户需交纳代收运费的，必须收取后办理提货手续。

货物交付时，办单人员应认真查对收货人证件，并经收货人确认货物完好无误。客户提货必须当场清点货物件数等，并在提货单（如图7-1所示，以新邦物流为例）上签字、确认提货。提货人签字后方可放货。提货人为收货人本人的，提货时必须出示收货人本人有效身份证原件或驾驶证、户口本、护照、军官证。提货人不是收货人本人的，提货时必须同时出示收货人和提货人身份证原件。收货人为单位时，必须出示加盖收货人单位公章的提货证明和提货人的有效身份证原件，提货处员工需在运单存根联上记录提货人证件号码、留存提货证明。

（条形码）	新邦物流 XINBANG				广州市新邦物流服务有限公司 53563/0
广州市新邦物流服务有限公司	到达日期：03-11-4 承运：现金 代理：上海蓝鹏 运单：49135785/4913576 航班/车次：3504 去向：市内 自提：自提 分单：010203				
新邦物流配送中心： 位于广州市白云机场南门侧，是专业处理白云机场进港货物的提取、派送、分流及中转的处理中心，派送地域遍及整个珠三角，无论是空运、汽运、快递，只要您一个电话，剩下的事情由我们来帮您完成。 咨询热线：××× ×××，××× 查询热线：×××，×××， ×××，××× 传真：×××，××× 发货热线：×××××× （五条线）	收货人地址电话 Consignee's Name，Address	张三 86384753			
	件数/重量 Num. /Weight	1件/17千克	到付运费 Charge	50+0元	
	机场费、分拣费、装卸费、地运费、仓储费、路运费、超重费、送货费（一项/几项）			10元	
	收银员 Casher 时间 Date	李四 03-11-5 8:10:34	合计 Total	60元	
	证件和客户签字 Con. &Sign.				

图7-1 提货单

按合同约定的时间、地点、数量、质量等要求进行交货并做好记录。发生货物差错时，应及时通知相关人员，会同收货人做好相关记录。及时递交收货人签字确认后的单证及相关记录。

查询人员在接听客户查询电话时，要热情、有耐心，必要时还要做好记录，查询客户货物到达情况。对网络公司要求回签的收单，营业员务必于次日把签收单传真给对方。记录清单可以参考表7-1样式设计。

表 7-1　记录清单

运单号：　　总件数：　　总重量：　　航班号：　　起飞时间：

分单号	件数	收货人资料	到付	预付	备注

（3）仓库保管

仓管人员与司机交接好，认真清点入仓货物，对所提货物进行复查，出现异常情况应立即向当班主管汇报。根据客户的提货单及时发货，在提货联加盖本人“印章号”，并协助客户进行装载。仓管人员需每天在规定的时间之前把货物库存情况汇总至柜台。

（4）货物配送

货物配送前，务必提前通知客户到货情况。应客户要求需延迟送货的，必须将通知情况（包括通知时间、确认人姓名）在反馈信息中注明。交付货物时，应主动、热情面对客户，引导客户按规定签收货物（注明客户身份证号码、收货日期），配送完后，需将签收单交至柜台以便查询，并交货款。配送货物时出现电话错误、客户拒付货款等特殊情况，配送人员不得自作主张，应及时反馈到柜台，由当班负责人处理。图 7-2 为货物配送流程图。

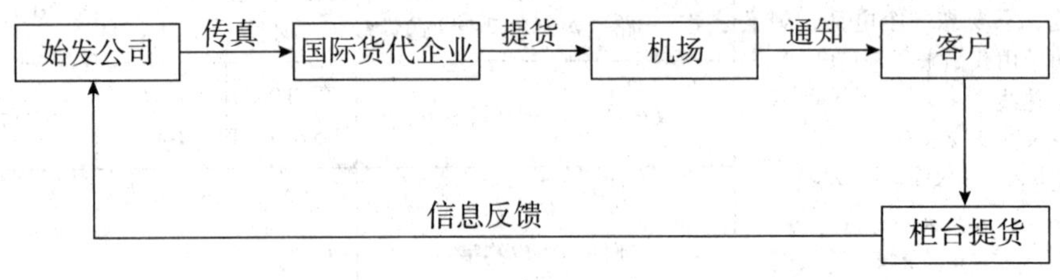

图 7-2　信息反馈货物配送流程图

2. 转运（国内中转）

中转货物要及时、安全地中转，相关人员要随时掌握中转信息。到达转运地之前，提前通知转运人员做好货物接收准备。在转运地交接货物时，认真核对相关单证，对转运货物进行必要的质量检查并核对数量，做好记录明细。货物在转运过程中出现意外事故时，应及时通知托运人。接受客户委托转运进口货物时，应提请客户在对外签订的进出口贸易合同中明确规定提单通知人是作为货运代理人的企业，并应告知编制的货物装船或其他运输工具的标志。

周边代理公司必须按协议时间到国际货代企业接货，交接清楚件数以及货物外包装，确保将货物安全交给客户。自提货物及时通知客户自提，需配送的货物，市区的于早上派完，其他地区的于下午派完。发现不正常货物以及积存3天以上的货物必须及时通知国际货代企业，以便其及时解决问题。所有单据的签收原件必须于次日晚上带回公司。有规定的签收单要求必须让客户签字盖章。图7-3为空陆转运流程图。

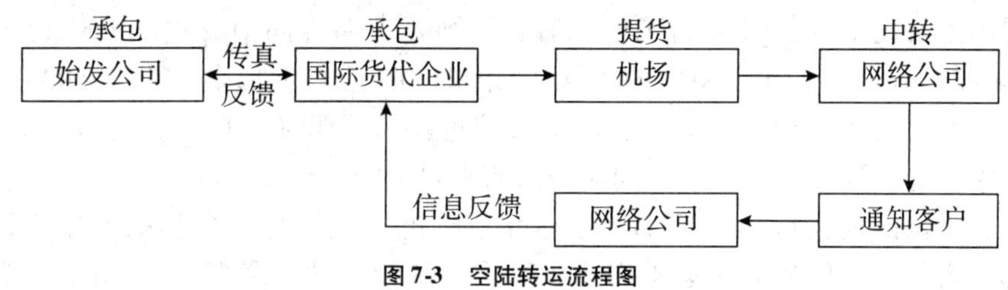

图7-3 空陆转运流程图

7.2 中转业务

中转运输（Transfer Transport）指货物从发运地到目的地的运输最少经由一个港口或（和）地点的连接运输。中转按地域可分为过境中转、国内中转、国际中转；按运输方式可分为水路中转、道路中转、铁路中转、空路中转或不同运输方式的结合。空路中转指货物在由始发站运到目的站的航程中，经过两次或两次以上换航班或汽、空运联运的过程。货运单证通常用中转标志（Transfer Flag）来表示以上不同的方式。中转地用via、by way of、care of、C/O等表示经由。

示　例

（1）货物从中国台湾基隆出发经由巴拿马运河驶往纽约（Shipment from Keelung to New York via Panama Canal or Shipment from Keelung via Panama Canal to New York）；

（2）货物从上海出发于洛杉矶卸船后转火车运至底特律（Shipment from Shanghai to Detroit via LA）；

（3）货物从深圳出发在美国西雅图卸船后经由陆桥运输并在保税监管下，运至波士顿［Shipment from Shenzhen to Seattle（W. C.）via Land-Bridge in bond to Boston（E. C.）］；

（4）船运至美西港后陆运至纽约（Shipment to Pacific Coast via overland to New York）。

一些出口商拒绝接受转运，他们认为转运比直达费用高且慢。一些进口商的想法也一样。反之，有的进出口商则认为某些目的地使用转运，费用会更低且比直达快。例如，到某一地点的直达航次每两个星期有一次，而转运航次则每周有一到两次，在这种情况下，转运可能节省成本和时间。广东中山市盈誉货运有限公司就巧妙利用了转运，使某些航线的货价获得了竞争优势。货物如果运往没有直达船舶的港口，或虽有直达船而船期不定或航次间隔时间太长的港口，买方为了便利装运，则要求在合同中订立“允许转运”（Transhipment to be allowed）的条款。《跟单信用证统一惯例》（UCP 600）规定，除非信用证有相反的规定，可准许转运。为了明确责任，交易双方商定合同时，应就是否同意转运的问题作出明确规定。

大多数的现代远洋货运都集装箱化了，再加上国与国之间的多边协议，转运成为可能。集装箱转运不需要中途重装货物而减少了费用和时间。转运费用通常包含在直达费率中，但托运人必须向承运人确认不会向收货人加收额外的转运费用。随着世界贸易日益频繁和新贸易伙伴的增加，会涌现出更多的转运新路线。例如，从亚洲和欧洲到中南美洲及反方向的运输，通常需要在北美港口转运。一些国家为内陆国家，远洋船到达不了，进出口货物必须在其他国家通过卡车或（和）火车或（和）内陆、水陆（河流、运河或湖泊）转运。

查看香港中转内容请扫描二维码 7-1：

二维码 7－1　香港中转

7.3　多式联运

7.3.1　多式联运的概念和特征

1. 多式联运的概念

联运是两段或两段以上的运输构成的连贯运输，当中转是连贯的时，可称联运。联运最开始是一贯运输（Through Transport），各段承运人联营运输但各负其责，中途托运人自行转运或由第一程承运人代办转运。联运可以使用同一份单证，也可以使用不同的单证，分段计算运杂费和分段投保。货物需经两段或两段以上运输运达目的地，其中有一段运输是海运时，所签发的提单为联运提单（Through B/L），海海联运所签发的提单为转船提单（Transhipment B/L）。随着时间的推移，托运人希望有一个负责全程的联运经营人来处理转运事宜，多式联运（Multimodal Transport/Intermodal Transport）［也称联合运输（Combined Transport）］就产生了。多式联运是在集装箱运输基础上产生并发展起来的，一般以集装箱、厢式半挂车为媒介，把海上运输、铁路运输、公路运输、航空运输和内河运输等传统的单一运输方式通过甩挂运输、驮背运输等方式有机地结合起来，构成一个连贯的过程，来完成货物运输。1980 年 5 月联合国国际多式联运公约第二期会议一致通过了《联合国国际多式联运公约》，其中对国际多式联运（International Multimodal Transport）曾给出如下定义："国际多式联运是指按照国际多式联运合同，以至少两种不同的运输方式，由多式联运承运人将货物从一国境内接管货物的地点运至另一国境内指定交货地点的运输方式。为履行单一方式货物合同所规定的货物接送业务，则不应视为国际多式联运。"由此可见，多式联运具有高度的统一化，无论货物的起始点到目的地有多远的距离，也不论由哪几种运输方式来完成、经过多少次转换，所有的运输业务均由多式联运承运人负责办理。货主只需办理一次托运、订立一份运输合同、支付一次费用、参加一次保险，在运输过程中发生货物的灭失和损坏，都由多式联运承运人对全过程运输负责。

邮政运输（Post Transportation）是国际多式联运的一个特例。各国邮政部门之间订有协定和合约，各国的邮件包裹可以相互传递，从而形成国际邮政运输网。由于国际邮政运输具有"门到门"运输的性质，加之手续简便，费用也不高，故其成为国际贸易中经常采用的运输方式之一。

2. 国际多式联运的特征

（1）签订多式联运合同。该合同规定了联运承运人与托运人或收货人之间的权利与义务、责任与豁免的合同关系与运输性质；

（2）联运承运人对货主承担全程的运输责任，即托运人一次托运、一次投保，双方共同履行一份多式联运合同；

（3）必须由两种或两种以上不同运输方式衔接组成一个连贯的运输过程，积极采用"散改集""公水联运""江海联运"物流新模式；

（4）必须是不同国家间的货物运输。

3. 国际多式联运经营条件

（1）资格经商务主管部门备案；

（2）拥有国际多式联运线路以及相应的经营网络；

（3）与有关的实际承运人、场站经营人建立长期合作关系；

（4）拥有必要的运输设备，尤其是场站设施和短途运输工具；

（5）拥有雄厚的资金和良好的资信；

（6）拥有符合商务主管部门要求的国际多式联运单据；

（7）具备自己所经营国际多式联运线路的运价表；

（8）投保责任险。

多式联运与物流综合服务能力密不可分，需要结合交通枢纽、产业集聚区建立配套衔接的物流园区、配送中心等物流基础设施和节点集疏运设施。完善物流网络节点，支持建设共同配送中心、智能快件箱、智能信包箱等，缓解通行压力，提高配送效率。加强配送车辆停靠作业管理，结合实际设置专用临时停车位等停靠作业区域。加强交通运输、商贸流通、供销、邮政等相关单位物流资源与电商、快递等企业的物流服务网络和设施的共享衔接，实现对寄递物流活动全过程的跟踪和实时查询。

中国陆空运出口货物通常采用陆空联运方式，原因是中国幅员辽阔，而国际航空港口岸主要集中于北京、上海、广州等城市。虽然省会城市和一些主要城市每天都有班机飞往北京、上海、广州，但班机的带货量有限，费用比较高，而国内包机运输，费用更高。因此，在货量较大的情况下，往往采用将货物陆运至航空口岸，再与国际航班衔接的运输方式。陆空联运是火车、飞机和卡车联合的运输方式，简称 TAT（Train-Air-Truck），或火车、飞机的联合运输方式，简称 TA（Train-Air）。由于汽车具有机动灵活的特点，在运送时间上可掌握主动，因此，一般都采用 TAT 方式组织出运。

7.3.2 多式联运单据

多式联运提单（Combined Transport B/L，Multimodal Transport B/L，Intermodal Transport B/L）同普通海运提单的性质与作用一样，是承运人或其代理人签发的货物运输收据，是货物的物权凭证，即货物所有权的支配文件，是承运人与托运人之间运输契约成立的证明。二者不同的是，多式联运提单是一张收货待运提单。在实际业务中，不少船公司的联运提单与多式联运提单使用同一格式，非联运的转船，第一程提单上的卸货港填转船港，收货人填二程船公司；第二程提单上的装货港填上述转船港，卸货港填最后的目的港。如果由第一程船公司出联运提单（Through B/L），则卸货港可填最后的目的港，提单上列明第一程和第二程船名。经某港转运，要显示“via × ×”字样。多式联运提单，除列明装货港、卸货港外，还要列明“收货地”（Place of Receipt）、“交货地”（Place of Delivery）以及“第一程运输工具”（Pre-Carriage by）、“海运船名和航次”（Ocean Vessel，Voyage No.）。多式联运单据表面上和联运提单相似，但联运提单承运人只对自己执行的一段负责，而多式联运承运人对全程负责；联运提单由船公司签发，包括海洋运输在内的全程运输，多式联运单据由多式联运承运人签发，可以不包括海洋运输。

国际铁路联运运单（International Through Rail Waybill）是发货人与铁路部门之间缔结的运输契约，它规定了铁路与发、收货人在货物运送中的权利义务和责任豁免，对铁路和发、收货人都具有法律效力。

7.3.3 中欧班列

国际铁路联运源于从中国运往周边国家，包括蒙古国、俄罗斯、越南、朝鲜和中亚五国以及上述国家运往中国的运输。发货人在始发站托运，使用一份铁路运单，铁路方面根据运单将货物运往终点站交给收货人，一国铁路向另一国铁路移交货物时，参与各国按国际公约承担国际铁路联运的义务。2014年，国家主席习近平前往欧盟进行访问，在访问中，他提出，中欧双方应该把简单买卖型贸易合作，提升为各领域联动的复合型经贸合作，力争早日实现双方年贸易额1万亿美元的目标，便开始了国际铁路联运向更广阔的欧洲内陆拓展。中欧班列是指按照固定车次、线路等条件开行，往来于中国与欧洲及“一带一路”沿线各国或地区的集装箱国际铁路联运班列。铺划了西、中、东3条通道中欧班列运行线：西部通道由中国中西部经阿拉山口（霍尔果斯）出境，中部通道由中国华北地区经二连浩特出境，东部通道由中国东南部沿海地区经满洲里（绥芬河）出境。

1. 货物交接的一般程序

（1）货物交接准备

货物的实际交接在接收国国境站进行。口岸外贸运输公司接到运送票据后，依据联运运单审核其附带的各种单证份数是否齐全、内容是否正确，有矛盾不符等问题时，则根据有关单证或函电通知托运人订正、补充。

在托运前必须将货物的包装和标记严格按照合同和国际条约中的条款处理妥当。

1）货物包装应能充分防止货物在运输中灭失和腐烂，保证货物经多次装卸不致毁坏。

2）货物标记、标示牌及运输标记、标签的内容主要包括商品的编号、件数、站名、收货人名称等。其字迹均应清晰，不易擦掉，保证在多次换装中不致脱落。

（2）货物托运和承运的一般程序

发货人在托运货物时，填制货运单作为货物托运的书面申请。车站在接到运单后，应进行认真审核，检查运单各项内容是否正确。

整车货物应检查其批准的月度、旬度货物运输计划和日要车计划。经确认可以承运，车站即在运单上签字时写明货物应进入车站的日期和装车日期，以示受理托运。整车货物发货人按签证指定的日期将货物搬入车站或指定的货位，并经铁路根据货物运单的记载查对实货，认为符合国际条约和有关规章制度规定的，在发站装车完毕时在货物运单上加盖承运日期戳，即为承运。集装箱运输必须是双箱才可办理国际联运，集装箱可以租用中国铁路集装箱，朝鲜的货物必须使用自备箱。

零担货物发货人在托运时，无须申请月度、旬度要车计划，即可凭运单向车站申请托运，车站受理托运后，发货人按签证指定的日期将货物搬进货场或指定的货位，经查验过磅后交由铁路部门保管。车站将货物连同运单一同接受完毕，在货物运单上加盖承运日期戳，即为承运。铁路部门对承运后的货物负保管、装车、发运责任。

承运是铁路部门负责运送货物的开始，表示铁路部门开始对发货人托运的货物承担运送义务，并负运送过程中的一切责任。

（3）报关

客户可以自理报关，也可以委托货代报关，可以在发货地报关，也可以在口岸报关，即在满洲里、二连浩特、阿拉山口、凭祥等地报关。运送单证经审核无误后，将出口货物明细单截留三份（易腐货物截留两份）。

（4）货物的交接

单证手续齐备的列车出境后，交付路在邻国国境站的工作人员会同接收路工作人员进行票据和货物交接，依据交接单进行对照检查。交接分为一般货物铁路方交接和易腐货物贸易双方交接。货物到达口岸后需要办理转关换装手续，待货物换到外方车上发运后，货代企业将口岸该货换装时间、外方换装的车号等信息发送给发货人。货物换装交接后，海关将核销单、报关单核销联退给货代，货代企业根据运费的支付情况再退给客户。

2. 内地与港澳地区的联运

港澳地区的铁路运输不同于一般的国内运输，货物在内地和香港间进出，需办理进出境报关手续。对香港地区的铁路运输，货物由内地装车至深圳中转，深圳站以南经罗湖桥到香港九龙，东莞常平经深圳笋岗口岸到香港葵涌码头卸车交货。其特点为租车过轨、两票联运，即内地段使用铁路运单，香港段由外运公司签发货物承运收据（Cargo Receipt）。京九铁路和沪港直达铁路通车后，内地至香港的运输更为快捷。对澳门地区的铁路运输，是先将货物运抵广州南站再转船运至澳门。深港高铁通车后，为内地与香港铁路提供了更便捷的通道。

7.3.4 大陆桥运输

1. 大陆桥概述

大陆桥运输（Land Bridge Transport）是两大洋之间用陆运作为运输联系的通称，它是多式联运的一个特例。大陆桥是从托运人所在国家的一个港口或内陆点或发运地，通过第三国的内陆地区到收货人国家的一个内陆点或港口目的地运送货物的一种方式，通常利用海陆或空陆或海陆空运输以代替单一的海运或空运，使用多式联运单据。利用北美的大陆桥或海陆海运输或空陆海运输，即远洋船或飞机运货到西岸港口或北美地区再利用铁路运送货运集装箱（或转装到海运集装箱的空运货物）到北美东岸或地区，然后通过船运到欧洲。也可以利用俄罗斯联邦的跨西伯利亚大陆桥或海陆运输或空陆运输，即远洋船或飞机运货到俄罗斯联邦的东岸（如位于亚洲的纳霍德卡港），再利用跨西伯利亚铁路运送货物集装箱（或转装到海运集装箱的空运货物）到欧洲的边境站，然后经火车和（或）卡车运输到欧洲国家或地区。一些中国、日本和澳大利亚的出口商也可利用跨西伯利亚大陆桥运送货物。出口商也使用海空服务（非大陆桥服务）穿越俄罗斯，即货物到俄罗斯东海岸港口（如位于亚洲的海参崴港）后再空运到欧洲。

北美大陆桥是远东→太平洋美国或加拿大西部沿岸→美国加拿大东西铁路或公路干线→大西洋美国或加拿大东岸→欧洲（海、陆、海）或反向。例如，从日本神户到德国汉堡，可在美国洛杉矶卸货由铁路连通到美国纽约，然后到德国汉堡。

西伯利亚大陆桥（Siberian Land Bridge，SLB）又称欧亚大陆桥：东亚及东南亚（中国、日本、韩国、朝鲜、菲律宾等）→西伯利亚铁路→欧洲、中东（伊朗、阿富汗）、近东，西伯利亚铁路主要有3种运输方式，包括海铁海（Transea）、海铁卡（Tracons）、海铁铁（Transrail）。

新亚欧大陆桥又名“第二亚欧大陆桥”，是从中国山东省日照市、江苏省连云港市到荷兰鹿特丹港的国际铁路交通干线，国内由陇海铁路和兰新铁路组成。大陆桥途经山东、江苏、安徽、河南、陕西、甘肃、青海、新疆8个省区，到中哈边界的阿拉山口出国境。出国境后可经3条线路抵达荷兰的鹿特丹港。中线与俄罗斯铁路友谊站接轨，进入俄罗斯铁路网，途经斯摩棱斯克、布列斯特、华沙、柏林到达荷兰的鹿特丹港，全长10 900千米，辐射世界30多个国家和地区，中欧班列就是运行这条大陆桥上的国际铁路多式联运。

大陆桥的主要优势是运输速度快，原因是陆运和空运通常快于海运，而两点之间的最短距离是直线。大陆桥对有一定时间和成本敏感度的货物是有用的。在冬季，北半球的一些港口由于积雪和冰冻而关闭，大陆桥却能使运输持续不断。大陆桥突破了从亚洲到北美东岸及西欧的路线而另辟蹊径，取代了如下路线：

（1）跨太平洋路线。以前，从亚洲到北美东海岸地区的东向远洋货运是跨越太平洋完成的。路线是经由巴拿马运河（巴拿马中部）进入加勒比海，然后到达大西洋。船穿越拥有 6 对闸门 82 千米的巴拿马运河要 7 小时 ~8 小时。

（2）跨地中海路线。以前，从亚洲到西欧或北美东岸地区的西向远洋货运是通过地中海完成的。路线是通过印度洋、红海（介于非洲和中东之间）、苏伊士运河（一条长 161 千米、位于埃及东部、连通几个湖且无任何闸门的运河）然后进入地中海，服务于地中海沿线国家及其邻近内陆国家。航程从地中海经由直布罗陀海峡（在欧洲的西班牙和非洲的摩洛哥之间）进入大西洋，服务于北美东岸地区；从大西洋北向到北海和波罗的海，服务于北海和波罗的海沿线国家和它们的邻近内陆国家。另一跨地中海路线是绕行北非的好望角，即通过非洲大陆的最南端，但运送时间更长。

2. 微陆桥

微陆桥（Micro Bridge）又称微型大陆桥（Micro-Landbridge①）、半陆桥（Semi Landbridge）、内陆点多式联运（Interior Point Intermodal，IPI）、直达服务（Through Service），是从一个国家的口岸到另一国家内陆点或相反方向的运输。例如，从亚洲港口到美国中西部目的地，货物在美国西岸港口卸货并使用同一张提单用铁路把货物运到终点。路线为太平洋沿岸（西岸）→美国东西大铁路（公路）→美国中、东、南部内陆城市。

在美国东岸或墨西哥湾沿岸卸船后转内陆运输称反向内陆点多式联运（R-IPI）。例如，于美国东岸港口萨瓦纳港（Savannah）拖车到内陆点亚特兰大港（Atlanta）。

3. 小陆桥

小陆桥（Mini-land Bridge，MLB）又称迷你路桥、小型大陆桥，是指从一个国家的港口通过其内陆地区到另一国家的港口的运输路线。就美国来说，即太平洋美国西部沿岸→美国东西大铁路或公路→大西洋美国东部或南部墨西哥湾沿岸（海陆或陆海），或从东岸跨到西岸到远东。例如，从美国华盛顿的西雅图港口到荷兰鹿特丹，用铁路将货物运到纽约，然后再走水路到鹿特丹。美国内陆运输通常要换 3 次 ~4 次火车，但只需 5 日 ~7 日，比起水路（All Water，A/W）要快很多。走水路从美国西岸至美国东岸要 10 日 ~20 日，

① 不可简写为 MLB。

而经巴拿马运河绕行至美国东岸或墨西哥湾各主要港口的全水路（All Water, A/W; Atlantic& Gulf, AG; All Water to East, AWE）虽然可以直靠，但约需27日～32日。

4. 陆桥港口及内陆公共点

（1）太平洋美国西岸（West Coast, W. C.）：①西北太平洋航线挂港（Pacific North West, PNW），包括西雅图（Seattle, SEA or STL）、俄勒冈州的波特兰（Portland Oregon①）、塔科马（Tacoma, TAC. WA）；②西南太平洋（Pacific South West, PSW）航线挂港，包括洛杉矶（Los Angeles, LA 或 LAX）、长滩或长堤（Long Beach, LB 或 LBH）、旧金山市（圣弗朗西斯科）（San Francisco, SF 或 SFO）、奥克兰（Oakland，新西兰的 Auckland 也称"奥克兰"）；③加拿大不列颠哥伦比亚省的温哥华。

（2）大西洋美国东岸（East Coast, E. C）：纽约（New York, NY 或 NYK）、萨凡纳（Savannah）、巴尔的摩（Baltimore）、诺福克（Norfolk）、迈阿密（Miami）、查尔斯顿（Charleston）、休斯敦（Houston）、波士顿（Boston）、费城（Philadelphia）、新奥尔良（New Orleans）、缅因州的波特兰（Portland Maine，美西美东各有一个 Portland）。

不同承运人停靠东岸港口均有不同，但一定都会停靠纽约；波士顿通常用驳船由纽约或别的大港中转，另加约每件400美元的中转费。

（3）墨西哥湾沿岸即美国南港口（Mexico Gulf, Gulf Port 或 Gulf Coast, G/P 或 G/C，从大范围讲，这些港口也可划入东岸）：休斯敦（Houston）、新奥尔良（New Orleans）、迈阿密（Miami）、坦帕（Tampa）、墨比尔或称莫比尔（Mobile）、蒙彼利埃（Montpelier）。

（4）IPI 运输条款下的内陆公共点（Inland Common Points, Interior Points）：芝加哥（Chicago, CHI）、亚特兰大（Atlanta）、达拉斯（Dallas）、底特律（Detroit）、丹佛（Denver）、圣路易斯（St Louis）、密尔瓦基或称密尔沃基（Milwaukee）、华盛顿（Washington）、普勒维丹斯（Providence）、里其蒙（Richmond）、堪萨斯城（Kansas）、查洛特（Charlotte）、辛辛那提（Cincinnati）、盐湖城（Salt Lake City）、圣地亚哥或称圣迭戈（San Diego）、萨克拉门多（Sacramento）、孟菲斯（Memphis）、菲尼克斯俗称凤凰城（Phoenix）。

5. 陆桥运输中的铁路运输

一些铁路货车是特别为装载公铁联运服务或 TOFC（平车上的拖车）服务的公路拖车设计的，该服务通常被称为"驮背运输"。

---

① 美国城市的重名现象较普遍，因此，美国的城市名后一般加上所在州的州名简写。

COFC（平车上的集装箱）服务，例如使用50辆每辆载重为60吨的平车，所有的平车加起来可载重3 000吨，远远超过一辆卡车或飞机可运载的重量。因此，铁路货运常在运送远洋货运集装箱和散货的长途运输中使用该服务，如美国和（或）加拿大的东岸和西岸港口之间的陆运。美国、加拿大和其他国家有一种双层货运火车可运送更多的货物。80英尺和更长的集装箱平车叠两层可运载8个标准集装箱。

6. SLB、MLB、IPI运输方式的区别（如表7-2所示）

表7-2　SLB、MLB、IPI运输方式的区别

	SLB	MLB	IPI
多式联运	是	是	是
贸易术语	采用FCA或CIP应视合同约定	CIF或CFR：美东、墨西哥湾、内陆城市	CIF或CFR：美东、墨西哥湾、内陆城市
运输通道	不受限制	美东、墨西哥湾、内陆城市	内陆公共点
运输主体	一次托运，多式联运承运人全程负责		
运输保险	一次全程投保		
运输单证	一张单证		
运输费用	一次计费		

7.3.5　海空联运

海空联运又称空桥运输（Airbridge Service）。在运输组织方式上，空桥运输与陆桥运输有所不同：陆桥运输在整个货运过程中使用的是同一个集装箱，不用换装；而空桥运输的货物通常要在航空港换入航空集装箱。不过，两者的目标是一致的，即以低费率提供快捷、可靠的运输服务。

采用这种运输方式，运输时间比全程海运少，运输费用比全程空运便宜。海空联运方式始于20世纪60年代，将远东船运至美国西海岸的货物，通过航空运输运至美国内陆地区或美国东海岸，便是最早的海空联运。1960年底，苏联航空公司开辟了经西伯利亚至欧洲航空线。1968年，加拿大航空公司加入了国际多式联运。当然，这种联运组织形式还是以海运为主，只是最终交货运输区段由空运承担。海空联运在20世纪80年代得到较大的发展，出现了经中国香港、新加坡、泰国等至欧洲的航空线。目前，国际海空联运线主要有：

（1）远东—欧洲。目前，远东与欧洲间的航线有的以温哥华、西雅图、洛杉矶为中转地，有的以中国香港、曼谷、符拉迪沃斯托克为中转地，还有的以旧金山、新加坡为中转地。

（2）远东—中南美。近年来，远东至中南美的海空联运发展较快。因为港口和内陆运输不稳定，所以市场对海空运输的需求很大。该联运线以迈阿密、洛杉矶、温哥华为中转地。

（3）远东—中近东、非洲、澳洲。这是以中国香港、曼谷为中转地至中近东、非洲的运输服务。在特殊情况下，还有经马赛至非洲、经曼谷至印度、经中国香港至澳洲等联运线，但这些线路货运量较小。

总的来讲，运输距离越远，采用海空联运的优越性就越明显。同完全采用海运相比，其运输时间更短；同直接采用空运相比，其费率更低。因此，从远东出发将欧洲、中南美以及非洲作为海空联运的主要市场是合适的。

7.4　国际展品、私人物品及过境货物运输代理

7.4.1　国际展品运输代理

1. 国际展品的运输

各参展商在接到国际货运代理企业的通知后，应尽早落实展品的运输方式、路线及运送时间，将展览清单在开展前传真给国际货运代理企业。关于提交展览清单的时间，展品通过海运方式运送的不得迟于开展前8个工作日；展品通过空运方式运抵的不得迟于开展前7个工作日。展品清关时间是开展前7天到开展前2天；展品仓库集结时间是开展前2天。在开展前1天，运送展品至展台；展会结束后1周内回运展品。如果由国际货运代理企业负责展品的二程内陆运输，第一程如未在指定时间内到达，在所有收费标准的基础上加收加急费；大件展品加收服务费；使用机械费另计；自带展品如果在节假日期间到达，加收服务费；留购展品，参展商自行准备报关所需资料，服务费按票计，7天免费仓储，关税、增值税照实收。国际货运代理企业建议参展商对展品全程投保一切险，如果展品损坏或丢失，参展商可获得一定的赔偿。

由于展品经长途运输，可能会被多次装卸，因此展品包装需坚固、防潮。对一些展品需采用必要的包装及醒目的标志。对于可利用的包装可以于闭幕时对展品进行复包装。展品外包装通常需清晰标明的唛头内容有展会名称、参展商、展馆号码、展台编号、件数、特殊标记等。

2. 国际展品的报关

国际货运代理企业将根据参展商提供的展品清单将货物送至海关清关。展品清单必须真实、准确、详尽，并以英文填写，国际货运代理企业负责将其翻译成中文并连同原件一同递交海关。清单内容包括：展品名称、装饰品、布展材料、宣传海报（照片）及相关材料、宣传册、杂志及其他印刷材料、参展所需办公设备、电影、录像带、录音带、幻灯片（请注明主题、使用语言、长度、播放时间等资料）、自带食品、饮料、酒、香烟、其他需申报的物品。根据中国海关的规定，海关官员将会审查所有宣传册、电影、录像带、录音带、幻灯片、光盘，只有通过审查，上述资料才会被同意在展览会期间使用。因此，建议对此类物资做好备份。所有赠品及消耗品（宣传册除外）都必须缴纳关税，如计算器、电子表、收音机、录音机、闹钟、剃须刀、照相机、饮料、酒、香烟等。

随身展品要提前将发票、装箱单、参展邀请函、航班号码、到达日期及人员姓名传真给国际货运代理企业，以便向海关作预申报。参展商到达后，海关官员会根据预申报关封，对随身展品进行查验并根据发票金额收取一定的保证金。自带物品数量较大，不能即时申报随行带走的，请通知海关予以临时监管并通知国际货运代理企业展品运输部，由专门人员负责运送展品事宜。国际货运代理企业在布展期间将根据参展商的要求及时交付展品。交付展品时需参展商或指定代理人当面予以签收，否则，国际货运代理企业将不承担展品丢失及损坏的责任。

7.4.2 私人物品运输代理

私人物品出境运输代理主要集中在两类货物：留学生行李和移民货。移民货比较特殊，通常全家移民要跨国搬家，东西太多，用行李带不走，所以要另想办法。虽然是私人物品，但也要报关，只是要提供的单证不同于货物报关。

7.4.3 过境货物运输代理

过境、转运[①]（Transhipment or Transshipment，T/S）或通运指收货人在不清关交税的情况下使货物继续运输，通常主管海关必须于承运人货运单据上见到相关证明才允许过境、转运或通运。转运也即国际中转，因此，提单上必有显示。在自输出国运往输入国的过程中，经过境、转运或通运方式经

① 实际业务中在使用“转运”时并没有那么严格，有时仅是中转的代名词，本书中有些地方仅指为托运人代办下一程托运。

第三国时，对该第三国而言，该货即转口货物（Transit Goods or Transit Cargo），按不同的方式分为过境货物、转运货物和通运货物。

1. 过境货物

过境货物是指由境外起运，通过某国境内陆路运输，继续运往境外的货物。自输出国运往输入国的过程中，需经第三国时，对该第三国而言，该货即为过境货物，货物于此第三国卸下后依海关事先核定之路线以保税运输方式（In Bond to）运往输入国目的地。例如：蒙古—中国—日本，对中国而言该货为过境货物。

（1）中国过境货物的范围

1）与中国签有过境货物协定的国家的过境货物，或属于同我国签有铁路联运协定国家收、发货的过境货物，按有关协定准予过境；

2）对于未同中国签有上述协定的国家的过境货物，应当经国家经贸、运输主管部门批准，并向入境地海关备案后准予过境。

（2）过境货物承运人

过境货物承运人是指经国家运输主管部门批准从事过境货物运输业务的企业。过境货物经营人是指经国家经贸主管部门批准、认可具有国际货物运输代理业务经营权并拥有过境货物运输代理业务经营范围（国际多式联运）的企业。下列货物禁止过境：

1）来自或运往我国停止或禁止贸易的国家和地区的货物；

2）各种武器、弹药、爆炸品及军需品（通过军事途径运输的除外）；

3）各种烈性毒药、麻醉品和鸦片、吗啡、海洛因、可卡因等毒品；

4）我国法律法规禁止过境的其他货物物品。

2. 转运（国际中转）与通运货物

此类货物是指由境外起运，不通过某国境内陆路运输，而是在境内设立海关的地点换装运输工具继续运往境外的货物。如果原运输工具为船舶和航空器，且不换装由原运输工具继续运往境外的货物称通运货物。

3. 内贸货物跨境运输

内贸货物跨境运输是指国内贸易货物由我国海关境内一口岸起运，通过境外运至我国海关境内另一口岸的业务。目前仅适用于黑龙江省内贸货物经俄罗斯口岸过境运至我国东南沿海港口的运输。为落实中国振兴东北的战略部署，应黑龙江省人民政府关于内贸货物借道俄罗斯海运至大陆东南沿海的请求，海关总署决定对此给予积极支持并开展试点工作。试点阶段的出境口岸限绥芬河，进境口岸限上海、宁波、黄埔，所经俄罗斯口岸限符拉迪沃斯托克港、东方港、纳霍德卡港。开展内贸货物跨境运输业务的口岸应属于国家对外开放口岸。港口企业应按照海关对监管场所的管理要求，实施封闭式卡口管理，并与海关计算机联网传输相关数据；在港口堆场内设立内贸货物专用区域并设有明显标志。

试点阶段允许开展内贸货物跨境运输业务的经营企业，仅限于黑龙江省资信好、规模大、已在海关注册登记的企业。承运跨境运输货物的运输工具进出境时应当在海关监管区内装卸作业，内贸货物与运输工具应接受海关监管。

内贸货物仅限于除国家禁止进出境货物及许可证管理货物外的货物。内贸货物仅限使用集装箱装载，由海关在绥芬河口岸施加关锁，经铁路直接运送至俄罗斯口岸，使用中国籍船舶整箱（不拆、不换集装箱）承运至我国东南沿海港口。集装箱箱体必须符合《中华人民共和国海关对用于装载海关监管货物的集装箱和集装箱式货车车厢的监管办法》规定的标准。

本章小结

本章从国际货代的短途接驳谈起，在区分了水运短驳和陆运短驳后介绍了转运。在转运中着重介绍了香港的中流作业，对长江以南的国际货代业有相当的现实参考意义。从转运发展到联运，我们最关心的是国际多式联运，其中北美的陆桥运输和 OCP 是本章的重要话题。近年来，国际展品、私人物品及过境货物运输代理逐渐增多，这是不少国际货代企业的新利润增长点，本章就此内容也作了一定介绍。

推荐阅读

航运在线网站 http：//www. sol. com. cn。

思考题

一、选择题

1.（　　）国际铁路联运规章只适用于铁路运输部门。

A. 国际货协　　　　B. 统一货价

C. 统一货价协约　　D. 国境铁路协定

2. 国际多式联运承运人在集装箱货运站收货后并签发提单，意味着（　　）。

A. 发货人应自行负责货物报关

B. 多式联运承运人负责货物报关

C. 发货人负责联系海关监装及加封

D. 多式联运承运人负责制作装箱单

3. 国际多式联运下的网状责任制是指（　　）。

A. 对全程运输负责，且对各运输区段承担的责任相同

B. 对全程运输负责，且对各运输区段承担的责任不同

C. 对全程不负责任，由实际承运人负责

D. 仅对自己履行的运输区段负责

4. 根据国际多式联运公约，多式联运单据的签字形式，如不违背所在国法律，可以是（　　）。

A. 手签　　　　B. 盖章

C. 画符号　　　D. 机械打出

二、判断题

1. 国际多式联运就是“门到门”运输。（　　）
2. 国际多式联运承运人只能签发不可转让的多式联运单据。（　　）
3. 国际铁路联运中承运人是以各国铁路整体的名义与发、收货人订立合同的。（　　）
4. 统一责任制下，多式联运承运人按损失发生区段适用法律确定责任及赔偿数额。（　　）

三、简答题

1. SLB 运输的基本方式是什么？
2. 如何理解国际道路联运中货物的承运与交接？
3. 香港的中流作业有何优越性？

第8章 国际集装箱运输操作

关键术语

集装箱技术规范 洗箱 集装箱租赁 控箱 查箱 修箱

学习目标

- 了解集装箱运输的优势和发展趋势；
- 了解第一系列国际标准集装箱的技术规范；
- 了解集装箱控箱与箱管业务以及修箱与洗箱业务；
- 熟悉集装箱租赁以及集装箱标志；
- 掌握集装箱的定义、种类以及集装箱的选择与检查。

将国际集装箱业务作为独立一章来讲，主要是因为它在国际货运代理业务中的重要性，如今，我们已经离不开集装箱了。集装箱是一种新的现代化运输方式，它与传统的货物运输有很多不同，操作方法也不一样，目前，国际上对集装箱运输尚未有一个行之有效并被普遍接受的统一做法，在处理集装箱具体业务中，各国大体上做法近似。本章介绍一些当前国际集装箱业务的通常做法。

8.1 集装箱知识

8.1.1 集装箱的定义与标准化

1. 集装箱的相关定义

（1）集装箱（Container）

集装箱又称“货柜”或“货箱”。关于集装箱的定义，历年来国内外专家学者存在一定分歧。国际标准化组织（ISO）对集装箱的定义为集装箱是一种运输设备，应满足以下要求：

（1）具有足够的强度和耐久特性，可长期反复使用；

（2）适用于一种或多种运输方式，在途中转运时箱内的货物不需换装；

（3）具有便于快速装卸和搬运的装置，便于从一种运输方式转换到另一种运输方式；

（4）便于货物的装满和卸空；

（5）具有1立方米及以上的内容积。

（6）是一种按照确保安全的要求进行设计，并具有防御无关人员轻易进入的货运工具。

目前，中国、日本、美国、法国等有关国家，都全面地引进了国际标准化组织的定义。除了国际标准化组织的定义外，还有《集装箱海关公约》（CCC）、《国际集装箱安全公约》（CSC）、英国国家标准和北美太平洋班轮公会等对集装箱下的定义，内容基本上大同小异。中国国家标准GB1992—2006《集装箱术语》中，引用了上述定义。

（2）集装箱外尺寸（Container's Overall External Dimensions）

集装箱外尺寸指包括集装箱永久性附件在内的集装箱外部最大的长、宽、高尺寸。它是确定集装箱能否在船舶、底盘车、货车、铁路车辆之间进行换装的主要参数，是各运输部门必须掌握的一项重要技术资料。

（3）集装箱内尺寸（Container's Internal Dimensions）

集装箱内尺寸指集装箱内部的最大长、宽、高尺寸。高度为箱底板面至箱顶板最下面的距离，宽度为两内侧衬板之间的距离，长度为箱门内侧板量至端壁内衬板之间的距离。它决定集装箱内容积和箱内货物的最大尺寸。

（4）集装箱内容积（Container's Unobstructed Capacity）

集装箱内容积指按集装箱内尺寸计算的装货容积。同一规格的集装箱，由于结构和制造材料的不同，其内容积略有差异。集装箱内容积是物资部门或其他装箱人必须掌握的重要技术资料。

（5）集装箱计算单位（Twenty-Feet Equivalent Unit，TEU）

集装箱计算单位指又称20英尺换算单位，是计算集装箱箱数的换算单位。目前各国大部分集装箱运输，都采用20英尺和40英尺两种集装箱。为使集装箱箱数计算统一化，把20英尺集装箱作为一个计算单位，40英尺集装箱作为两个计算单位，以利于统一计算集装箱的营运量。

（6）航运公会集装箱规则（Container Rules of Freight Conference）

在一些国家的集装箱船航线上，各航运公会为了垄断各自航线上的集装箱运输，都分别制订了供货方使用的集装箱运输规则。这些规则，是由各公会针对公会营运范围内的航线情况制订的。因此，各公会的规则内容各不相同，但基本精神是相同的，即船货双方的责任是一样的。规则内容一般包括以下几个方面：

集装箱装卸港，集散运输、集装箱运输专用术语解释、各种运输交接方式船货双方责任、订舱手续及货运资料申报、各类条款包括提单，加批条款，港口条款和意外条款。

提单签发、设备交接手续，使用免费时间和滞期费计收、交货手续、运费计算方法及支付、各种费用项目计收办法，费率变更规定、币制及贬值、增值规定、内陆运输规定及收费。

2. 集装箱的标准

为了有效地开展国际集装箱多式联运，必须进一步做好集装箱标准化工作。集装箱标准按使用范围分为国际标准、国家标准、地区标准和企业标准 4 种。目前适用的标准集装箱大体有如下几种。

（1）国际标准集装箱

国际标准集装箱是指根据国际标准化组织（ISO）第 104 技术委员会制订的国际标准来建造和使用的国际通用的标准集装箱。

集装箱标准化历经了一个发展过程。国际标准化组织 ISO/TC 第 104 技术委员会自 1961 年成立以来，对集装箱国际标准做过多次补充、增减和修改，现行的国际标准为第 1 系列共 13 种，其宽度均一样（2 438 毫米）、长度有 4 种（12 192 毫米、9 125 毫米、6 058 毫米、2 991 毫米）、高度有 4 种（2 896 毫米、2 591 毫米、2 438 毫米、小于 2 438 毫米）。第 2 系列和第 3 系列均降格为技术报告。

（2）国家标准集装箱

各国政府参照国际标准并考虑本国的具体情况，制订本国的集装箱标准。中国现行国家标准《集装箱外部尺寸和额定重量》（GB 1413—1985）规定了集装箱各种型号的外部尺寸、极限偏差及额定重量。

（3）地区标准集装箱

此类集装箱标准是由地区组织根据该地区的特殊情况制订的，此类集装箱仅适用于该地区，如根据欧洲国际铁路联盟（VIC）所制订的集装箱标准而建造的集装箱。

（4）企业标准集装箱

此类标准是某些大型集装箱船企业，根据本企业的具体情况和条件而制订的集装箱船企业标准，这类集装箱主要在该公司运输范围内使用。例如，美国海陆公司的 35 英尺集装箱。

此外，目前世界上还有不少非标准集装箱。例如，非标准长度集装箱有美国海陆公司的 35 英尺集装箱、总统轮船公司的 45 英尺及 48 英尺集装箱；非标准高度集装箱，主要有 9 英尺和 9.5 英尺两种高度集装箱；非标准宽度集装箱有 8.2 英尺宽度集装箱等。由于经济效益的驱动，目前世界上 20 英尺集装箱总重与 24 英尺集装箱相当的越来越多，而且普遍受到欢迎。

随着集装箱运输的发展，为适应装载不同种类货物的需要，出现了不同种类的集装箱。这些集装箱不仅外观不同，而且结构、强度、尺寸等也不相同（详见表 8-1）。

表 8-1　各种用途集装箱的尺寸与重量

分类	型号	H（高）（毫米）	W（宽）（毫米）	L（长）（毫米）	最大总质量（千克）	备注
符合 ISO 668 标准的集装箱	1AAA 1AA 1A 1AX 1BBB 1BB 1B 1BX 1CC 1C 1CX 1D 1DX	2 896 2 591 2 438 <2 438 2 896 2 591 2 438 <2 438 2 591 2 438 <2 438 2 438 <2 438	2 438 2 438 2 438 2 423 2 438 2 438 2 438 2 438 2 438 2 438 2 438 2 438 2 438	12 192 12 192 12 192 12 192 9 125 9 125 9 125 9 125 6 058 6 058 6 058 2 991 2 991	30 480 30 480 30 480 30 480 25 400 25 400 25 400 25 400 24 000 24 000 24 000 10 160 10 160	
ISO 第 2 系列集装箱标准方案	2AAA 2AA 2CCC 2CC	2 896 2 591 2 896 2 591	2 595 2 595 2 595 2 595	14 935 14 935 7 430 7 430	30 480 30 480 30 480 30 480	
铁路行业标准箱	10t	2 650	2 500	3 070	10 000	非 ISO 箱
北美洲内陆集装箱	48ft 45ft 53ft	2 896 2 896 2 896	2 438 2 438 2 438	14 630 13 716 16 154	30 480 30 480 30 480	非 ISO 箱
格栅货板兼容箱，即 CPC 箱	40ft 20ft	2 591/2 896 2 591	2 438 ~ 2 460 2 460	12 192 6 058	34 000 34 000	非 ISO 箱
SEA CELL 宽体兼容箱	40ft 20ft	2 591 2 591	2 484 2 484	12 192 6 058	34 000 30 480	非 ISO 箱
交换车体集装箱		2 670 ~ 2 770	2 440 ~ 2 500	7150 7500 12 200 13 600	13 310 13 600 30 000 30 000	非 ISO 箱 <P<DIV>

8.1.2 集装箱的种类

这里介绍一下按结构设计、运输方式和货物品种等特点对集装箱分类的方法，以下类别按国际标准化组织类型代码排列。

1. 通用集装箱（General Purpose Container Without Ventilation，GP，G0 ~ G9）

通用集装箱也称杂货集装箱、干货集装箱（Dry Cargo Container，DC；Dry Van，D. V.），用以装载除液体货、需要调节温度的货物及特种货物以外的一般件杂货。这种集装箱使用范围极广，常用的有20英尺集装箱和40英尺集装箱两种，其结构特点是封闭式，一般在一端或侧面设有箱门，适用装载的货种非常多，包括日用百货、纺织品、轻工产品、食品、机械、仪器、家用电器、医药及各种贵重物品等。通用集装箱不适宜装载的货物有如下几种：

（1）冷冻货或严格要求保持一定温度的货物；

（2）不能用人力或叉车装箱的重货；

（3）不能从箱门进行装卸作业的长大件货物；

（4）产生的集中负荷超过箱底承受强度的货物；

（5）散货或液体货；

（6）在杂货集装箱中不能充分系紧的货物；

（7）需要特别通风的货物；

（8）活动物等。

2. 专用集装箱（Special Container）

专用集装箱是为适应货物运输的需要，而在集装箱的结构和设备方面进行了特殊设计和装备的集装箱。因所适用的货物种类不同，专用集装箱主要分为以下几类。

（1）通风集装箱（Ventilated Container，VH，V0 ~ V9）

通风集装箱一般在侧壁或端壁上设有通风孔，适于装载不需要冷冻而需通风、防止汗湿的货物，如水果、蔬菜以及兽皮等会在运输中渗出液汁的、引起潮湿的货物等。这种集装箱通常以设有通风孔的冷藏集装箱代替，其将通风孔关闭，可作为杂货集装箱使用，通风柜须于有关单证中写明"Ventilated open × ×%"，比如 Ventilation open 50% 指通风口开启 50%（开一半）。

（2）干散货集装箱（Dry Bulk Container，Solid Bulk Container，BU，BK，B0 ~ B9）

干散货集装箱可细分为无压和承压两个系列，除了有箱门外，在箱顶部还设有2 ~ 3个装货口，适用于装载粉状或粒状货物。这种集装箱在使用时要注意保持箱内清洁干净，两侧保持光滑，便于货物从箱门卸货。这是用以装载大豆、大米、麦芽、面粉、饲料以及水泥、树脂、硼砂、化工原料等散装粉粒状货物的集装箱。使用这种集装箱可以节约可观的包装费用，并提高装卸效率。

一些需要植物检疫的货物，比如进口粮食，需要在港外锚地进行熏蒸消毒。可以在散货集装箱上设置投入熏蒸药物的开口，以及熏蒸气体排出口，并且可要求这种集装箱在熏蒸时能保持完全气密。

（3）按货物命名的集装箱（Named Cargo Container，SN，S0～S8）

1）动物集装箱或称牲畜集装箱（Livestock Carrier or Pen Container）。这是一种专供装运牲畜的集装箱。为了实现良好的通风，箱壁用金属丝网制成，侧壁下方设有清扫口和排水口，并设有喂食装置。

2）汽车集装箱（Car Container）。这是专为装运小型轿车而设计制造的集装箱。其结构特点是无侧壁，仅设有框架和箱底，可装载一层或两层小轿车。

3）活鱼集装箱（Live-fish Container）。

4）挂衣集装箱（Dress Hanger Container）。这种集装箱是在普通干箱上加装挂衣铁架，用来吊挂外衣、外套和高级时装等。

（4）保温集装箱（Thermal Container，RE，RT，RS，R0～R9；HR，HI，H0～H9）

保温集装箱是一种所有箱壁都用导热率低的材料隔热，用来运输需要冷藏和保温货物的集装箱，通常有以下几种：

1）冷藏集装箱（Reefer Container，RF；Reefer HQ，RH）。这是专为在运输过程中要求保持一定温度的冷冻货或低温货而设计的集装箱。这种集装箱用来运输冷冻货物，包括冷冻食品，如冷冻鱼、肉、虾等；低温水果、蔬菜、干酪等货物；胶片、某些药品等需要保持一定温度的货物。冷藏集装箱造价较高，营运费用较高，在使用中应注意冷冻装置的技术状态及箱内货物所需的温度。温度可在-28℃～+26℃之间调整，通常要写明应保持的温度范围及通风口开启程度。

2）加热集装箱（Heated Container），即带加热装置的集装箱。

3）冷藏和加热集装箱（Refrigerated and Heated Container），即同时带制冷和加热装置的集装箱。

（5）敞顶式集装箱（Open-Top Container，OT，UT，U0～U9）

1）软顶集装箱。这种集装箱有可折式顶梁支撑的帆布、塑料布或涂塑布制成的顶篷，其他构件与干货集装箱类似。适于装载较高的大型货物和需吊装的重货，装卸货物时须使用起重机将重货从顶部装入箱内或卸出。将货物装入后，再用防水篷布遮盖顶部，以防货物受损。

2）硬顶集装箱。这种集装箱有可拆卸硬盖适于装载玻璃板、钢铁制品、胶合板、机械设备等超高货物，利用侧壁可以固定的重货以及难以从箱门进行装卸而必须由箱顶进行装卸作业的货物。

（6）平台或台架式集装箱（Plat Form Based Container or Plat Rack Container，FR，PL，PF，PC，PS，P0～P9）

平台式集装箱是仅有底板而无上部结构的一种集装箱。该集装箱装卸作业方便，适于装载长、重、大件。

台架式集装箱或称框架集装箱是没有箱顶和侧壁，或连端壁也被去掉而只有底板和四个角柱的集装箱。

对于OT及FR柜，应注明货物是否超限，若超限了，注明超多少（Over height ××cm；Over width ××cm）。

（7）罐式集装箱（Tank Container/Liquid Cargo Container，TK，TN，TD，TG，T0～T9）

罐式集装箱又称樽状箱、液体货集装箱，形状像圆筒或气缸，适合装载液体或压缩性气体。这是一种专供装运液体货而设置的集装箱，如酒类、油类及液状化工品等货物。它由罐体和箱体框架两部分组成，装货时货物由罐顶部装货孔进入，卸货时，由排货孔流出或从顶部装货孔被吸出。

（8）航空集装箱

1）空运集装箱（Air Container）。一些航空公司为温度敏感货物提供特别的集装箱。例如：韩国航空货运公司的“冷冻集装箱”和“环境集装箱”，被包括德国汉莎航空公司和美国航空公司等在内的许多航空公司所使用。

2）空陆水多式联运集装箱（Air/Surface/Intermodal Containers，AS，A0）。

（9）展览亭

展览亭是由集装箱组成的移动展览馆。参观的人走在集装箱之间，展览作品分别挂在两边的集装箱上。这个移动的展览馆没有固定的馆址。20英尺展览亭是由20英尺标准箱组成的，40英尺展览亭是由40英尺标准箱组合成的。

（10）房箱

作为移动房子的集装箱主要用于野外勘测、工程配套、科学研究等，如控制房箱、办公房箱、生活房箱、防火专用箱等非标集装箱。

8.1.3 集装箱标志

为了便于对集装箱在流通和使用中进行识别和管理，便于单据编制和信息传输，国际标准化组织制定了集装箱标志。

1. 基本要求

每一只集装箱的外表面都必须标示包含其所有者、箱体型号、顺序号、认可标记和作业警示符等内容的标贴，它们一般是按 ISO 6346《集装箱的代码识别和标记》规定安排在箱体特定部位的自粘标贴。

集装箱用的标贴不同于一般的商用标贴，一般情况下贴在箱体的外表面，在运输过程中，将遭遇各种各样恶劣的外界环境，必须能够承受日晒、雨淋、海浪、风沙、潮湿、干燥以及高温或低温等方面的考验。除此之外，其要有相当长的耐久性，在使用中不能褪色或者脱落。它的使用年限一般是 7 年，也有的箱主要求使用 9 年甚至更长时间，这是一般商用标贴所无法比拟的。

集装箱上的标贴一般是用聚乙烯自黏膜为基底，用聚酯织物丝网印刷或膜印加工而成的自粘贴。其所选用的材料要经久耐用且平展美观，根据箱主要求设计的图案和字符配以色泽鲜艳的优质油墨。

2. 标贴的标示内容

集装箱用自粘标贴标示的内容应符合 ISO 6346—1995（E）《集装箱的代码、识别和标记》（Freight Container-Coding，Identification and Marking）的规定。这一国际上通用的标准是经过国际标准化组织集装箱技术委员会（ISO/TC104—International Organization for Standardization/Technical Committee 104）会同国际集装箱局（BIC- Bereau of International Containers），联合国国际海事组织（United Nations/International Maritime Organization，UNIMO），国际铁路联盟（International Union of Railways，UIC）和国际道路联盟（International Road Federation，IRF）等国际机构共同的努力，在总结全世界集装箱运输经验的基础上制定的。

国际标准化组织规定的标记分为必备标记和自选标记两类，每一类标记又分为识别标记和作业标记。

（1）第一类：必备标记

1）识别标记：箱主代码、顺序号和核对数。

箱主代码：集装箱所有者的代码，它由 4 位拉丁字母组成，前 3 位由箱主自己规定，并向国际集装箱局登记，第 4 位字母为 U，是海运集装箱代号。

顺序号：又称箱号，为集装箱编号，用 6 位阿拉伯数字表示，不足 6 位的，以 0 补之。

核对数：用来核对箱主代号和顺序号记录是否准确的依据。它位于箱号后，以 1 位阿拉伯数字加一个方框表示。由箱主代码的 4 位字母与顺序号的 6 位数字通过以下方式换算而得。

首先，将表示箱主代码的 4 位字母转换成相应的等效数字，字母和等效数字的对应关系见表 8-2：

表 8-2 箱主代码 4 位字母与数字转换表

字母	A	B	C	D	E	F	G	H	I	J	K	L	M
数字	10	12	13	14	15	16	17	18	19	20	21	23	24
字母	N	O	P	Q	R	S	T	U	V	W	X	Y	Z
数字	25	26	27	28	29	30	31	32	34	35	36	37	38

从表中可以看出，去掉了 11 及其倍数的数字，这是因为后面的计算将把 11 作为模数。

然后，将前 4 位字母对应的等效数字和后面顺序号的数字（共 10 位）采用加权系数法进行计算求和。公式如下：

$$S = \sum_{i=0}^{9} C_i \times 2^i$$

最后，以 S 除以模数 11，求余数，即得核对数。

例：

箱主代码：TGHU 箱主为德州集装箱设备管理公司（Textainer Equipment Maragement Ltd.）。

顺序号：701635T-31G-17H-18U-32

计算核对数：$31 \times 2^0 + 17 \times 2^1 + 18 \times 2^2 + 32 \times 2^3 + 7 \times 2^4 + 0 \times 2^5 + 1 \times 2^6 + 6 \times 2^7 + 3 \times 2^8 + 5 \times 2^9 \div 11 = 424$……余数为 1，所以核对数为 1。

2）作业标记。作业标记包括以下 3 个内容。

① 额定重量和自定重量、最大载重和载货容积标记。额定重量即集装箱最大总重（Max. Gross Weight），自重（Tare Weight）即集装箱空箱质量（或空箱重量），ISO 688 规定应同时以千克（kg）和磅（lb）表示。

最大总重因集装箱制造厂和类型的不同而有所差别。集装箱的总重绝对不能超过标注在集装箱上的最大总重（国际标准化组织规定 20 英尺集装箱的最大总重为 20 320 千克，40 英尺集装箱的最大总重为 30 480 千克）。超过这一数值时，考虑到集装箱本身强度以及装卸和运输的安全，各运输部门、集装箱码头都可拒绝装卸该集装箱。此外，集装箱总重虽在最大总重范围内，但超过公路运输的限制重量时，也不能进行公路运输。

自身重量包括特种集装箱在其正常工作状态下所有固定设备和装置的重量，其会因集装箱的内部结构和材料的不同而不同。一个 20 英尺 ×8.5 英尺干货集装箱的重量可能介于 1 800 千克到 2 400 千克之间，一个 40 英

尺 ×9. 5 英尺干货集装箱的重量可能介于 3 900 千克到 4 200 千克之间，还有一些干货集装箱可能在所指的重量范围之外。冷藏集装箱比同尺寸的干货集装箱重。

最大载重（Maximum Pay Load or Net Weight）或称有效载重是最大允许装载重量，包括与集装箱正常营运没有直接关系的垫舱和固定装置的重量。也就是集装箱的总重减去集装箱的自重所得的重量为最大载重。

最大装载容积（Maximum Capacity，Cubic Capacity）用立方米（CU. M）和立方英尺（CU. FT）同时标出。

国际标准化组织的虽然规定了集装箱的最小内部尺寸，但如果采用容积来计算集装箱的最大装载量，最好用集装箱的内部尺寸和实际货物尺寸对比计算。

图 8-1　集装箱后箱门的标示

图 8-1 中的集装箱的最大总重（MAX. WT）、自重（TARE WT）、最大载重（PAYLOAD）如下：

30 480KG，3 870KG，26 610KG；

67 200LB，8 532LB，58 668LB。

可以看出：26 610 = 30 480 - 3 870；58 668 = 67 200 - 8 532

载货容积（CU. CAP.）：7 595（CU. M），2 681（CU. FT）

② 空陆水联运集装箱标记。由于该种集装箱仅能堆码两层，因此国际标准化组织对该集装箱规定了特殊的标志，该标志为黑色，位于侧壁和端壁的左上角，并规定标记的最小尺寸为：高 127 毫米，长 355 毫米，字母标记的

字体高度至少为76毫米。

③ 登箱顶触电警告标记。该标记为黄色底、三角形，一般设在罐式集装箱和位于登顶箱顶的扶梯处，以警告登顶者有触电危险。

（2）第二类：自选标记

1）识别标记。它包括：

① 国家和地区代号，如中国用CN，美国用US；

② 尺寸代码和类型代码（箱型代码）。

集装箱尺寸代码引用ISO 6346附录D的规定。

尺寸代码结构由两位字符表示：

```
×      ×
---    ---
|      |
|  箱高和箱宽代码
-  箱长代码
```

集装箱类型代码引用ISO 6346第4.2.2条的规定。

箱型代码结构由两位字符表示：

```
×      ×
---    ---
|      |
|  箱型编号
----------  箱型标识符
```

第188页图8-1中的尺寸代码是45，即箱长40英尺，箱高9英尺6英寸和箱宽8英尺。类型代码是G1，即货物的上方有透气罩的通用集装箱。

2）作业标记。它包括：

① 超高标记。该标记为在黄色底上标出黑色数字和边框，此标记贴在集装箱每侧的左下角，距箱底约0.6米处，同时贴在集装箱主要标记的下方。凡高度超过2.6米的集装箱应贴上此标记。

② 国际铁路联盟标记。凡符合《国际铁路联盟条例》规定的集装箱，可以获得此标记。该标记是在欧洲铁路上运输集装箱的必要通行标记。

（3）通行标记

集装箱要在运输过程中顺利通过或进入他国，箱上必须贴有按规定要求的各种通行标志，否则，必须办理烦琐的证明手续，将增加集装箱的周转时间。

集装箱上主要的通行标记有：安全合格牌照、集装箱批准牌照、防虫处理板、检验合格徽及国际铁路联盟标记等。

集装箱运输设备内容请扫描二维码 8-1 查看：

二维码 8-1　集装箱运输设备

8.2　控箱与箱管业务

在国际货运代理实务中，集装箱可分为货主柜（Shipper's Own Container or Shipper Order Container，SOC）和控制柜（Carrier's Own Container or Carrier Order Container，COC）。SOC 可能是发货人的自有柜也可能是发货人指定的柜，总之均无须使用承运人提供的柜；COC 是由船公司指定放给货主使用的柜，可能是其自有的（占 40% ~60%）也可能是其租用的，因此牌子很杂，称“杂唛柜”。招牌柜指于柜侧面打有醒目的船公司名称缩写代码及其商标的柜。例如，A 货主指定用 A. P. Moller - Maersk 的招牌柜，B 货主要求用中远海运集装箱运输有限公司（COSCO Shipping Co. Ltd.）的招牌柜。承运人租用某租箱公司的柜后打上自己的名称代码，即将其变为自己的招牌柜。例如，中远海运集装箱运输有限公司（COSCO Shipping Co. Ltd.）租用中远海运控股股份有限公司（Florens）的柜后，打上 COSCO 标记，则该柜为中远海运集装箱运输有限公司的招牌柜。对集装箱的使用拥有控制权的公司为控箱公司，例如，A 柜被租给乙公司，乙公司则为 A 柜的控箱公司。

8.2.1 集装箱前缀与租箱业务

1. 主要船公司的前缀

详见表 8-3。

表 8-3　箱主代码 4 位字母与数字转换表

船公司（中文）	船公司（英文）	柜号前缀（常用）
马士基航运公司	A. P. Moller-Maersk	MAEU，MASU，MARU
地中海航运公司	Mediterranean Shipping Company	MSCU
法国达飞海运集团	CMA CGM	CMCU
中远海运集装箱运输有限公司	COSCO Shipping Co. Ltd.	COSU，CBHU
赫伯罗特船务有限公司	Hapag-Lloyd	HPLU

（续表）

船公司（中文）	船公司（英文）	柜号前缀（常用）
“日本神运”	Ocean Network Express	NYKU KLGU
长荣海运股份有限公司	Evergreen Line	EVRU，EVEU
阳明海运股份有限公司	Yang Ming Marine Transport Corp	YWLU，YMGU
韩国现代商船株式会社	Hyundai Merchant Marine	HYNU，HYGU
太平船务有限公司	Pacific International Lines	PILU
以星综合航运有限公司	ZIM Integrated Shipping Services	ZIMU，ZCSU
万海航运股份有限公司	Wan Hai Lines	WHLU
高丽海运株式会社	Korea Marine Transport	KMTU
泰国宏海箱运有限公司	Regional Container Lines	RCLU
立荣海运股份有限公司	UNIGLORY	UNLU，UNGU
东方海外货柜航运有限公司	Orient Overseas Container Line	OOCU，OOLU
美国总统轮船公司	American President Lines	APLU，APSU
北欧亚货柜航运有限公司	Norasia Container Lines	NORU
正利航业股份有限公司	Cheng Lie Navigation	CNCU
俄罗斯远东海洋轮船公司	FESCO	FESU

2. 公共租箱公司的前缀

集装箱租赁公司（Container Leasing Company）是专门经营集装箱出租业务的企业，见表8-4。

表8-4　一些著名集装箱租赁公司使用的集装箱前缀

租箱公司	柜号前缀
AMFICON	AMFU
BRIDGEHEAD CONTAINERS	BHCU
CAPITAL	CLHU
CARLISLE	CRLU
CONTAINER APPLICATION INTERNATIONAL	CAXU IKKU INTU IRNU
CRONOS	CRXU HNPU IATU ICSZ IEAU INNU ITLU LPIU
FLEXI-VAN	FFFZ FLXZ FVIC UFCC SKIZ XTRC FLGZ ZMFC XNPZ XDAZ XNOZ GCEZ

（续表）

租箱公司	柜号前缀
FLORENS	FBLU FSCU
GATEWAY	GATU
GE SEACO AMERICA	APLS APLU CBFU CLOU CTIU DVRU ECMU EMAU GCEG GSTU ICCU ITLS LYKU MAEU SCCU SCDC SCPU SCXU SCZU SCZY SENU SPLU SSIU STBU UFCU WCSU XTRU ZCSU ZIMU
GOLD	GLDU GRDU SLMU TECU
ONE WAY	ANYU LSEU
TEX TAINER	MLCU PRSU TEXU TGHU WCIU XTRU
TIP INTERNATIONAL	CRMU GCEU
TRAC	INBU IPXU IRNU IRSZ MTYU TAXZ TRZZ
TRANS AMERICA	ICSU NSIU TOLU TPHU TRLU TRZU
TRITON	TRIU TTNU UXXU
UNITED CONTAINER SYSTEMS	UXXU
UNITED EQUIPMENT SERVICES	UESU
WATERFRONT CONTAINER	EASU WFHU
XTRA INTERMODAL	SKIZ XTCZ

3. 集装箱租赁业务

集装箱的租赁（Container Leasing）是所有人将空箱租给使用人的一项业务。集装箱所有人为出租集装箱的一方，其与使用人一般是船公司或货主——承租的一方，双方签订租赁合同，出租人提供合格的集装箱，交由承租人在约定范围内使用。集装箱的租赁在国际上有多种不同的方式，总结起来有：程租、期租、活期租赁和航区内租赁等。

8.2.2 箱管业务操作流程

1. 箱管职能

集装箱管理部也叫箱管科（Equipment Control Department）主要负责以下事务：

设备交接单的发放；集装箱动作的跟踪、空箱调运、破箱事务的处理；集装箱的进场、堆放；超期费、修箱及堆存费用的统计；集装箱动态日报的制作；委托方费用的统计；箱管业务单证的分类、整理、归档；与船公司客户、码头联系沟通，保持良好的合作关系。

2. 设备交接单的发放

派车取空箱，需要集装箱设备交接单。交接单由承运人或其代理人签发后交给货方，据以向区、站领取或送还重箱或轻箱。设备包括集装箱、底盘车、台车及电动机等。在实现集装箱设备交接单（EIR）无纸化之后，码头、堆场、车队和箱管等相关方之间将建立电子数据交换传输渠道，将单证保管程序简单化，最大限度地避免人为操作失误，提高信息采集效率和准确性。此外，通过EIR电子平台，与集装箱进出口相关的所有单位均可以有效掌控集装箱物流信息，实现物联网的部分功能。

（1）进口

1）凭小提单中的拖车联和拖车公司的“提箱申请书”到箱管财务处办理进口集装箱超期使用费、卸箱费等费用的押款手续。

2）押款后，凭押款凭证及拖车联领取集装箱设备交接单，并核对其内容是否正确。

3）柜子拆空后，应及时将空箱返回指定的回箱地点。

4）空箱返回指定堆场后，客户凭押款凭证办理集装箱费用的结算手续。

（2）出口

1）客户在出口排载订舱后，凭拖运单第五联并加盖拖车业务章到箱管处领取设备交接单。

2）船公司要求凭放箱确认方可放箱的，须提供船公司的放箱确认书。

3）请认真审查设备交接单的内容，如提单号、箱主、营运人、港口、箱型、柜量、提箱地点以及批注（Remark）上的内容。

4）用户因故需要更改船名、航次、提单号、箱主、提箱地点等内容，须及时到箱管处办理相应更改。

3. 集装箱的选择与检查

（1）集装箱的选择

货运代理人订舱后，提取空箱前所面临的主要问题是集装箱的选用。利用集装箱运输货物，需要掌握该种货物的知识，要选择适合于集装箱的货物，也要选择适合于货物的集装箱。因此，需要相关人员掌握有关集装箱结构和货物性质以及装载技术方面的知识。

在集装箱货物运输中，为了船、货、箱的安全，必须根据货物的性质、种类、包装、体积、重量和形状以及运输要求来选择适当的集装箱。因此，为了更有效地装载货物，安全地完成运输任务，必须研究以下几点。

1）该种货物最好使用哪一种集装箱。

① 清洁货物和污秽货物：可选用通用集装箱、通风集装箱、敞顶式集装

箱、冷藏集装箱；

② 贵重货物和易碎货物：可选用通用集装箱；

③ 冷藏货物和易腐货物：可选用通风集装箱、保温集装箱；

④ 散货：可选用干散货集装箱、罐式集装箱；

⑤ 动物和植物：可选用动物集装箱、通风集装箱；

⑥ 笨重货物：可选用敞顶式集装箱、台架式集装箱、平台式集装箱；

⑦ 危险货物：可选用通用集装箱、台架式集装箱、冷藏集装箱。

2）每个集装箱能装多少货物，详细装箱计算方法见 9.2。

3）这批货物需要多少个集装箱。首先要考虑货物是否装得下，其次考虑在经济上是否合理，与货物所要求的运输条件是否符合。否则，不但承运人无法承运某些货物，而且货主也会因集装箱选用不当而导致货损。

（2）集装箱的检查

发货人、承运人、收货人以及其他关系人在相互交接时，除对箱子进行检查外，应以设备交接单等书面形式确认箱子交接时的状态。较大的货运代理公司，在港口场站设有专人负责集装箱的空箱提出和重箱入箱，在提箱前对空箱进行检查并安排装运，便于提箱；场站若无专人负责，提箱时可派人或由司机进行检查，检查时注意以下问题。

1）外部检查。外部检查指对箱子进行 6 面察看，检查外部是否有损伤、变形、破口等异样情况，如有，标注修理部位标志。首先要检查集装箱外表面有何损伤，如发现表面有弯曲、凹痕、折痕、擦伤等痕迹，则应在这些损伤处的附近严加注意，要尽量发现其破口在何处，并在该损伤处的内侧仔细检查。

在外板连接处，若铆钉松动或断裂，容易发生漏水现象；箱顶部分要检查有无气孔等损伤，由于箱顶上有积水，如一有破损就会造成货物霉损事故，而且检查时往往容易把箱顶的检查漏掉，因此要特别注意。

对于已进行过修理的部分，检查时应特别注意检查其现状如何，有无漏水现象。

2）内部检查。内部检查是对箱子的内侧进行 6 面察看，检查是否漏水、漏光，有无污点、水迹等。人进入箱内，把箱门关起来，检查箱子有无漏光处，就能很容易地发现箱顶和箱壁四周有无气孔，箱门能否严密关闭。

检查时要注意箱壁内衬板上有无水湿痕迹，如发现有水迹时，则在水迹四周要严加检查，必须追究产生水迹的原因。

对于箱壁或箱底板上突出的钉或铆钉头，内衬板的压条曲损，应尽量设法除去或修补，如无法去除或修补，则应用衬垫物遮挡起来，以免损坏货物。

如箱底捻缝不良，则集装箱于底盘车上在雨中运行时，从路面上溅起来的泥水会从底板的空隙中渗进箱内，污染货物，检查时应予以注意。

3）箱门检查。检查箱门是否完好，能否重复开启。要检查箱门能否顺利关闭，关闭后是否密封，门周围的密封垫是否紧密，能否保证水密，还要检查箱门把手动作是否灵便，箱门能否完全锁上。

4）附属件检查。附属件的检查是指对集装箱的加固环接状态，如板架式集装箱的支柱，平板集装箱和敞棚集装箱上部延伸结构的检查。要检查固定货物时用的系环、孔眼等附件安装状态是否良好，板架集装箱上的立柱是否备齐，立柱插座有无变形；开顶集装箱上的顶扩伸弓梁是否齐全，是否弯曲变形；还应把板架集装箱和开顶集装箱上使用的布篷打开，检查其有无破损；检查安装用的索具是否完整无缺。

另外，还要检查通风集装箱上的通风口能否顺利关闭，其储液槽和放水龙头是否畅通，通风管、通风口有否堵塞等。

5）清洁状态检查。清洁检查是指检查箱子内有无残留物、污染物、锈蚀异味、水湿。如果这些方面不符合要求，则应向集装箱提供人提出调换集装箱的要求，或对集装箱进行清扫、除臭。无法采取上述措施时，箱内要铺设衬垫或塑料薄膜等以防货物污损。

特别要注意的是，集装箱在被水冲洗、晾干以后，从表面上看好像已经干燥，但其箱底板和内衬板里面却仍有大量水分，这是造成货物漏损的重要原因之一。另外，当箱内发现有麦秆、草屑、昆虫等属于动植物检疫对象的残留物时，即使箱内装的是与动植物检疫完全无关的货物，也必须把这些残留物彻底清除。

6）海关查箱。海关查验是货物报关的重要环节之一，海关对箱内的货物进行检查，看其是否与报关单申报的内容一致，同时对集装箱进行熏蒸，防止病虫害出国境。

对集装箱运输货物的数量、质量和残损的检验与对传统运输方式的件杂货进行的没有什么区别，海关的审查也没有什么变化，但是集装箱的检验和海关的监管确有其特殊的要求。集装箱货物运输除商品以外，集装箱本身也是检验的对象。

4. 集装箱的修洗箱业务

集装箱作为运输设备，在传统货物运输中，货方对运输设备的损坏是完全不承担责任的（个别情况例外，比如由于货方假报货物情况引起的设备损坏）。在集装箱货物运输中，除了在站、门交接的情况外，在港站堆场交接时，集装箱即由货方控制，货方从将集装箱运回自己的工厂或仓

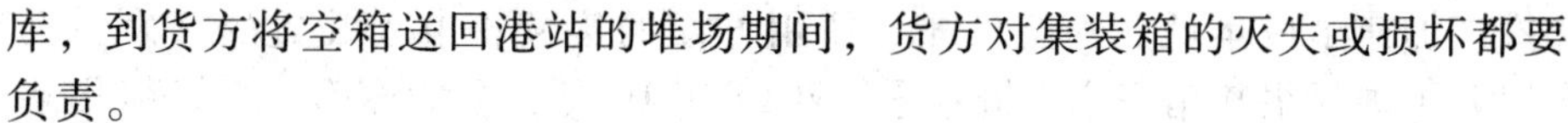

库，到货方将空箱送回港站的堆场期间，货方对集装箱的灭失或损坏都要负责。

（1）集装箱修理

集装箱大类包括铝集装箱、铁集装箱、冷冻箱等，小类集装箱堆场与货运站定期按照类别汇总集装箱的综合情况，即20英尺、40英尺、45英尺集装箱等，集装箱堆场与货运站定期按照类别汇总集装箱的综合情况，即统计每天某客户（船公司）所用各种箱型进箱、出箱、存箱、提箱、免堆存箱、超过预定天数等情况的汇总表及其箱型、好坏、新旧、待批、修理、完成等在场箱的详细情况，打印进出场报表、堆费报表和统计结果并发送给客户。

在集装箱交接时，检查出有问题的集装箱要放在一边待修。在集装箱进场检查后，将需要修理的项目整理出来，如维修项目、材料、人工、所需费用等，交付船公司等待答复。船公司答复确认要修理的项目，修理后整理修理完工的资料，打印修理费用结算单，统计出某船公司在某一时期内的集装箱修理费用。

（2）洗箱业务

洗箱通常分为4种：

1）用化学用品洗（Chemically Clean Floor）；

2）用清水冲洗（Water Clean）；

3）用蒸汽洗（Steam Clean）；

4）用磨具（研磨或沙磨）清洗（Grind or Sand Clean）。

8.3 集装箱运输的信息流

集装箱运输的效率和效益，在很大程度上取决于各环节的操作速度。鉴于对集装箱船的航速及其他运输工具的运行速度的提高有一定的限度，缩短集装箱货物在港站的停留时间就显得十分重要。在集装箱运输的港站以及与货代、船代、运输公司及银行、保险、监管等部门的业务活动中，围绕集装箱的验收、提取、装卸、堆存、装箱、拆箱、收费等，存在着错综复杂的作业环节，伴随着众多的信息、单证的处理要求。因此，实现集装箱运输信息、单证的电子化，对提高集装箱运输的效率有着十分重要的意义。

2010年7月1日国际标准化组织（ISO）正式发布了《集装箱RFID货运标签系统》（ISO/PAS 18186）。该规范是物流和物联网领域第一项由中国提出并积极推动制定，通过ISO正式发布的可公开提供的规范。它的发布和推广加速了成本低、安全可靠、使用方便的集装箱电子装置的开发，大大提升了国际集装箱安全运输水平。2015 年 10 月，全世界第一个智能集装箱诞生，在集装箱的内外部使用诸如传感器封条等多个 RFID 产品，通过这些产品来收集集装箱的运输数据、所处位置、温度、湿度等多种数据，并由智能化系统传输到数据中心，以备工作人员及时了解货物的方位、状态和安全状况。

1. 集装箱运输信息流程与主要单证

在集装箱运输过程中，集装箱码头是一切有关信息的处理中心。在它处理的信息中，出口信息来源于运输合同，包括从收货、配箱、装箱、订舱到内陆运输公司向码头集箱过程中的各类信息。

在这个过程中所形成的出口装载清单信息，经船公司授权的代理加工后被送至码头，它是码头出口箱作业的依据。码头生成的船图信息，经理货公司，由船代送至船公司，这也是下一挂靠港要求船公司必须提供的信息。在进口信息中，进口船图、进口舱单、船期等，由船代送至码头，再根据需要提供给场站，以保证及时疏运。在进出口货箱位移及业务受理过程中的其他信息，如海关申报与答复、海关货物与运输报告等均有大部分与上述信息相同的信息流转。

由此可以看出，集装箱运输的信息交换可以分为以下三部分：

1）船公司、代理与货主，主要包括外贸运输合同及其说明、订舱及确认、到货通知、报关、收费、中转及提单等信息。

2）港口及内陆集疏运（公路、铁路、内河运输等），主要包括拆装箱、空箱调运、场地申请、运输订单、计划及实际的集装箱交接信息等。

3）本港、开来港及下一挂靠港，主要包括船期及直接影响装卸效率的船图、舱单、装载指示等信息。

综上所述，在集装箱运输体系中，各环节流通的主要单证有 54 种。

2. 集装箱运输各环节的具体信息要求

（1）船舶信息

船务代理一般在所代理的船舶抵港前 72 小时、48 小时、24 小时向港务局报告船舶抵港预报和确报时间，并及时汇报变更时间。船舶预报、确报的内容有：船名、国籍、性质、抵港时间、艏艉吃水、进出口货名、数量、船舶规范、装卸设备状况及特殊货物装载情况和要求等。港方据此及时作出科学合理的安排，这对缩短船舶在港时间、降低运输成本有十分重要的意义。另外，船公司也需要及时掌握船舶在港作业动态、待泊时间及离港信息。

目前，上述信息大多通过传真、电报、电话索取，但事实上它们均可通过 EDI 系统生成。如果船期及船舶抵港等动态信息的电子传送得以实现，则港航间可相互补充双方所需的信息，提高港口调度工作效率。

（2）装卸船信息

按照港口作业规定，船舶必须具备下列条件才能安排作业。

1）进口：

① 船图、舱单及卸货有关资料必须齐备；

② 有港口主管部门批准的危险货物作业通知书；

③ 货物流向及接卸方案已有详细安排；

④ 超高、超宽、重大件设备具体资料已预先摸清；

⑤ 特种车已具体安排好。

2）出口：

① 信用证、海关手续办理完毕；

② 备齐货物；

③ 做出配载及货物积载图；

④ 能连续作业。

在集装箱码头装卸作业过程中，进口资料主要指进口船图和进口舱单，它们是制订卸船计划、安排卸船顺序的依据。出口资料主要指出口舱单，它是制订收箱计划、检查、收箱、积载、安排装船顺序的依据，它所产生的出口船图是下一挂靠港的必备资料。

以前，上述资料均为纸质材料，由人工录入电脑，生成装、卸船计划。在近洋航线中，船图、舱单随船携带，只有在船舶停靠锚地后才能取下、录入电脑。在远洋航线中，则采用传真方式，传真船图往往由于模糊不清而增加校对时间。以上方式费工费时、效率低下、增加了船舶的在港时间。因此，提高装卸船信息处理效率，对缩短船舶在港时间具有重要意义。在这个阶段需要交换的信息有：船名、航次、箱号、箱型、箱类、箱重、始发港、目的港、下一挂靠港、提单号、箱位、发货人、收货人、货类、货名等，它们主要反映在船图、舱单、装卸指示、危险品通知等纸质单证中。

另外，溢卸、短卸、实际卸船箱数、装船箱数等信息都是船方需要从码头获取的信息。对国际航线的船舶应进行强制理货，理货员代表船方对货物进行清点、验收和交付，对货物的溢短、残损实事求是地进行记录、办理货物交接手续。因此，上述信息大多在船舶代理、理货方和集装箱码头之间交换。

（3）内陆集疏运信息

内陆集疏运是国际集装箱多式联运中的一个不可缺少的环节。集装箱码头通过向其内陆辐射的运输线，将各个内陆场站与港口组成一张覆盖港口内陆腹地的运输网。通过这张网，托运人将货物或集装箱交给附近场站，再将其集中起来通过运输网送到集装箱码头。

在整个内陆集疏运进出口业务过程中，需要交接的单证主要有以下几类：

1）货物托运单，包括货物名称、件数、包装、体积、重量、起运港、到达港、发货人和收货人等有关货物运输的事项；

2）装箱指示，货代对承运货物的装箱提出明确要求；

3）装箱单，箱内货物明细表；

4）箱体动态，集装箱进出站、拆装箱信息。

（4）货源组织与管理信息

1）出口。船公司通过发货人的暂时订舱与确定订舱了解和掌握货源情况。

2）进口。为保证集装箱船舶抵达卸货港后，尽快把箱货送到收货人手中，船公司主管进口运输业务的工作人员或其代理要根据装船港寄来的运输单证做好以下工作：

① 向海关及其他有关部门申请办理验放手续；

② 办理卸货与接收手续；

③ 向收货人发出通知；

④ 根据提单签发提货单。

对进口箱的盘存管理，在集装箱船舶的营运中，占有十分重要的地位。如果箱子在港口或内陆腹地停留时间过长，不仅会引起集装箱需求量的增加，而且会造成集装箱搬运费用和堆场费用的增加。所以，掌握集装箱在内陆腹地的信息，对加快集装箱周转，提高集装箱运输的营运效果，有着直接的影响。

（5）监管放行信息

集装箱运输部门通过集装箱电子标签系统实时记录集装箱运输中的箱、货、物流信息，以及相关的安全信息并向海关报送，大大减少了箱货在港停留时间，提高了运输效率。海关查验时通过手持数据采集终端（PDA）授权对电子标签进行合法开启，检查完毕后再挂上电子标签，并在标签中记录；海关在放行时会及时把数据反馈给集装箱运输部门。

（6）银行、保险信息

必要时，理货公司要向保险公司提供溢卸、短卸及船期信息以核查保险金额。运输部门与银行之间存在着到款、付款、结汇等信息传递。

本章小结

现代国际货代业务以集装箱运输为重要内容，本章集中介绍了国际集装箱操作的主要业务。货代从业人员对集装箱规格的各种标准要十分了解，集装箱的调度离不开控箱人和箱管业务。集装箱交接过程中的验箱可以确保放箱人和用箱人的利益不受损害。在集装箱流转过程中，有关部门有时也会对箱内货物检查。了解集装箱在码头和场站的堆存方式有助于货代从业人员对集装箱实体流转情况的理解，集装箱流转的信息见诸货代业务单证和电脑管理系统，对各环节的操作和决策有着重要的参考作用。

思考题

一、选择题

1. 下列（　　）属于国际货代企业的经营范围。

A. 国际展品运输代理　　B. 国际多式联运

C. 私人信函快递业务　　D. 报关

2. 经常用航空快递的方式运输的货物有（　　）。

A. 投标书　　B. 合同

C. 海鲜　　D. 提单

3. 以下（　　）是世界性的快递公司。

A. TNT　　B. UPS

C. DHL　　D. FedEx

4. 如果运输的快件目的地海关对货物有特殊规定，应采用的运输方式是（　　）。

A. 专人派送　　B. 门到机场

C. 机场到机场　　D. 门到门

5. 下列属于集装箱出口货运特有单证的是（　　）。

A. 交货记录　　B. 场站收据

C. 设备交接单　　D. 装箱单

二、判断题

1. 国际多式联运所运输货物必须是集装箱货物，不可以是一般的散杂货。（　　）

2. 集装箱是航空货运中唯一的集装设备。(　　)
3. 海上运输的集装箱卸港后，由汽车运往内陆的集装箱场站，这种海陆联运的形式属于国际多式联运范畴。(　　)
4. 每家航空公司都可以使用其他航空公司的同等型号的集装箱。(　　)

第9章 国际运输工具装卸载

关键术语

集装箱配箱　预配舱单　装载舱单　原始舱单　积载图　理货
提货单保函　电放

学习目标

- 了解国际货运进出境口岸；
- 熟悉运输工具的配载与卸载；
- 熟悉国际货运理货业务；
- 掌握集装箱装配箱方法。

国际货运代理企业的船务人员（Shipping Staff）负责配、卸载作业，配合海关监装、监卸和监管转运，海关人员不在场时，如发现问题，应及时报告。船务人员要核对托运单、出装货单，在截关时间前催客户按时还箱、报关、交放行条，注意货物与码头、驳船与大船的衔接，开船后要告知客户，并通知客户提供提单补料，安排出提单。空运的节奏比海运快，从订舱到入货、报关、发送随机文件、为国外发预告，这整套流程往往在一天或两天内就要完成，流程推进速度是海运的3倍左右，操作及配载往往是合为一体的。

9.1 进出境口岸

9.1.1 海港码头

码头是供船舶停靠、装卸货物和上下旅客用的水工建筑物。广义的码头还包括同码头配套的仓库、堆场、候船厅、装卸设备和铁路、道路等。码头是港口最重要的组成部分。

货运码头按用途分为普通件杂货码头和专业码头。普通件杂货码头供装卸各种件杂货用，配备的装卸机械有较大的通用性。专业码头配备有高效能的专用机械设备，用以装卸运量大、货流量稳定的散货和液体。专业码头按货种分，又可分为石油码头、煤码头、矿石码头等。20 世纪中期以来，随着水路集装箱运输的发展而建造的集装箱码头（Container Terminal）也是一种专用码头。随着技术的进步，越来越多的国家开始建设自动化码头，使用自动导引运输车（AGV）及自动路径规划系统实现集装箱从船到堆场的无人工作业。

码头按平面轮廓可分为顺岸码头、突堤式码头、墩式码头、岛式码头和系船浮筒 5 类。

（1）顺岸码头（Quay）：也称横码头或贴岸码头，其码头前沿线与陆域岸线平行，具有陆域宽广、船舶停靠方便、对水流和泥沙的影响较小等优点。

（2）突堤式码头（Pier，Jetty）：由陆岸向水域中伸出的码头。突堤两侧和端部均可系靠船舶，具有布置紧凑、管理集中的优点。

（3）墩式码头（Dolphin Wharf）：在水域中建立若干个独立的墩台，作为船舶系靠之用。主要用于装卸石油、散装谷物、煤和矿石等。

（4）岛式码头、建在外海深水处，码头与岸不相连接，一般供大型油轮停靠，通过海底管道装卸石油。

（5）系船浮筒（Buoys）：供船舶系泊和进行水上作业。系泊方式分为单点系泊和多点系泊。主要供大型油船系泊和装卸石油。

Dock 原来指船坞或船坞式码头，在美语中也是码头的泛称，如码头收据的英文是“Dock Receipt”。码头前沿（Quayside/Apron）通常有泊位（Berth），码头的管理者是港务公司（Stevedoring Company）或集装箱公司（Container Terminal Operator）。美国全国对外贸易协会《美国对外贸易定义》（1941 年修正本）有个贸易术语是目的港码头交货［Ex Dock（named port of importation）］，主要应用于美国的进口贸易方面。它有多种式样，如“Ex Pier，Ex Wharf，Ex Quay”等。

在国际货运中要特别注意，不同国家可能有相同的港名，也要注意同一国家的一个港口有不同的港区，如新德里（New Delhi）有 T 港和 P 港之分，马尼拉（Manila）有南港（South Port）和北港（North Port）之分。

相关链接

广州港分为内港港区、黄埔港区（如图9-1所示）、新沙港区、南沙港区和珠江口水域，与国际货运有关的码头主要有以下几个。

（1）黄埔旧港（老港）：大码头、乌冲口、乌冲/外运码头、嘉利、永业、建翔、集通、庙沙围、文冲。

（2）黄埔新港：市港澳、集司、全通、穗港、东江口（或称东江仓码）、广保通、物资仓、外运仓。

（3）新沙港区的麻冲和广州集装箱码头有限公司（GCT）新沙码头。

（4）南沙旧港：东发、南伟（货主码头）和南沙新港。

（5）圣沙码头、新风码头、石井窖心码头、花都码头、番禺莲花山港等。

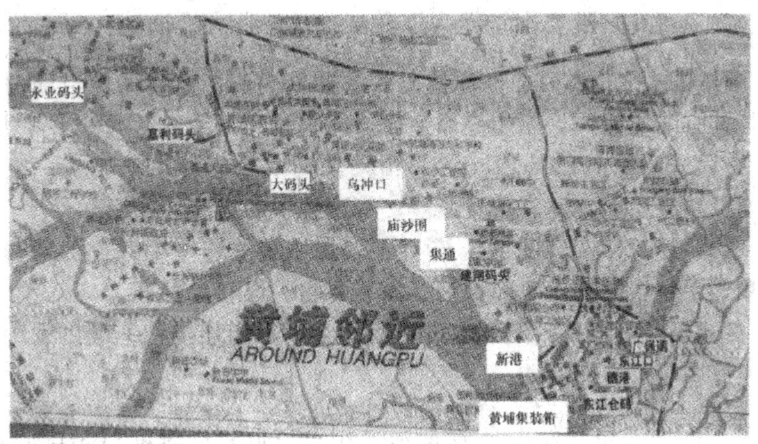

图9-1 黄埔港区

9.1.2 陆港及空港

1. 国际陆港

国际陆港是位于内陆经济中心城市的铁路、公路交会处，是依照有关国际运输法规、条约和惯例设立的对外开放的国际商港，是沿海港口在内陆经济中心城市的支线港口和现代物流的操作平台，为内陆地区经济发展提供方便、快捷的国际港口服务，是具有国家二类口岸功能的内陆无水港口。陆港地处交通枢纽，能够充分实现公路、铁路、海运和空运之间的多式联运，具有内陆口岸功能，各类货物集散、中转、仓储、分拨、配送等物流功能，国际集装箱多式联运功能和管理信息系统应用功能。

（1）陆港的运作模式（以西安的陆港为例）

1）传统型：海港—海港。贸易合同价格条款是“FOB Shanghai”，外运提单上的装运港为上海港，目的港为悉尼港，在上海完成外运交货。西安的口岸是外贸货物运往沿海港口的中转站。

2）过渡型：港务区—海港。贸易合同价格条款是“FOB Shanghai”，外运提单上的装运港为上海港西安港务区，目的港为悉尼港，在西安完成外运交货。西安的口岸成了上海港的一个装卸作业区，只是比阳山、外高桥装卸作业区远一点，将国际运输机制引入了西安，符合国际贸易、运输惯例，西安可直接与世界各国港口进行多边运输作业。以沿海港口的名义对外运输，易于操作，适宜陆海运输，不适宜陆路运输。

3）发展型：陆港—海港。贸易合同价格条款是“FOB Xi’an”，外运提单上的装运港为西安陆港，中转港为上海港，目的港为悉尼港。西安的口岸成了独立的支线港口，直接与世界各国港口进行多边运输。其名正言顺，是发展方向，但是操作较难，适宜国际贸易较为发达的内陆经济中心城市。

4）新亚欧大陆桥运输方式：陆港—莫斯科陆港。贸易合同价格条款是“FOB Xi’an”，外运提单上的装运港为西安陆港，目的港为莫斯科陆港。将国际运输机制引入新亚欧大陆桥陆地国际运输，符合国际贸易、运输惯例，适合沿桥各国之间多边运输，为陆桥国际运输提供了操作条件。

（2）中国国际陆港发展的思路

1）以集装箱内陆转运点为基础建立国际陆港。集装箱内陆转运点是内陆至沿海港口中转运输的主要承担者，运能较强、运价较低，但是国际货物运输和国际集装箱运输业务管理水平相对较低；沿海港口是国际运输的基础，其国际货物运输和国际集装箱运输业务管理水平都很高，在国际海洋运输中起关键的衔接作用，它的内陆运输能力十分有限。以集装箱内陆转运点为基础建立国际陆港，由港口业务人员负责管理是陆港运营的最佳方式。

2）国际陆港建设。国际陆港像沿海港口一样也是由硬件系统、软件系统和生产配套服务系统组成，不同之处有：一是增加了国际陆地运输的长度；二是没有成熟的陆港软件系统可以应用；三是陆港生产配套服务系统组合模式有待重新协商、形成合理组合。建设陆港在操作上与其说是创新，不如说是“模仿”，是仿照海港建设硬件、研究开发软件、积极协商配套服务的组合模式。

3）协商解决陆港生产配套服务系统。海关查验、边境检查、卫生检疫、结汇银行、船运代理、沿海港口、铁路火车站、公路物流园区、信息服务等构成了港口的生产配套服务系统，这些单位与陆港合作工作等问题也有待研究确定。

4）“人、财、物”的配套。在建设陆港过程中，根据工作任务的性质必须配以合适的人员，提供必要的资金和可以开发的土地。在人员配备上，以地方的经验型管理人员为主；研究开发陆港软件系统，以全国大专院校的航运、金融、保险、立法等学习型研究人员为主，争取得到国际相关机构的支持；协商配套服务系统，以地方的高级行政管理者为主，中华人民共和国国家发展和改革委员会、中华人民共和国商务部、中华人民共和国海关总署、中华人民共和国交通运输部等国家有关部委、协会给予支持。政府设立专项资金，支持陆港开发。国家给予陆港建设合理的用地指标。

国际陆港作为物流建设的一个新的方向，无疑将给内陆城市发展物流业带来强劲的动力，但作为新生力军，其进一步发展壮大离不开相关政策的扶持。

2. 国际空港

空港通常是由空港物流区、空港商务区和流通加工业基地配合形成的，其核心部分是空港物流区。衡量空港集散枢纽规模的指标是：年客运能力、年货邮吞吐量、货物中转率、国际货邮比例。

空港物流区是可提供货物收运、装卸、站坪服务、仓储、报关和海关监管仓库及营业用房出租等一体化物流服务的货运站。货运站可以处理普通货物和冷冻、冷藏、保鲜、贵重物品、动物及中国民用航空局航空运输规定允许承运的9类危险品。空港建设包括海关等功能的机场一站式大通关设施（海关一级监管库、二级监管库、保税库、快件监管库、出口拼装库区）、一级货站枢纽（配载站台、集装箱堆场、货运交易市场、信息中心、立体仓库、标准化仓库、管理办公楼等）。其主要功能是集货、转运、仓储、分拣配货、配载、流通加工和生产线配送等，为工业、销售企业服务，是货物集散地、货运交易中心和配货配载中心。

空港物流区按照空运货物的特点和规律简化通关流程，缩短通关时间，降低通关成本，通过信息化手段，对人员、货物、交通工具进出境通关过程中的单证流、货物流、资金流和信息流进行科学整合，使之合理、规范、畅通。海关通过包括“24小时通关”“空中报关”“卡车航班”“空陆联运”等服务措施支持空港全面提升运作效能。在海关集中监管库区实现了信息化一站式监管模式。企业通过企业端软件提前向海关办理报关手续，经空港出境的货物，实施检验检疫的货物，企业应在报关前向产地/组货地海关提出申请。海关实施检验检疫监管后建立电子底账，向企业反馈电子底账数据号，符合要求的按规定签发检验检疫证书。企业报关时应填写电子底账数据号，办理出口通关手续。

空港物流区重点吸引航空物流企业：航空货运公司、国际货代公司、快件运输公司、监管（保税）库经营等企业。重点吸引采用现代物流技术及在空港物流区进行跨区域结算的总部型第三方物流企业。对于空港物流区建设和招商引资，政府有关部门应研究出台相应税费优惠政策，就建设费用和入驻企业税收进行减免。空港商务区作为空港物流区的配套区域，建有酒店、写字楼、银行、工商、税务、海关、餐饮等服务设施，是机场的商务核心区，该区域重点吸引国内外航空公司，快运、物流等企业设立总部。

空港发展要依靠紧邻的现代流通加工业基地，尤其是高新技术企业。以机场为核心的空港经济区是带动具有高附加值的现代制造业、电子信息、生物制药等高新技术产业和现代服务业发展的“增长极”，包括空港物流、先进制造业、高新技术产业、航空产业以及相关服务业在内的产业集群将会有较大发展。同时，要配套完善商务服务以及居住生活设施，促进周边地区的产业结构调整，优化生态环境，把空港经济区建设成高档的城市新区。

相关链接

广州的空港经济

拥有世界上密集度较高的工业基地和巨大的货源生成量的珠三角是广州的广阔腹地，而广州又是中国最重要的对外贸易窗口，巨大的货流量和便利的贸易口岸条件为空港物流发展提供了最基本的要素。空港投入运营后，航空运输、制造、民航综合服务等产业链初步形成，机场周边地区向与空港经济相关的产业集群发展，培育了汽车、电子、皮革皮具、金银珠宝等加工制造支柱产业。广州白云国际机场就在和菲律宾的竞争中利用优惠政策引来联邦快递亚太转运中心落户，联邦快递带来的每年净增国际货量达到60万吨~80万吨。在联邦快递亚太转运中心的带动下，大批仓储物流项目落户在此，使空港物流业配套集聚。为机场及各大航空公司配套的航空服务业也已形成一定规模，大型地产项目、酒店、航空公司总部已经纷纷落户。空港地区已有的产业布局和合理规划，为空港产业集群的形成奠定了坚实的基础。

空港经济作为一个新兴经济产业形态，日益引起人们的关注。空港经济是指依托机场优势以及机场对周边地区产生的直接或间接的经济影响，促使资本、技术、人力等生产要素在机场周边集聚的一种新型经济形态。它是区域经济增长的“发动机”。据有关资料统计，美国芝加哥机场每年为周边地区提供33.9万个就业机会，带来130.5亿美元的经济收入，而洛杉矶机场每年创造的经济效益达到150亿美元。美国孟菲斯机场、法国戴高乐机场和荷兰阿姆斯特丹机场等世界著名机场已成为全球化时代发展空港经济、带动区域经济社会发展的范例。机场的独特优势也使周边地区成为吸引跨国公司落户的“强磁场”。德国慕尼黑机场附近31%的公司表示，机场是让他们做出投资区域选择的最重要因素，爱尔兰93%的顶级公司选择都柏林机场作为商务旅行的出发地。中国许多城市和地区有依托机场资源发展经济的成功经验。这些表明空港经济已成为区域经济新的增长点。进入21世纪以来，伴随着以信息科技为代表的新科技革命浪潮，经济的发展进一步超越时空限制，追求时间价值已成为经济发展、企业竞争的一大准则，空港经济更是凸显了其重要性。

北京首都国际机场、上海浦东国际机场、广州白云国际机场是按照航空中枢理念设计和建造的国家三大枢纽机场。它们占据着国内、国际的区位优势，拥有密集的航线网络，是世界航空网络的重要节点，是集公路、铁路、地铁、轻轨、高铁等多种交通工具为一体的交通中心和换乘枢纽。机场周围密集的公路网、铁路、港口以及地铁等使得机场附近地区的人流、物流移动更加便捷，人才流、物资流、资金流和信息流的交汇聚集衍生了巨大的经济发展商机。

9.2　集装箱装配箱

第8章谈到了集装箱装箱方式和装箱的轻重货搭配问题。对集装箱合理地进行搭配装载，提高了集装箱的装载率，减少了集装箱的使用量，无论对承运人还是货主都是十分有利的。集装箱的合理配载就是要充分利用其容积和载重，轻、重货物搭配，以达到满舱满载的目的，但是必须注意混装在一起的货物不能因串味、化学反应或碰撞等引起货损。本节重点是装箱时的配载容积的利用率。

最大限度地利用集装箱的本质就是在一个集装箱内尽可能填充体积数最多的货物以缴纳尽可能少的运费。一个集装箱的容积是1 170立方英尺并不意味着能装1 170立方英尺的货，载货量受制于货类及包装类型和尺寸。通常装载的货物体积数越多，集装箱单位体积运费越低。要想通过多次试装来使总体积数尽可能接近集装箱容积，试装的时间和劳动力成本通常高于多装体积数所节省的运费。另外，有时我们以为能够装下的一批货物可能因集装箱剩余的空间与货物包装不符而无法全部装入。因此，我们要在装箱之前进行科学的估算。

9. 2. 1　装载量的掌握

集装箱的尺寸决定其载货容积，但外部尺寸一样的集装箱可能内部尺寸并非一模一样的。我们要获取的参数是集装箱的内部尺寸。建议装载体积数比集装箱容积小10% ~15%。图9-2为20英尺×8英尺的6英寸集装箱截面，假设内装20英寸统一高度的纸箱，长度和宽度比高度长。按内部尺寸（19. 35英尺×7. 71英尺×7. 84英尺）计算出来的集装箱容积为1 170立方英尺，货物堆高4层后剩下14英寸高的空当，合计170立方英尺左右的空间，如果我们的货物还没装完，则无法把20英寸高的纸箱塞进只有14英寸高的空当。170立方英尺的空间为亏箱。

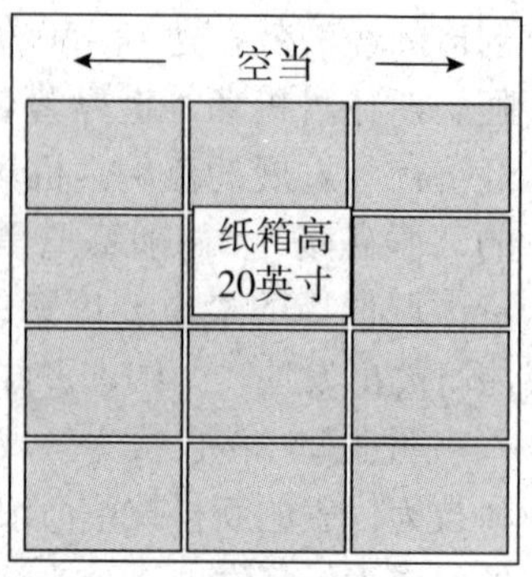

图9-2　20英尺×8英尺的6英寸集装箱截面

9. 2. 2　装箱方案的选择

1. 运输包装为纸箱、木箱或袋装

货物总重量及总体积数将影响订单所需的集装箱尺寸及数量。

示　例

进口商订购了1 500箱某产品。每箱毛重为10. 5千克，长宽高为1. 5英尺×1英尺×1英尺。该产品要求其装箱时朝上放置。

这批货总体积为1. 5英尺×1英尺×1英尺×1 500 =2 250立方英尺，一个20英尺集装箱的容积约为1 170立方英尺，一个40英尺集装箱的容积约为2 385立方英尺。由此来看，这批货只能选择两个20英尺集装箱或一个40英尺标准集装箱。其实这是错误的。我们被数据误导了，没有考虑无法使用的集装箱空间。

以下根据通用集装箱和包装数据，对该产品的一些可能装箱方式及一个集装箱能装载的总箱数进行分析。

假设有3种装箱方式：

（A）所有纸箱的长同集装箱的侧面（长）平行。

（B）所有纸箱的长同集装箱的正面（宽）平行。

（C）方式（A）和（B）在正面交替排列。

装箱方案如表9-1所示。

表 9-1 装箱方案

	6英寸标准集装箱 20英尺×8英尺		6英寸标准集装箱 40英尺×8英尺		6英寸超高集装箱 40英尺×9英尺	
	方式（A）	方式（B）	方式（A）	方式（B）	方式（A）	方式（B）
长（行）	12	19	26	39	26	39
宽（列）	7	5	7	5	7	5
高（层）	7	7	7	7	8	8
合计（箱）	588	665	1 274	1 365	1 456	1 560
体积（立方英尺）	882	997.5	1 911	2 047.5	2 184	2 340
方式（C）	= CA + CB		= CA + CB		= CA + CB	
长（行）	12	19	26	39	26	39
宽（列）	3	3	3	3	3	3
高（层）	7	7	7	7	8	8
分计（箱）	252	399	546	819	624	936
合计（箱）	651		1 365		1 560	
体积（立方英尺）	976.5		2 047.5		2 340	

注：6英寸集装箱20英尺×8英尺内部尺寸为5 898毫米×2 350毫米×2 390毫米；6英寸集装箱40英尺×8英尺内部尺寸为12 032毫米×2 350毫米×2 390毫米；6英寸集装箱40英尺×9英尺内部尺寸为12 032毫米×2 350毫米×2 690毫米。

结论：很显然无法把1 500个纸箱放到两个20英尺标准集装箱或一个40英尺标准集装箱中。

解决方法一是：如果没有超高集装箱，则要求进口商下调订单到1 365箱（2 047.5立方英尺）以装满一个40英尺标准箱。

解决方法二是：向一些具有超高集装箱的船务公司订一个40英尺超高集装箱。

然而，不是所有船务公司或航线都有超高集装箱，而且还要注意在一些国家和地区的隧道和地下通道有运输工具的法定限高，同时超高集装箱的整箱运输费率比标准集装箱的运输费率高。

2. 运输包装为托盘和大木筐

表9-2列出的是一个标准干货集装箱可以装载的托盘数，假设每个托盘的货物垛高为4.6英尺，且托盘自高约为6英寸（即每个载货托盘高约为5英尺）。

从表9-2中可以看出，集装箱在装托盘货物时会留下大量的剩余空间。特别是托盘货物为轻货时，集装箱的单位体积运费很高。鉴于托盘的动态和静态载重变化很大，出于安全考虑，托盘的载重限制在 1 000 千克以内。

表 9-2　集装箱中托盘数与体积、重量的关系

托盘名义尺码		托盘数		托盘数合计	总体积（立方英尺）	托盘可装载毛重（千克）	
		长（行）	宽（列）				
6 英寸标准集装箱 20 英尺 ×8 英尺							
45 英寸 ×53 英寸	●	4	2	8	663	2 188	方式（A）
45 英寸 ×45 英寸	●	5	2	10	703	1 750	
44 英寸 ×52 英寸		4	2	8	636	2 188	
44 英寸 ×44 英寸		5	2	10	672	1 750	
41 英寸 ×49 英寸	●	4	2	8	558	2 188	
40 英寸 ×48 英寸	●	4	2	8	533	2 188	
40 英寸 ×40 英寸		5	2	10	556	1 750	
36 英寸 ×45 英寸		6	2	12	675	1 458	方式（B）
36 英寸 ×36 英寸		6	2	12	540	1 458	
35 英寸 ×44 英寸		6	2	12	642	1 458	
34 英寸 ×45 英寸		6	2	12	638	1 458	
33 英寸 ×44 英寸		7	2	14	706	1 250	
6 英寸标准集装箱 40 英尺 ×8 英尺							
45 英寸 ×53 英寸	●	8	2	16	1 325	1 500	方式（A）
45 英寸 ×45 英寸	●	10	2	20	1 406	1 200	
44 英寸 ×52 英寸		9	2	18	1 430	1 333	
44 英寸 ×44 英寸		10	2	20	1 344	1 200	
41 英寸 ×49 英寸	●	9	2	18	1 256	1 333	
40 英寸 ×48 英寸	●	9	2	18	1 200	1 333	
40 英寸 ×40 英寸		11	2	22	1 222	1 091	
36 英寸 ×45 英寸		13	2	26	1 463	923	方式（B）
36 英寸 ×36 英寸		13	2	26	1 170	923	
35 英寸 ×44 英寸		13	2	26	1 390	923	
34 英寸 ×45 英寸		13	2	26	1 381	923	
33 英寸 ×44 英寸		14	2	28	1 412	857	

注：●指在出口货运中最常用的托盘尺寸。

9.2.3 有效装箱

1. 运输包装为纸箱、木箱或袋装

货物运输包装按集装箱内部尺寸来设计有利于高效装箱。下面列出有规则形状的货物包装（如纸箱）的6种装箱可能，允许最多包装数或最高包装倍数的装箱组合就是最有效的装箱方法。

(1) $A/\!/D$、$B/\!/W$、$C/\!/H$；

(2) $A/\!/D$、$B/\!/H$、$C/\!/W$；

(3) $A/\!/H$、$B/\!/W$、$C/\!/D$；

(4) $A/\!/W$、$B/\!/D$、$C/\!/H$；

(5) $A/\!/H$、$B/\!/D$、$C/\!/W$；

(6) $A/\!/W$、$B/\!/H$、$C/\!/D$。

其中，“//”意为平行；“A”代表纸箱外部长度；“B”代表纸箱外部宽度；“C”代表纸箱外部高度；“D”代表集装箱内部长度；“W”代表集装箱内部宽度；“H”代表集装箱内部高度。各部分的示意如图9-3所示。

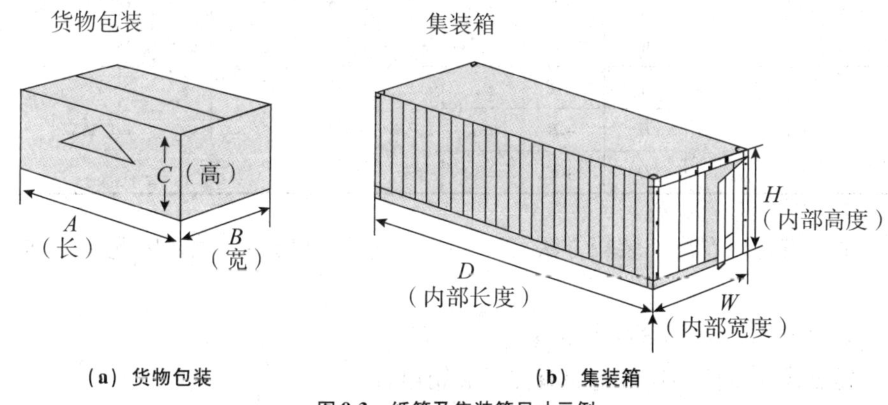

图9-3 纸箱及集装箱尺寸示例

在210页的示例中，装箱方式（A）就是上述的装箱方法（1）；装箱方式（B）就是上述的装箱方法（4）；装箱方式（C）就是上述的装箱方法（1）和（4）的组合。该产品要求朝上装箱，所以其他装箱方法不能用，会损坏产品。假如示例中产品装箱没有朝向要求，根据纸箱的外部尺寸 $A=18$ 英寸、$B=12$ 英寸、$C=12$ 英寸，40英尺集装箱的内部尺寸 $D=473.76$ 英寸、$W=92.52$ 英寸、$H=94.08$ 英寸，可以算出装入一个40英尺×8.5英尺标准干货箱的该产品外箱的不同倍数，如表9-3所示。

表 9-3　不同装箱方法所能装载的最多纸箱数

装箱方法	纸箱倍数			能装载的最多纸箱数	
（1）	*D*	÷*A*	=26	26×7×7	=1 274
	W	÷*B*	=7		
	H	÷*C*	=7		
（2）	*D*	÷*A*	=26	26×7×7	=1 274
	H	÷*B*	=7		
	W	÷*C*	=7		
（3）	*H*	÷*A*	=5	5×7×39	=1 365
	W	÷*B*	=7		
	D	÷*C*	=39		
（4）	*W*	÷*A*	=5	5×39×7	=1 365
	D	÷*B*	=39		
	H	÷*C*	=7		
（5）	*H*	÷*A*	=5	5×39×7	=1 365
	D	÷*B*	=39		
	W	÷*C*	=7		
（6）	*W*	÷*A*	=5	5×7×39	=1 365
	H	÷*B*	=7		
	D	÷*C*	=39		

由上表可以看出，装箱方法（3）~（6）拥有最多箱数，因此是最佳装箱方式。

2. 运输包装为托盘和大木筐

托盘或大木筐的运输包装有如下装箱组合：

（1）*Y*//*D*、*Z*//*W*；

（2）*Y*//*W*、*Z*//*D*。

其中，“//”意为平行；“*Y*”代表托盘侧面边；“*Z*”代表托盘侧面。

我们从表 9-4 可以看出，托盘装箱方法（2）中 *Y* 和 *W* 平行，比用托盘的另一边更合理。如果托运人用了如图 9-4 的 45 英寸×53 英寸托盘，叉车司机要在集装箱内把托盘转 90°以便使 *Y* 边平行于 *W* 边，这显然要浪费不少时间，有违成组化快速装卸的初衷。叉车在集装箱内的机动性会降低。这样的托盘叉起 *Y* 侧时使用托盘的基板（如托盘的底部），叉起 *Z* 侧时使用叉车叉口（用于插入叉车的车叉或齿），所以叉起 *Z* 侧有损害集装箱和仓库地板的风险。

同时在目的地掏箱时的便利性和安全性也应该考虑在内。所以，图 9-4 中 45 英寸 ×53英寸的托盘的叉车叉口位置不合理，该尺寸的两路双面托盘的叉车叉口一定要在 Y 侧，而非如图 9-4 所示的 Z 侧。

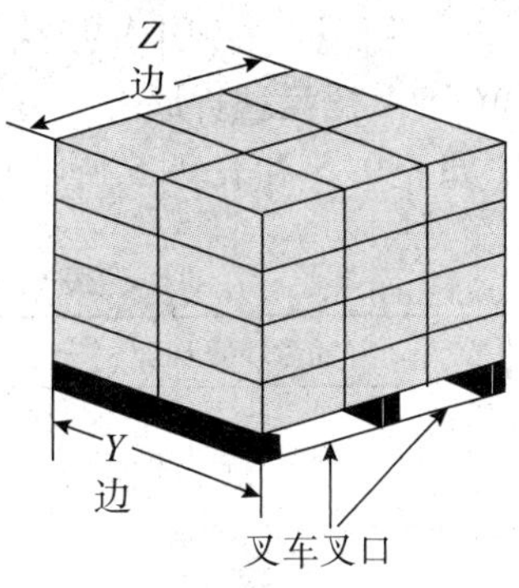

图 9-4　海运托盘

集装箱内托盘理货形态 L、M 和 N 的顶视图如图 9-5 所示。

假设托盘尺寸为 45 英寸 ×53 英寸和 45 英寸 ×45 英寸，装货后的每个托盘总高为 60 英寸，可以算出装入一个 40 英尺 ×8 英尺 6 英寸标准干货箱托盘不同倍数，如表 9-4 所示。

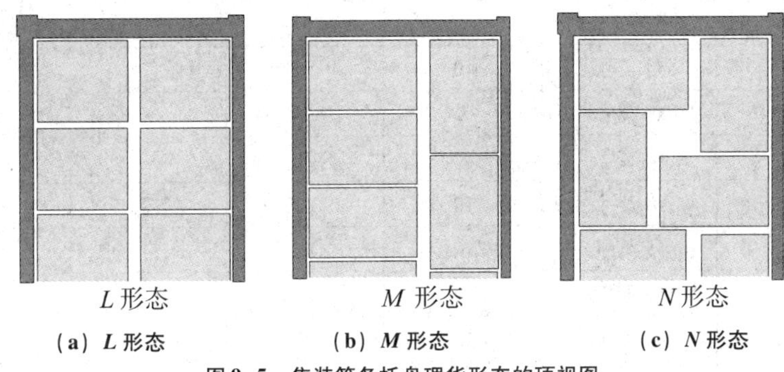

（a）L 形态　（b）M 形态　（c）N 形态

图 9-5　集装箱各托盘理货形态的顶视图

表 9-4　装箱方式与可装入托盘数的关系（L 形态）

托盘尺寸		装箱方法	托盘倍数			托盘总数	
Y 边	Z 边						
45 英寸	53 英寸	（1）	D	÷Y	=10	10×1	=10
			W	÷Z	=1		
45 英寸	53 英寸	（2）●	W	÷Y	=2	2×8	=16
			D	÷Z	=8		
45 英寸	45 英寸	（1）●	D	÷Y	=10	10×2	=20
			W	÷Z	=2		
45 英寸	45 英寸	（2）●	W	÷Y	=2	2×10	=20
			D	÷Z	=10		

注：●指按给定托盘尺寸计算的具有较高托盘数的装箱方式，这些是有效的装箱方式。

我们进一步引入更多尺寸的托盘，结合以上（1）和（2）装箱方式和 *L*、*M* 和 *N* 托盘理货形态，可算出一个 20 英尺和 40 英尺标准干货箱可装托盘数（如表 9-5 和表 9-6 所示）。

表 9-5　20 英尺集装箱可装托盘数（个）

托盘理货形态		*L*	*L*	*M*	*N*
托盘装箱方式		（A）	（B）	（A）（B）两种方式结合	（A）（B）两种方式结合
托盘尺寸		总托盘数	总托盘数	总托盘数	总托盘数
Y 边	*Z* 边				
45 英寸	53 英寸	8	5	□	□
45 英寸	45 英寸	10	10	□	□
44 英寸	52 英寸	8	5	□	□
44 英寸	44 英寸	10	10	□	□
41 英寸	49 英寸	8	5	9	10
40 英寸	48 英寸	8	5	9	10
40 英寸	40 英寸	10	10	□	□
36 英寸	45 英寸	10	12	11	10
36 英寸	36 英寸	12	12	□	□
35 英寸	44 英寸	10	12	11	10
34 英寸	45 英寸	10	12	11	10
33 英寸	44 英寸	10	14	12	12

表 9-6　40 英尺集装箱可装托盘数（个）

托盘理货形态		*L*	*L*	*M*	*N*
托盘装箱方式		（A）	（B）	（A）（B）两种方式结合	（A）（B）两种方式结合
托盘尺寸		总托盘数	总托盘数	总托盘数	总托盘数
Y 边	*Z* 边				
45 英寸	53 英寸	16	10	□	□
45 英寸	45 英寸	20	20	□	□
44 英寸	52 英寸	18	10	□	□
44 英寸	44 英寸	20	20	□	□
41 英寸	49 英寸	18	11	20	20

（续表）

托盘理货形态		L	L	M	N
托盘装箱方式		（A）	（B）	（A）（B）两种方式结合	（A）（B）两种方式结合
托盘尺寸		总托盘数	总托盘数	总托盘数	总托盘数
Y边	Z边				
40英寸	48英寸	18	11	20	20
40英寸	40英寸	22	22	□	□
36英寸	45英寸	20	26	23	22
36英寸	36英寸	26	26	□	□
35英寸	44英寸	20	26	23	22
34英寸	45英寸	20	26	23	22
33英寸	44英寸	20	28	24	24

注：“□”表示该理货形态因托盘的大尺寸或等边而不实用或不必要。地板利用率是根据一个集装箱所能装的既定托盘尺寸、理货形态和托盘配箱方式组合得到的最高托盘数计算的。

理货业务相关内容请扫描二维码9-1查看：

二维码9-1 理货业务

9.3 远程运输工具的装卸

9.3.1 预配舱单与预配图

1. 制作并申报预配舱单

进出境运输工具负责人、无船承运业务经营人、货运代理企业、船舶代理企业、邮政企业以及快件经营人等舱单电子数据传输义务人（舱单传输人）在办理货物、物品申报手续以前，根据电子订舱数据或装货单船代留底联制作预配舱单①（Pre-Load Sheet）向海关发送主要数据，海关以接受预配舱单

① 进出境运输工具舱单（简称舱单）是指反映进出境运输工具所载货物、物品及旅客信息的载体，包括原始舱单、预配舱单、装（乘）载舱单。倾向装载情况用 Load Sheet，倾向装载捆绑平衡和重量用 Weight&Balance Sheet，倾向物品的名称用 Manifest，M/F。

主要数据传输的时间为出口舱单电子数据传输的时间。海关接受预配舱单主要数据传输后，舱单传输人应当在下列时限向海关传输预配舱单其他数据：

（1）集装箱船舶装船的24小时以前，非集装箱船舶在开始装载货物、物品的2小时以前；

（2）航空器在开始装载货物、物品的4小时以前；

（3）铁路列车在开始装载货物、物品的2小时以前；

（4）公路车辆在开始装载货物、物品的1小时以前。

预配舱单是指反映出境运输工具预计装载货物、物品或者乘载旅客信息的舱单。如果需修改预配舱单数据，可以在电子订舱中，发送电子更改请求，并注明“预配舱单数据”。预配舱单也称装货清单（Loading List，L/L），海运时也称船运单、装船清单，即全船待装货物或集装箱按目的港和货物性质归类，依航次、靠港顺序排列编制的装货单汇总清单，船代报关完送船公司及理货公司、装卸公司。预配舱单既是船上大副编制配载计划的主要依据，也是供现场理货人员进行理货，港方安排驳运，进出库场以及承运人掌握托运人备货情况的业务单据。装货清单的编制以截单日为界，在截单日之后加载或取消的装货单要另列加载清单（Additional Cargo List）和取消货载清单（Cancelled Cargo List）。

“预配舱单”申报模式是指船代公司依据货代提供的订舱信息生成预配舱单数据，并向海关提前发送；与此同时，托运人用装货单向海关申报，海关在企业报关时验核报关单对应的预配舱单数据，无误后办理相关通关手续。出境货物、物品运抵海关监管场所时，海关监管场所经营人应当以电子数据方式向海关提交运抵报告。运抵报告提交后，海关即可办理货物、物品的查验、放行手续。

报关单经海关放行后，海运承运人或其船代通过国际贸易单一窗口舱单申报模块录入船舶动态信息、船员信息、船舶证书信息、货物信息等数据并上传船舶及船员证书证书关键页扫描件。海关和相关监管部门的放行信息由单一窗口反馈给承运人或船代，承运人或船代安排理货员装船。

2. 海关验核

海关启动预配舱单管理之后，在报关单录入环节，系统将自动检索由船舶代理公司、拼箱公司提前向海关传送的预配舱单系统数据库中是否有与录入的报关单中船名、航次、提单号对应的舱单数据，核对一致后，系统将马上接受报关。

该项措施实施后，杜绝了以往因报关单数据更改而延误通关的现象，直接提高出口通关效率，加快结关速度，实现出口单据“一次发送、一次审结、一次结关”。新措施的实施还提高了船公司配载质量，改变了以往一些货代公司将一单货向多个船公司订舱而导致的集装箱班轮舱位信息不准确以及舱位闲置或爆满等问题。新措施的实施还加快了退税速度，改变了以往由于舱单和报关单数据不符导致部分出口报关单无法及时结关，退税速度因此延缓的问题。新模式也避免了部分企业逃避海关监管的行为，以往一些货代公司将一单货向多个现场海关申报以逃避海关查验，新模式要求预配舱单和报关单相互核对，确保了报关单和出口货物一一对应。

国际货运代理企业在船开前6天开始向海关发送预配舱单，第一次将整船当前订舱信息全部发送给海关，其后系统将定时（大约每小时）向海关更新预配舱单信息（包括新接受的订舱与被确认的电子更改），直至截关日上午。

3. 制作预配图

预配图的制作工作是由国际货运代理企业的船务部或船务代理、码头公司的单证部来完成的。海上承运人或其代理人根据装货清单、待装集装箱的流向及堆场积载计划编制集装箱预配图（Pre-stowage Plan）。

集装箱进入港区集装箱堆场后，码头装卸公司收到海上承运人的集装箱预配图，按照预配图的要求，根据实际集装箱进箱量及在码头的堆放情况和装船顺序编制集装箱实配图（Load Plan）。这个实配图又称装船计划、走船计划、船舶配载图、货物配载图、计划受载图、货物积载计划、配载计划。如果中途靠港，船上已装有集装箱，就应将有关资料电告船上配载，等回电后据以编制。

配载图是由集装箱船各排每列和分层的横断构成的。进行配载时，必须达到如下要求：

保证船舶纵断面的强度和船舶的稳定性；保持理想的吃水深度，使船舶取得最好的航行性能，即具有良好的操纵性和快速性；最合理地利用船舶的载重量和舱容；保证集装箱在舱内完整无损及在甲板上的安全；要便于装卸作业；多港装卸时，必须注意对以后靠港的装卸不要造成翻舱风险。

在船舶到港前将待装船的集装箱移至集装箱前方堆场，按顺序堆码于指定的箱位。海关拆验的货物复入箱后，由码头散杂货班理货员立即施封。码头装卸公司在船舶抵港征得船方同意后，即行装船。

9.3.2 远程运输工具的集中装载

1. 进港

港口根据船舶班期，按货物的装船先后顺序向海上承运人或其代理人发出装船通知（Shipping Advice）[①]，海上承运人应及时通知托运人。托运人或

---

① 装船通知也称装船预告（Loading Alert，Loading Advice，Shipping Advice，Shipping Note）通常说的“发Loading”即指发装船通知。

其代理人在收到装船通知后，应于船舶开装前5天开始，将出口集装箱和货物按船舶受载先后顺序运进码头堆场或指定货运站，并于装船前24小时截止进港。进港方式有几种，如汽车、火车、驳船。货拉到码头之后还没上船时，就会产生码头费。码头费也会按运输工具来收，如外拖码头费（空箱从码头拖出到货物产地装箱后重箱回到码头产生的费用）、内装码头费（货主把散货自己运到码头产生的费用）、车卡码头费（火车进码头所产生的费用）、装卸码头费（驳船所产生的费用）。货物进港的同时还要准备单证给报关行做报关等手续。通关完毕，单证传到相应的位置后要对单证进行核对，同时对货物进行配载。

2. 装船

在传统散杂货运输中，国际货运代理企业根据船期，代货主往发货仓库提取货物运进码头，由码头理货公司理货，凭船公司签发的装货单装船。在装船前，理货员代表船方，收集、整理经海关放行货物的装货单和收货单，船舶到港后，港口按照船舶配载图和海关核准的预配舱单，分批接货装船编制记录舱位。装船过程中，托运人委托的货运代理应有人在现场监装，随时掌握装船进度并处理临时发生的问题。装船时，理货员要确保所有上船的集装箱封条已正确且牢固施封。装船时，在装船（Loading）封条与入闸（Gate In）封条同时存在的情况下，由集装箱管理部负责在上船后第二天上午书面通知船公司并同时通知码头单证科。装货完毕，理货员如发现某批货有缺陷或包装不良，要在收货单上批注，并由大副签署，以确定船货双方的责任，理货组长与船方大副共同核对签署收货单，交给托运人并留下装货单。作为托运人，应尽量争取不在收货单上批注以取得清洁提单。装船完毕后，由外轮理货公司编制船舶积载图或称船图、舱图（Stowage Plan，Cargo Plan，S/P）、集装箱积载图（Container Stowage Plan，C/P）。积载图是船方进行货物运输、保管、卸船等工作必要的查阅资料，是卸货部门安排泊位、出舱或进仓、派驳或下驳、调车或搬运，理货人员进行理货的原始资料。

海上承运人与港口的交接由外轮理货公司代表与港口业务员在集装箱装船时于船边交接。在装船过程中发生的残损应认定为工残，由外轮理货公司理货人员填制货物残损单，港口签认。

由上述内容可知，对于普通集装箱的装船，货运代理人没有交接责任。对于危险品集装箱、冷藏集装箱、重大件集装箱以及动植物检疫货物或活动物集装箱的装船，货运代理人要派人亲临装船现场，以便联系处理临时性问题。

3. 制单

船务代理人应于船舶开航前两小时向船方提供提单与场站收据副本、舱单、集装箱装箱单（Container Loading Plan，CLP）、集装箱清单、集装箱积载图、特殊货物集装箱清单、危险货物说明书等完整的随船单证，并于开航后（近洋航线船舶开航后24小时内，远洋航线船舶开航后48小时内）采用传真、电传、邮寄等方式向卸货港或中转港发出必要的有关资料。

集装箱装船后，货运代理人应发货人的委托及时向买方或其代理人发出装船通知，以便对方准备付款、赎单、办理进口货物报关和接货手续。如果合同中的付款方式为CFR或FOB，则便于买方及时办理投保手续。

货物装船完毕后，根据大副收据或提单副本编制的一份按卸货港顺序逐票列明全船实际载运货物的汇总清单称载货清单，亦称装载舱单。通常船公司或其船代为了提高效率，会根据客户做箱点单后传真过来的集装箱装箱单中的件重尺部分或电子装箱数据汇总来制作。实行预配舱单后，对于没有及时提供装箱数据的晚装箱货物，为了不影响整船操作，承运人原则上将直接按照订舱数据制作装载舱单与提单，有的则由码头单证科根据理货记录及海关放行条来编制装载舱单及提单并发送给船公司。装箱人应在装船前48小时内向海上承运人提供集装箱装箱单及有关出口单证。集装箱装箱单或电子装箱数据是承运人或其船代制作装载舱单的主要数据来源之一，也是制作提单的原始数据，务必注意数据的一致性与准确性。特别是拼箱客户，不要漏发装箱信息，要及时检查装箱信息是否全部被接受，否则将直接导致舱单与提单错误。如果不及时提供装箱数据，承运人将无法制作该票装载舱单与提单，从而导致无舱单、无提单等严重后果。如果有特殊情况，则务必及时向承运人说明。请客户提供补充准确的提单资料，特别要注意其中的集装箱号和封条号。制完提单，船务人员要与客户核对（确认）提单，给客户发提单确认（发OK件），再核对最后签发已确认的提单或称OK件B/L。美加线需提供美国舱单系统（AMS）申报，如客户有船证①（Shipping Line's Certificate）、普惠制产地证、产地证等要求，则要核对相关资料。

注意以下两种情况。

1）一票多箱。比如提单号8NGBHKG3A0001的货物总毛重为40吨，有两个箱子，分别是CCLU1111111和CCLU2222222，其毛重分别为22吨、18吨，则其电子装箱信息应该为：

8NGBHKG3A0001　CCLU1111111　22吨

8NGBHKG3A0001　CCLU2222222　18吨

---

① 船证是在信用证业务中，一般是开证行依据其所在国家的法律、法规规定要求受益人（Beneficiary）在信用证议付（Negotiation）时提供的关于承运船只的相关证明。其内容包括船龄、船籍、近期途经的海域及港口等，船证上通常要加盖承运人的提单章或其公章。一般阿联酋、阿富汗、巴基斯坦等阿拉伯国家，以色列——犹太人居住的国家开立的信用证都包含船证条款。以色列的客户可能要求船舶未去过阿拉伯国家（Arabian Countries），而阿拉伯国家则可能要求运货之船未去过以色列。

2）多票一箱。比如箱号为 CCLU1111111 的货物的总毛重为 20 吨，其装了两个提单号的货物，分别为 8NGBHKG3A0001、8NGBHKG3A0002，其毛重分别为 12 吨、8 吨，则其电子装箱信息为：

8NGBHKG3A0001　CCLU1111111　12 吨

8NGBHKG3A0002　CCLU1111111　8 吨

装箱截止后，所有数据的修改，必须向承运人或其船代接单科递交书面更改申请，提单与舱单数据必须一致。如果需要更改提单，原则上要求舱单与提单一起修改；如果提单已经签发，则必须交回全套提单；如果海关舱单已经发送，则需凭加盖正本章的、带有条形码的报关单与更改保函到承运人处申请修改，承运人将根据实际情况审核，对于接受更改的货物，国际货运代理企业自行负责另行申请按照海关规定更改装载舱单。

舱单传输人应当在运输工具开始装载货物、物品的 30 分钟以前向海关传输装载舱单电子数据。装载舱单中所列货物、物品应当已经海关放行。运输工具负责人应当在货物、物品装载完毕后向海关提交结关申请，即提交实际离境的货物清单，也称出口清洁舱单（Clean Manifest），经海关办结手续后，出境运输工具方可离境。出境运输工具驶离装货港的 6 小时以内，海关监管场所经营人或者理货部门应当以电子数据方式向海关提交理货报告。

海关应当将装载舱单与理货报告进行核对，二者不相符的，以电子数据方式通知运输工具负责人。运输工具负责人应当在装载货物、物品完毕后的 48 小时以内向海关报告不相符的原因。海关应当将装载舱单与结关申请进行核对，二者不相符的，以电子数据方式通知运输工具负责人。运输工具负责人应当在出境运输工具结关完毕后的 24 小时以内向海关报告不相符的原因。

船舶离港后，船务职员填实配船箱量及实配情况，集装箱货物运输的货运代理人抓紧办理退证查询①，办理退关、费用结算，做好航次小结。出口商结汇、收汇核销、退税等业务均与传统散杂货的货运代理业务大体相似，这里不再赘述。

9.3.3　远程运输工具的集中卸载

1. 卸货准备

在集装箱进口货运业务中，承运人为使收货人尽早做好提货准备工作，根据我国有关规定，对进口集装箱货物，海上承运人或装港船代应在船舶抵港前一定时间（近洋航线船舶在抵港 24 小时前，远洋航线船舶在抵港日前），

① 退证查询是指给惠国当局对原产地证书的事后查核，或给惠国当局有理由怀疑证书的真实性或有关产品真实产地情况的准确性时，对原产地证书进行查核。

采用传真、电传、邮寄方式向卸货港的船舶代理人提供完整准确的提单副本、根据提单副本编制出口载货运费清单（Freight Manifest，F/M）、原始舱单、集装箱装箱单、场站收据副本、积载图、特殊货物清单、危险货物集装箱清单、危险货物说明书、冷藏集装箱清单等必要的卸船资料；于 24 小时内制作船舶预计到港通知书、交货通知、集装箱舱单等单证，并将这些资料分送港口、外轮理货、海关等单位，同时用“提货通知”通知收货人或其代理人。卸船港代理收到进口单证后便着手做交货工作。在原始舱单电子数据传输以前，运输工具负责人应当将运输工具预计抵达境内目的港的时间通知海关。运输工具抵港以前，运输工具负责人应当将运输工具确切的抵港时间通知海关。运输工具抵达设立海关的地点时，运输工具负责人应当向海关进行运输工具抵港申报。舱单传输人向海关传输的反映进境运输工具装载货物、物品或者乘载旅客信息的舱单，即原始舱单。舱单传输人应当在下列时限向海关传输原始舱单主要数据：

（1）集装箱船舶装船的 24 小时以前，非集装箱船舶抵达境内第一目的港的 24 小时以前；

（2）航程 4 小时以下的，航空器起飞前；航程超过 4 小时的，航空器抵达境内第一目的港的 4 小时以前；

（3）铁路列车抵达境内第一目的站的 2 小时以前；

（4）公路车辆抵达境内第一目的站的 1 小时以前。

海关以接受原始舱单主要数据传输的时间为进口舱单电子数据传输时间。海关接受原始舱单主要数据传输后，收货人、受委托报关企业方可向海关办理货物、物品的申报手续。舱单传输人应当在进境货物、物品运抵目的港以前向海关传输原始舱单其他数据。

海关发现原始舱单中列有我国禁止进境的货物、物品，可以通知运输工具负责人不得装载进境。海关接受原始舱单主要数据传输后，对决定不准予卸载货物、物品或者下客的，应当以电子数据方式通知舱单传输人，并告知不准予卸载货物、物品或者下客的理由。海关因故无法以电子数据方式通知的，应当派员实地办理规定的相关手续。理货部门或者海关监管场所经营人应当在进境运输工具卸载货物、物品完毕后的 6 小时以内以电子数据方式向海关提交理货报告。需要二次理货的，经海关同意，可以在进境运输工具卸载货物、物品完毕后的 24 小时以内以电子数据方式向海关提交理货报告。

海关应当将原始舱单与理货报告进行核对，对二者不相符的，以电子数据方式通知运输工具负责人。运输工具负责人应当在卸载货物、物品完毕后的 48 小时以内向海关报告不相符的原因。原始舱单中未列明的进境货物、物品，海关可以责令原运输工具负责人直接退运。进境货物、物品需要分拨的，舱单传输人应当以电子数据方式向海关提出分拨货物、物品申请，经海关同意后方可分拨。分拨货物、物品运抵海关监管场所时，海关监管场所经营人应当以电子数据方式向海关提交分拨货物、物品运抵报告。在分拨货物、物品拆分完毕后的两小时以内，理货部门或者海关监管场所经营人应当以电子数据方式向海关提交分拨货物、物品理货报告。

货物、物品需要疏港分流的，海关监管场所经营人应当以电子数据方式向海关提出疏港分流申请，经海关同意后方可疏港分流。疏港分流完毕后，海关监管场所经营人应当以电子数据方式向海关提交疏港分流货物、物品运抵报告。进口货物、物品和分拨货物、物品提交理货报告后；疏港分流货物、物品提交运抵报告后，海关即可办理货物、物品的查验、放行手续。港区单证科收到已清关的原始舱单后计算船方费用，财务办理即收或者月结手续，开出接受委托服务单通知调度。调度安排集装箱理货员卸船，单证员将集装箱货物、封条等情况录入公司的 EDI 系统。

货物到目的港后，应尽早、尽快、尽妥地通知货主到货情况，提请货主配齐有关单证，尽快报关，减少货主仓储费，避免滞纳金。空运货物到货通知应向货主提供到达货物的以下内容：运单号、分运单号、货运代理公司编号、件数、重量、体积、品名、发货公司、发货地；运单、发票上已有单证数量及尚缺的相关单证；运费到付数额，货运代理公司地面服务收费标准；货运代理公司及仓库的地址（地理位置图）、电话、传真、联系人；提示货主超过海关规定的时间报关将被收取滞报金。

卸港船代根据装货港代理公司寄来的货运单证，编制进口载货清单等卸货单据，约定装卸公司，联系泊位，做好卸货准备工作；卸货港代理公司办理船舶进口报关手续；收货人向海关申请并放行后，方可卸船。港口的装卸公司、集装箱堆场或货运站的经营人接到上述单证后，为船舶进港和卸箱做好准备。码头堆场据此安排卸船计划。收货人或其代理人在收到海上承运人或其代理人提供的进口单证资料后的次日应向港口提供货物流向和实际收货人，并做好接货准备。

2. 卸船

进口货物卸船时，船靠泊码头待卸的集装箱称船到箱，理货员必须核对集装箱封条与舱单是否相符，发现不符事项立即通知船方，并向当值调度报告。假如出现“海关监卸”的情况，由船方封上码头封条，卸船理货员必须记录当时情况并将新封条记录在卸船记录上交武警、船方签章确认。船舶抵港后，理货公司凭舱单理货，凭货物积载图指导卸货，当货物发生溢短或原残时，编制货物溢短单或货物残损单，经大副签认后，提供给有关单位。

国际中转箱如因箱体损坏、用错箱等原因需要倒箱的，船代理应出具联系单给码头和海关（注明费用结算方法）。在码头外倒箱，码头应根据海关许可证，安排出场计划和进场计划；在码头内倒箱，则在倒箱时，要有海关、船代理、理货员在场，倒箱结束后，由海关加封条。其他运输方式的配载和卸载流程同海运的流程是类似的。

3. 换取提货单

卸货港的船务代理在收到进口货物单证资料并通知收货人或其代理人后，根据集装箱货物运达提单注明的或收货的货运代理人提供的交货地点，海上承运人或其代理人在规定的时间内（远洋航线船舶为抵港前7日，近洋航线船舶为抵港前36小时）向提单通知人和收货人发出到货通知书，收货人应在收到通知书后凭提单办理提货手续。

船公司代理人在发出“到货通知书”前，首先应查清收货人是谁。在进口业务中，提取货物的人有时并非收货人自己，如：

在同一票货既由船公司签发提单，也由无船承运人签发提单时，到货通知书中的收货人通常是无船承运人的代理人；

在同一票货物由中间商做买卖时，即中间商既是第一买方，也是第二卖方时，中间商是收货人；

收货人委托货运代理人做进口业务时，货运代理人即是收货人。

国际货运代理企业发生货物差错，应及时通知相关人员，会同收货人做好相关记录，及时递交收货人签字确认后的单证及相关记录。

（1）凭正本提单换取提货单

在使用提单提取货物的情况下，及时和收货人联系，取得经正确背书的提单，并要求付清应该支付的费用，换取提货单，办理进口手续提取货物。

一般在信用证贸易方式下，收货人一接到到货通知书，就应及时向银行付清应付款项，取得有关单证，收货人或货运代理人凭正本提单和到货通知书向船舶代理人换取交货记录一式五联单证，如运费到付的应结清到付运费。船务代理核对正本提单后，在提货单（交货记录第二联）上盖章。收货人持提货单送海关办理进口报关手续，收货人持海关放行的提货单到码头仓库提取货物。

承运人的代理人在收回正本提单、签发提货单时应注意：

1）收货人是否在提单记载的目的港提货；

2）在运费到付的情况下，收货人是否已付清全部运费；

3）正本提单一共有多少份；

4）凭货代提单还是船东提单换提货单；

5）正本提单上对货物、箱子有无批注，对箱号、关封号有无说明；如果有批注，则要转注到提货单上去；

6）承运货物的船舶是否属于自己代理的船公司的船舶。

（2）凭银行和收货人保函换取提货单

由于提单邮寄延误，或者作为押汇[①]的跟单单据的提单未到达进口国银行，或者虽然提单已到达进口国银行，但因为汇票的兑现期限的关系，在货物已运抵卸货港的情况下，收货人还无法取得提单，可向船公司或其代理人出具银行及收货人共同签署的保函，凭保函和副本提单换取提货单。船公司会及时要求收货人履行解除担保的责任，即要求收货人在取得提单后及时交给船公司，以恢复正常交付货物的条件。

（3）电放提货

电放（Telex Release，T/ R）是指在装货港货物装船后，承运人应托运人的请求，收回已签署的全套提单或者不签发提单，而以电讯方式授权其在卸货港的代理人，收货人在不出具提单的情况下，可凭盖收货人公司章的电放提单（提单副本或备忘提单）换取提货单以清关提货的海运操作方式。“电放”的原理是异地收回提单，然后交付货物。这种做法参照了签发提单的特殊情况，即“异地签单”的做法。在电放情况下，托运人和收货人都要出具保函，但收货人不需要履行解除担保的责任。实践中的一些做法仍然给“电放”以后承运人承担的相应责任带来了风险。承运人在使用“电放”提单的情况下，证实收货人的身份，不错交货物。做电放通常有两种情况，如东南亚一带的货物，提单还没对好，货物已经到港了；或者是因为种种原因提单迟迟出不来，货物已经到港了，为了避免货物在目的港的堆存费，不得已选择电放。不是所有国家都能电放，古巴、委内瑞拉、巴西等国家不能电放。信用证付款、运费到付也不能电放。电放程序如下：

客户传真电放申请书（Telex Release Application）→部门经理签字后将电放信（T/R Letter）传真至卸货港船代并报电放号给托运人→卸货港收货人凭以前收到的提单传真件，报出电放号（T/R No.）并出具 ID 证明（业务员身份证、工作证）→放货。客户提出电放申请后，货代（对货代提单电放）或承运人（对船东提单电放）于电放申请书上盖上“电放章”及“提单章”传真给客户，这样可简化操作。对船东提单电放时可叫承运人出具一份备忘提单（Memo-B/L）给货代，对货代提单电放时货代可给其客户出具备忘提单。

若收货人委托报关行的人员提货，则须出示报关行证明。对于电放货物，无论是否向承运人申领电放凭证，承运人都将予以电放，如果暂时不想放货，则不要申请电放而直接签发正本提单，待客户同意做电放时再办理电放手续。

---

① 台湾喜用押汇来表示结汇。

承运人可以网上申请电放，再出具书面的正本电放保函，由客户支付电放费（Telex Release Fee，TLX FEE）。

申请电放提单的注意事项：

1）发货人向承运人提供固定格式的电放担保函（要求填写完整）和全套正本提单（如果已出提单），或直接在副本提单或备忘提单上背书，保函承诺承担做电放的一切责任，包括申请人放弃领取提单的权利，不包括承运人故意办错或因工作疏忽所造成的损失。

2）若收货人栏的内容是to Order或to the Order of Shipper提单或不记名提单，发货人需提供发货人正本保函，明确该货指定放给谁，即指定收货人。

3）若收货人栏的内容是to the Order of Bank或to the Order of第三方的提单，发货人须提供该银行的正本保函或该第三方的正本保函，同时明确该货指定放给谁，即指定收货人。

4）如收货单上有货物不良情况批注，要转注到电放信上，即打上大副批注（Mate's Remark）。

5）电放申请书上常有此句："在不提交×××公司（×××代表承运人公司名或货代名）的正本提单下请将此票货放给以下载明收货人。"（Please kindly release cargo to Consignee here—below without presentation of the original ××× Bill of Loading.）

发生转运时，以国外—中国香港—珠三角（进口货）为例，若于目的地电放，则收货人凭头程大船提单（O-B/L）副本，即全程提单副本或传真件、电放信、收货人的公司正本保函，去目的地代理处换取二程正本提单或提货单，凭此二程提单报关、提货。这里的电放指的是对大船提单电放。在此种情况下，全程提单副本或传真件及电放信流程为远洋承运人→货代→国外托运人→国内收货人（目的港客户）。若在珠三角—中国香港—国外（出口货）下对大船电放提单，则电放信（或电放号）流程为远洋承运人→头程驳船→托运人→国外收货人。货代待集装箱放行后通知托运人，并要求托运人补提单资料。

（4）使用海运单

海运单的放货方式在本质上跟电放没有区别，都是凭收货人的公司证明放货。与使用提单的情况相比，使用海运单时收货人的提货手续更简便、更安全，提货更及时。承运人签发海运单给托运人，海运单必须记名，海运单通常签发一份正本。承运人在船舶抵达卸货港前向海运单上记名的收货人发出到货通知书。收货人在目的地出示有效身份证明，证明其为海运单上记载的收货人，并将其签署的到货通知书交给承运人的办事机构或当地代理人，同时出示海运单副本。承运人或其代理人签发提货单给收货人。一旦这批货物的运费和其他费用结清，同时办好海关等所有按规定应办理的手续，收货人就可以提货。

海运单与提单相比，也具有承运人收到货物的收据和运输合同成立的证明作用，但它不是物权凭证，不得转让。因此，在使用海运单时，收货人无须出具正本海运单，承运人只要将货物交海运单上所列的收货人，就被视为已经做到了谨慎处理。除非托运人行使其选择权，否则托运人是唯一有权就运输合同向承运人发出指示的当事人。除非合同准据法禁止，否则在货物运抵目的地后、收货人请求提取货物之前的任何时间，托运人都有权改变收货人的名称，托运人具有将支配权转让给收货人的选择权，但应在承运人收取货物之前行使，并在海运单上注明。选择权一经行使，托运人便终止了前项中的权利，同时收货人具有了这种权利。签发海运单的申请程序如下：

1）客户需向承运人提供固定格式的申请签发海运单的总保函。

2）由承运人总部审核确认后，通知口岸分公司或代理可以签发海运单的客户名单。

3）请客户注意以下内容：

① 订舱托书上的收货人必须是书面申请过的记名收货人，有详细名称和地址；

② 订舱托书上必须加注“Sea Waybill”字样（不必单票申请，但必须单票标注）；

③ 签发海运单后，不得就同一票货再签发海洋提单；

④ 海运单不能再作电放处理；

⑤ 美西线的海运单在船开航后的更改，可以参照海洋提单的更改规则；

⑥ 日本航线、韩国航线的船在开航后，海运单上的任何内容都不允许更改。

4. 装卸注意事项

在杂货班轮运输中，船舶承运的货物种类多、票数多、包装式样多、挂靠港口多，如果要求每个托运人都将自己托运的货物直接送到码头船边，就可能发生待装货物不能按规定的装船次序送到船边的情况，从而使装货现场发生混乱，影响装货效率。同理，如果要求每个收货人在船抵港后同时来到码头船边接收货物会使卸货现场发生混乱，影响卸货效率。由此而产生的结果是延长船舶在港停泊的时间，延误船期，也容易造成货损货差。为了避免以上情况的发生，除危险品、鲜活货、贵重货和重大件等特殊货物外，通常采取“仓库收（交）货，集中装（卸）船”。

不论采用何种装卸船方式，船公司的责任均以船舷为界，责任期间即从货装上船到货卸下船为止。在集中装（卸）船的情况下，从托运人交付货物起到货上船之前以及从货卸下船到托运人接管货物为止的责任由货运代理人承担。

本章小结

在国际货运代理流程中，配、卸货是远程运输中很重要的一环，也是国际货运流程中货差货损出现概率比较大的环节。卸完货后的环节是配送。装卸货时的理货工作是确定货差、货损、各方责任不可或缺的环节。本章也特别提到了进出境口岸的各种类别和集装箱的配箱，这些内容对一个配载员或卸载员来说是十分重要的。

推荐阅读

1. 中国港口集装箱网 http：//www. portcontainer. com
2. 黄埔港务分公司网站 http：//www. hp. gzport. com
3. 招商港务（深圳）有限公司网站 http：//www. zsgw. com
4. 广州港务局公众信息网站 http：//www. gzport. gov. cn

思考题

一、选择题

1. 使用海运单的风险是（　　）。
   A. 承运人易遭受无单放货的指责或索赔
   B. 收货人没有正本海运单而提货困难
   C. 托运人可能在将货装船出运后难以收回货款，而使钱货两空
   D. 以上说法均正确
2. 证明海上货物运输合同和货物已经由承运人接收或装船，以及承运人保证据以交付货物的单证是（　　）。
   A. 提单　　B. 大副收据
   C. 场站收据　　D. 海运单
3. 船舶应该在预定期限内抵达装货港准备装货，这个期限被称为（　　）。
   A. 装卸时间　　B. 受载期
   C. 宣载期　　D. 速遣期
4. 买方以 FOB 条件购买矿石一批，不愿承担装船费，那么应选择(　　)价格条件来签订合同。
   A. FOB 班轮条件　　B. FOB 并平舱
   C. FOB 并理舱　　D. FOB 吊钩下交货

5. 在贸易实践中，装运期和结汇期的确定最好是（　　）。
   A. 不可同一日期　　　　B. 装运期应该早于结汇期
   C. 结汇期应该早于装运期　　D. 可以在同一日期

二、判断题

1. 件杂货班轮运输虽然是“仓库收货、集中装船”，船公司的责任、风险仍然以船舷或钩为界，货物装上船前的风险、责任由托运人承担。（　　）
2. 在程租合同下，由于不可抗力导致船舶不能在解约日前抵达装货港，租方不能解除合同。（　　）
3. 班轮运输的装卸费用通常应由班轮公司负担。（　　）
4. 航次租船下，如果船长递交 NOR 时船舶尚未做好装卸准备，则 NOR 被视为自始至终无效，不能在当船舶做好准备时被视为自动生效。（　　）
5. 在无论船舶靠泊与否的条款下，如果泊位空着，由于天气不好使船舶不能驶入，则可以起算装卸时间。（　　）

三、简答题

1. 集装箱货物积载的一般方法有哪些？冷藏货和危险品积载有哪些注意事项？
2. 在杂货班轮运输中，为什么采取“仓库收（交）货，集中装（卸）船”？此时承运人与托运人的责任如何划分？
3. 收货人在提取货物的环节应当注意什么问题？
4. 关于装卸费用的约定通常有哪些方法？

学习情景 4

经过几年的发展，蓝海国际货运代理有限公司的网络遍布全国，其在世界范围内也布了不少点。郭宝关已经成为行业中响当当的人物，上个月郭总接到了母校招生就业办谭老师的一个电话，谭老师说大家推举他为优秀校友，请他到学校作个报告。

郭总草拟了一个大纲，综述国际代理行业从业人员应具备的职业关键能力和职业专门能力，发给相关老师征求意见。

本门课要求任课老师同行业经理保持良好的沟通，适时邀请行业经理人来校做讲座；组织学生参观码头、集装箱堆场货运站，国际货运代理企业的营业场所以获得感性认识。教师事先告知学生被邀请行业专家所在的公司和要去参观的公司名称，要求学生上网预先查找相关公司的资料，提出问题，并先从教材中找答案。讲座由学生会学术部组织，注意记录讲座过程（含视频和文字记录）。现场参观时带上数码相机，拍摄现场作业的情况；最后提交一份1 500字的认知实习报告。有条件的学校可以在教学计划中单独开设单项实训课程，如《口岸物流实训》等。

第10章 国际货代单证与财务

关键术语

海运提单　航空运单　托运单　场站收据联单　运费　计费重量
包箱费率　航空运费

学习目标

- 了解国际货代的佣金制度；
- 熟悉订舱单、托运单、装货单、收货单、场站收据的概念及作用；
- 熟悉运费率和运费的概念及运费的计算；
- 掌握海运提单、海运单、电放提单、提货单、交货记录的概念、作用和种类；
- 掌握海运托运单、海运提单和航空运单的缮制依据和缮制规范；
- 掌握提单、提货单、交货记录和航空运单的流转；
- 掌握散杂货的运费、集装箱班轮运费、航空运费和多式联运运费的计算。

国际货代企业的单证（Documents）是与货代的业务操作相对应的，每一业务环节的操作都会留下相应“痕迹”，使其操作行为有据可证。国际货运对单证的要求特别高而且还很复杂，涉及各个方面的利益。国际货代企业对单证相关人员的素质有一定的要求，如对数字的敏感度要高，单证上的每一个字母、每一个标点符号都不能出错。单证出错的危害不亚于货物出错，特别要注意与时间有关的错误。

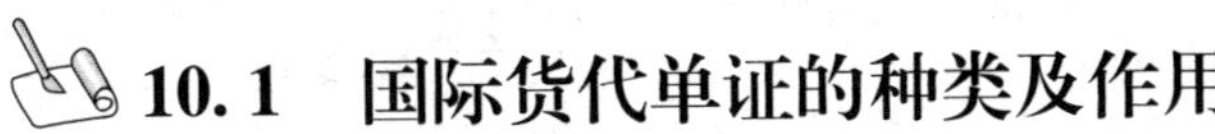

10.1 国际货代单证的种类及作用

单证是指在国际货物运输中所使用的单据或文件。单证作为一种运输业务的证明，流转于货物运输的全过程。单据的流转环节反映了运输业务的相关操作行为和流程。因此，单据操作对于货代非常重要。

10.1.1 订舱单据

订舱单据是货代在接受货主委托后，以纸质或电子形式在截单日前向承运人申请货物托运而缮制的一种单据。货代采用的运输工具不同，所涉及的订舱单据也有所不同，但是其作用基本相同。

订舱托运单主要具有以下作用：

（1）是托运人向承运人办理托运的凭证；

（2）是承运人接受订舱并安排舱位、调拨装货器材、组织装运、转运或联运工作的依据；

（3）是托运人与承运人之间运输契约的书面记录；

（4）是出口货物报关的必备货运单据之一；

（5）是承运人签发提单或运单的原始依据。

下面对几种常用的订舱单据进行分析。

1. 散杂货订舱单——装货联单

在采用散杂货班轮运输的情况下，货代作为托运人在向船公司订舱时，根据货主的委托，填写装货联单提交给船务代理或船公司，装货联单在此是订舱单据。

目前我国各个港口使用的装货联单的组成部分不尽相同，但一般都包含以下三联：托运单及其留底、装货单和收货单。

（1）托运单

托运单是由托运人根据买卖合同和信用证的有关内容向承运人或其代理办理货物运输业务的书面凭证。

（2）装货单

装货单是托运人填写送交船务代理或船公司审核并签章后发还给托运人，凭以要求船长将承运的货物装船的单据。对承运人而言，装货单或空运单是授权在集装箱场站或码头的接收职员从记名托运人处收取一定数量的货物，通知该班次的运输工具负责人接受装运该批货物的指示文件，即命令船长或机长将货物装舱的单据，其英文 Shipping Order 也正是运输指示的意思。在要求船长装船之前，托运人在向海关办理出口货物申报手续时，装货单是必备的单据之一，海关同意放行后会在装货单上盖放行章，所以装货单也被称为关单。

(3) 收货单

收货单俗称大副收据，是某一票货物装上船后，由船上大副签署给托运人，作为证明船公司已收到该票货物并已装上船的凭证。通常船上大副应根据理货人员在理货单上所签注的日期、件数及舱位，与装货单进行核对后，在收货单上签字，留下装货单，将收货单退回给理货长转交给托运人（也就是货代）。托运人凭大副签署过的收货单，即可向承运人或其代理人换取已装船提单。

2. 集装箱运输订舱单——场站收据联单

现代海上班轮运输基本上以集装箱班轮运输为主，散杂货班轮运输所占的份额已越来越小。在实践中，集装箱班轮的订舱一般是由货代缮制场站收据联单，然后送交船务代理或船公司进行订舱，因此场站收据联单也就是集装箱班轮运输的订舱托运单据。

场站收据联单是集装箱班轮公司委托集装箱码头堆场或集装箱货运站的收货职员（货物计数员）在收到货物后，签发给托运人的，签发后的场站收据联单就是交货的凭证。托运人据此向承运人或其代理人换取收妥待运提单或已装船提单的凭证。它相当于将传统的托运单、装货单、收货单整合成集装箱班轮运输使用的一整套单据，一般共有十联（有的口岸有七联，还有的口岸有十二联）。

码头场站收据虽格式繁多，但内容大致一样。一些场站收据可能有商品编码栏。实际上，商品编码可以填在场站收据“商品名称和包装”一栏中。港站集装箱堆场签发场站收据以后，将装货单联留下作结算费用和今后查询之用，而将大副收据联交理货人员给船上大副留存。国际货代收到签署后的场站收据正本，到船公司或其代理人处，交付预付运费，要求换取提单。船公司或船代审核无误后，将场站收据上的批注转注到提单上，然后在已编制好的提单上签字，留下场站收据，提单交国际货代或托运人留存。提单是根据电子装箱数据或场站收据字字相符制发的，因此，托运人在提单申请指示单和装箱单中提供正确的信息是很重要的，报关行或货代填制场站收据也不能有错误或疏漏，否则提单就会因差错而被银行拒收。场站收据中的“只接受清洁场站收据”条款保证了在集装箱终端或码头的收货职员（货物计数员）收货时依所收货物的状态签注“清洁”或类似的字眼。场站收据可能清洁或不洁（不清洁、不干净或违规）。如果场站收据是清洁，则适时签发的提单将会是清洁的，否则场站收据将是不洁的。在租船运输中，只有大副收据没有场站收据。

3. 航空托运单

航空货物运输中所使用的订舱单据就是航空托运单，它是货代根据货主填写的国际货物委托书的内容缮制的，是向航空公司办理订舱托运手续的单据。

10.1.2 货物交接单据

货代在接受货主委托，向承运人订舱后，需要根据订舱单据安排货物的装运，这会产生相应的货物交接单据。

1. 散货进仓单

散货进仓单是货代收到货主的散货订舱委托后，将散货进仓单回传给货主，注明何时到工厂装货或何时将货物送到指定的仓库地点及所需单证的送达截止日期的单据。

2. 集装箱及货物交接单据

相对于散货运输而言，集装箱运输多了集装箱的提箱、装箱、还箱、进场和出场等操作环节，产生了相应的设备与货物交接单据。

（1）空箱提交单

空箱提交单（Equipment Despatch Order）又称集装箱发放通知单（Container Release Order），俗称提箱单，是船公司或其代理人指示集装箱堆场将空集装箱及其他设备提交给本单持有人的书面凭证。空箱提交单还有如下别名：集装箱放箱通知书、入箱通知单、集装箱预配清单或货柜发放通知单、放箱纸、放柜纸、拖柜纸，有时可以替代设备交接单，上面有地址、具体装货时间、联系人等信息。空箱提交单是船公司或其代理人指示集装箱堆场将空集装箱及其他设备提交给持单人的书面凭证。在集装箱运输中，发货人如使用船公司的集装箱，并为了将预定的货物装在箱内，就要向集装箱堆场或空箱储存场租借空箱，通常船公司提供空集装箱，并借给发货人或集装箱货运站。在这种情况下，船公司或其代理人要对集装箱堆场或空箱储存场发出交箱指示，但是由于空集装箱是一个售价较高的设备，因此不能只靠简单的口头指示，还要向发货人或其代理人提交空箱提交单，集装箱堆场或空箱储存场只能对持单人提交空集装箱，以确保交接安全。

（2）集装箱设备交接单

集装箱设备交接单（Equipment Interchange Receipt，EIR）或集装箱验箱报告（Container Inspection Report，CIR）简称设备交接单，是进出港区、场站时，用箱人、运箱人与管箱人或其代理人之间交接集装箱和特殊集装箱及其设备的凭证；是拥有和管理集装箱的公司或其代理人与利用集装箱运输的承运人签订有关设备交接基本条件的协议（Equipment Interchange Agreement）。

设备交接单分为出场（Out）和还场（In）两类，是分清集装箱等设备交接责任的凭证；在集装箱外表无异状，且封条完好的情况下，它也是证明箱内货物交接无误的凭证，也用于集装箱的盘存管理和对集装箱的追踪管理，必要事项都要输入电脑中，以备查询。如果发现集装箱等设备有异常，则应把异常情况摘要通过EIR电子平台记入设备交接单中。

（3）集装箱装箱单

集装箱装箱单（Container Load Plan）是详细记载每一个集装箱内所装货物名称、数量、尺码、重量、标志和箱内货物积载情况的单证，对于特殊货物还应加注特定要求。比如对冷藏货物要注明对箱内温度的要求等。它是集装箱运输的辅助货物舱单，其用途很广，主要有以下几个方面：

1）是发货人向承运人提供集装箱内所装货物的明细清单；

2）是在装箱地向海关申报货物出口的单据，也是集装箱船舶进出口报关时向海关提交的装载舱单的补充资料；

3）作为发货人、集装箱货运站与集装箱码头之间的货物交接单；

4）是集装箱装、卸两港编制装、卸船计划的依据；

5）是集装箱船舶计算船舶吃水和稳定性的基本数据来源；

6）在卸箱地作为办理集装箱保税运输手续和拆箱作业的重要单证；

7）发生货损是处理索赔事故的原始依据之一。

10.1.3 货物交付单据

在报关、货物装船或装机后，货物将运往目的港或目的地，收货人将凭相应的提货单据向承运人提货。在这一货物交付环节，依据运输方式不同，产生以下一些货物交付单据。

1. 海运提单

（1）海运提单的定义

海运提单（Marine Bill of Lading or Ocean Bill of Lading），简称提单（Bill of Lading，B/L）①，是指用以证明海上货物运输合同和货物已经由承运人接收或者装船，以及承运人保证据以交付货物的单证。根据提单中载明的向记名人交付货物，或者按照指示人的指示交付货物，或者向提单持有人交付货物的条款，构成承运人据以交付货物的保证。

① 提单的定义引用自《中华人民共和国海商法》（1993年7月1日施行）第71条规定。

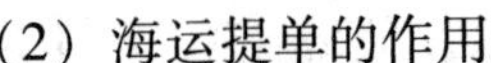

（2）海运提单的作用

根据相关法律规定，提单具有以下 3 项主要功能或作用：

1）提单是证明承运人已接管货物或货物已装船的货物收据；

2）提单是承运人保证凭以交付货物和可以转让的物权凭证；

3）提单是海上货物运输合同成立的证明文件。

（3）海运提单的种类

按不同的分类标准，提单可以划分为许多种类，如表 10-1 所示。

表 10-1　提单的种类

分类标准	提单种类	英文名称
按表现形式分	纸质提单	Bill of Lading，B/L
	电子报文提单	Electronic Bill of Lading
按货物是否已装船分	已装船提单	Shipped B/L，or on Board B/L
	收妥待运提单	Received for Shipment B/L
按货物外包装有无不良批注分	清洁提单	Clean B/L
	不清洁提单	Unclean B/L or Foul B/L
按提单收货人，即抬头不同分	记名提单	Straight B/L
	不记名提单（空白提单）	Bearer B/L，or Open B/L，or Blank B/L
	指示提单	Order B/L
按运输方式分	直达提单	Direct B/L
	转船提单	Transhipment B/L
	多式联运提单	Combined Transport B/L
按提单签发人分	船东提单	Master B/L
	货代提单	House B/L，也称无船承运人提单（NVOCC B/L）
按提单签发时间分	预借提单	Advanced B/L
	倒签提单	Anti-dated B/L
	顺签提单	Postdated B/L

2. 海运单

海运单又称海上运送单或海上货运单，它是承运人向托运人或其代理人表明货物已收妥待装的单据，是一种不可转让的单据，即无需以在目的港出示该单据作为收货条件，无需待单据寄到，船主或其代理人可凭收货人收到的到货通知随同其身份证明而向其交货。

3. 交货记录

交货记录是船公司或其代理人向收货人或其代理人交货时，双方共同签署的，证明双方已进行货物交接和载明其交接状态的单据。目前全国主要港口进口集装箱货物交付都使用它。交货记录的第二联就是进口业务常提到的提货单或称小提单，提货单是收货人凭正本提单或副本提单随同有效的担保或运单副本随同其身份证明向承运人或其代理人换取的，可向港口装卸部门提取货物的凭证。

作为船公司代理人的集装箱货运站或集装箱堆场的经营人在向收货人或其代理人交货时，要检查货物的件数和外表状态，如有损坏或灭失等情况时，应把损害的内容记载在摘要栏内，双方签字后完成交接手续。交货记录是在收货人提取集装箱货物时，堆场或货运站的发货人员凭以发放集装箱货物的单据，收货人在交货记录上签字，堆场或货运站留存。

作为正常的业务手续，交货记录应在收货人全部提取货物后才能签收，然后由堆场或货运站将交货记录整理，按月、分船交船代留底。在业务实践中，堆场或货运站的工作人员凭与收货人的关系来签收交货记录，经常会出现货没有全部提走但交货记录显示已签收；收货人出具拼箱货交货记录，却签收整箱货；A 收货人的货交由 B 提取，而 B 收货人的货却交由 A 提取的情况。对堆场或货运站的工作人员来说，签收交货记录时应注意：

（1）CFS—CFS 或 CY—CFS 交接的货由货运站提取；

（2）DOOR—DOOR 或 CY—DOOR 的货由承运人安排提取；

（3）CY—CY 或 DOOR—CY 的货由收货人安排提取；

（4）CFS—CY 的货也由收货人安排提取；

（5）同一张交货记录上的货分批提取时，只有等最后一批货提取完毕才能签收；

（6）CY—CY 条款，但注明 CY—CY（LCL）字样，则在堆场拆箱交货；

（7）CFS—CFS 条款，但注明 CFS—CFS（FCL）字样，则表明整箱提取；

（8）如果实际提货状况与单证记载不符，则应做好货损报告，并会同有关方签字；

（9）海关未在提货单上盖章的货，千万不可出堆场或货运站；

（10）交货前应查验费用账单，检查收货人是否已全部支付货物在堆场或货运站发生的所有费用。

收货人或其代理人签收交货记录时应注意：

（1）如果是凭货代提单换取的提货单，则是到无船承运人的代理人处办理提货手续，而不是直接去船公司；

（2）接收整箱货时，应检查箱子外表状况，以及箱号、关封号是否与单证记载相符，如有异议，则会同有关方做好记录；

（3）接收拼箱货时，应检查货物外包装、唛头、数量等是否与单证记载相符，如有异议，或已发现有货损，则做好货损报告，并交有关方签认；

（4）未提取货物或货物未全部提取完毕，不能签收交货记录；

（5）提货时发现箱损或货损，而又无法确定责任方或确定损害区段时，则不能将货提走，以免无法提出索赔。

在集装箱运输中，船公司的责任是从接收货物开始到交付货物为止。因此，场站收据是证明船公司责任开始的单据，而交货记录是证明其责任终了的单据。

交货记录是集装箱进口业务中的主要单证，对承运人来说，交货记录业经签发即表明已同意交货，尽管事实上并没有交付货物。对收货人来说，只要拿到交货记录即表明已具备提货条件，尽管实际上并没有提货。交货记录是承运人、收货人的责任转移凭证，对承运人来说，交货记录的签发即表明向码头下达同意交货的指令；对收货人来说，得到交货记录即表明已具备向码头提货的条件。交货记录的签发是承运人责任终止、收货人责任开始的标志。

4. 航空运单

航空运单（Air Waybill）是由承运人或其授权的代理人出具的，由托运人或者以托运人的名义填制，证明托运人和承运人之间签订了在承运人的航线上运输货物的契约。对于航空货运单来说，它不同于海运提单，不代表所托运货物的所有权，不可以转让。

（1）航空运单的分类

1）航空主运单。凡由航空运输公司签发的航空运单就称主运单（Master Air Waybill，MAWB）。它是航空运输公司据以办理货物运输和交付的依据，是航空公司和托运人订立的运输合同，每一批航空运输的货物都有自己相对应的航空主运单。

2）航空分运单。集中托运人在办理集中托运业务时签发的航空运单被称作航空分运单（House Air Waybill，HAWB）。

在集中托运的情况下，除了航空运输公司签发航空主运单外，集中托运人还要签发航空分运单。

（2）航空运单的作用

航空运单是航空货物运输中最重要的单据，其作用归纳如下：

1）承运人与托运人之间缔结运输契约的凭证；

2）承运人接收货物的证明文件；

3）运费结算凭证和运费收据；

4）收货人核收货物的依据；

5）报关凭证；

6）保险证明；

7）承运人内部处理业务的依据。

10.2　国际货代单证的缮制及格式

货物进仓后，应及时签发国际货代仓库收货凭证给客户。仓单是提取仓储物的凭证，客户或者仓单持有人在仓单上背书并经保管人签字或盖章的，有转让提取仓储物的权利。国际货代企业应按委托协议的要求，依据所提供的服务、所承担责任的不同，和货物装船、发运与否，及时准确签发运输单证。应告知客户多式联运提单、无船承运人提单、海运提单之间的区别和不同的签发要求。

多式联运单证、提单、非转让海运单、租船合约提单、空运单证，公路、铁路或内陆水运单据、快递收据、清洁运输单据应符合《跟单信用证统一惯例》（UCP 600）的要求。

10.2.1　国际货代单证的签发资格

建立严格的单证审核制度，做到谨慎缮制，认真审核，保证单证一致、单单一致、单货一致，防止因单证错误、缺失而影响业务的开展。

单证更改宜在出口货物装上运载工具前，当运载工具离开装运港后不接受更改。货代在接受更改单后应及时处理，并通知有关方。由承运人出具的运输单证，如海运提单、国际陆运运单、承运货物收据、航空运单、邮政收据，在取得实际承运人运输单证后，最迟不得超过两个工作日将单据寄交托运人。装箱单要在货物装箱后一个工作日内集中交给有关方。核销单、退税单要在海关审核退回后五个工作日内寄交托运人。

1. 签发提单、航空货运分运单、货运单的企业应具备的条件

（1）取得国家相关法律、法规规定的资格；

（2）签发无船承运人提单，应取得无船经营者资格；

（3）签发国际货代多式联运提单，航空货运分运单、运单，应经商务主管部门备案；

（4）其中至少有一名从业经验丰富的高级管理人员，并取得国家相关法律、法规规定的资格；

（5）具有良好的信誉；

（6）最低注册资本、从业人员资格应符合规定；

（7）一年以上经营期限；

（8）投保国际货运代理提单责任保险。

2. 对签署者的要求

（1）签署者须经企业全权授权；

（2）签署者的手迹或印摹、签章应备案，可供查询；

（3）签署者应熟知签发单证所应承担的责任和义务；

（4）对单证应妥善保管，对单证签章、更正章应严格管理，包括单证的登记、发放、作废和更换；

（5）与客户认真核对单证内容，及时将单证交回客户，防止因单证延误，影响客户议付、结算、报关、退税或产生额外的滞期费。

3. 国际货运代理协会联合会（FIATA）单证的签发，还应符合的要求

（1）经FIATA授权并在其许可地域范围内使用。

（2）除非实际掌控货物或作为实际承运人，否则不增加任何手写、打印的条款或做任何与FIATA单证条款和条件相抵触的修改。

（3）FIATA单证正面指定位置应标志“CN”国家代码，除非实际掌控货物或作为实际承运人，企业不得在FIATA单证上增加任何手写、打印的条款或做任何与FIATA单证条款和条件相抵触的修改。

4. 货运代理收货凭证（FIATA FCR-Forwarders Certificate of Receipt）的签发，还应符合的要求

（1）收货凭证签发，证明货运代理根据不可撤销的指示已实际占有特定的货物并要将货物发送给收货凭证所记载的收货人。

（2）签发收货凭证时，货运代理应确认自己或代理人（分支机构、中间的货物运输代理等）已收到特定货物并已取得处置货物的唯一授权；货物表面状况良好；凭证内容与其所接受的指示一致；运输单证上（如提单等）条款与收货凭证所列的责任条款一致。

（3）收到货物后，应将收货凭证交与发货人。

（4）只有提交正本收货凭证给签发凭证的货代，而且该货运代理处于可撤销或变更的条件下，才能撤销对货代所做的指示。

（5）收货凭证是不可转让单证，因交付货物给收货人的不是依据已签发、仅有一份正本的收货凭证的递交。

（6）收货凭证只有一份正本，如需要多份凭证时，其他几份必须印有“副本不可转让”字样。

10.2.2 海运托运单的缮制

1. 海运托运单的缮制依据

托运单是托运人填写并盖章确认的专门用于委托承运人填开提单或运单的一种表单。由于货代是接受货主的委托，代表货主的意愿进行运输操作的，而货主必须依据贸易合同或信用证条款履行相应的运输义务，因此货代应该依据货主提供的贸易合同和信用证的相关条款制作托运单。

2. 海运托运单的内容和缮制规范

如表10-2所示。

表10-2 海运托运单的内容和缮制规范

栏目	缮制内容	要点说明
(1) 托运人（Shipper）	发货人的公司全称和地址	托运人可以是货主，货主委托货代办理时，本栏填货代的公司全称和地址
(2) 收货人（Consignee）	记名收货人或指示收货人的全称和地址	一般采用指示收货人，填写"to order"或"to order of shipper"等字样，表示提单可以转让
(3) 被通知人（Notify Party）	空白或被通知人的公司全称和地址	在信用证项下，要求指示收货人时，银行往往作为收货人而显示在第二栏上，本栏一般填开证申请人，即实际收货人
(4) 托运单号（Shipping Bill NO.）	托运单的编号	
(5) 前程运输（Pre-carriage by）	第一程船名	货物不需转运时，本栏留空
(6) 收货地点（Place of Receipt）	实际收货的港口名称或地点	货物不需转运时，本栏留空
(7) 船名、航次（Ocean Vessel Voy. No.）	实际装运的船名、航次	货物需转运时，填第二程的船名，第一程船名填在第五栏前程运输下
(8) 装运港（Port of Shipment）	实际装运货物的港口全称	用信用证结算时，必须与信用证规定的装运港相同
(9) 卸货港（Port of Discharge）	货物被最后卸离船舶的港口全称	用信用证结算时，必须与信用证规定的卸货港相同
(10) 交货地（Place of Delivery）	最终的交货地的城市名称或地区名称	货物的目的地就是卸货港时，本栏留空
(11) 货物名称与包装种类（Kind of Packages and Description of Goods）	实际货物名称和包装种类	需符合合同或信用证的相关品名、品质和包装条款的规定

（续表）

栏　目	缮制内容	要点说明
(12) 箱数与件数（No. of Containers or Packages）	装入集装箱内货物的外包装件数和集装箱箱数	一般除了要求托运人填件数的具体数字外，还要填写件数的中文大写
(13) 标志号与封志号（Seal No. & Marks & No.）	与实际货物外包装上正面唛头的内容一致	一般在提单上显示封志号，在托运单上不填报，当没有唛头时，用“N/M”表示。当件数不连续，有缺号时，在件数号前加上“EX”字样
(14) 毛重（Gross Weight/G. W）	货物的实际毛重	一般以千克为计量单位，当货物无毛重时，可以在本栏加注净重“N. W：KG”
(15) 体积（Measurement）	实际货物的体积	一般以立方米为计量单位
(16) 运费支付（Payment of Freight）	Freight Prepaid/Freight Collect	Freight Prepaid 为装运港托运人支付运费，Freight Collect 为目的港收货人支付，根据实际进行选择
(17) 正本提单份数（Number of Original B/Ls）	托运人要求签发的提单份数	通常正本提单一式两份或一式三份，每份提单具有同等效力，收货人持其中的任意一份提取货物后，其他提单自动失效
(18) 要求签发的提单日期和地点（Place and Date of Issue）	签发日期要求填写装船完毕的日期，签发地点通常填报装运港所在城市	
(19) 托运人的签字或盖章（The Shipper's Signature or Seal）		必须经托运人签字盖章后才可生效

在实务中，散杂货班轮运输一般采用装货联单操作，托运单、装货单和收货单合成整套单据，其相应的栏目填写内容完全一样。集装箱班轮运输则采用场站收据联单，场站收据联单与托运单的栏目和缮制规范基本相同，在此不再对装货单、收货单和场站收据联单一一进行说明。

10.2.3 海运提单的缮制

现在使用的提单的格式，大多是船方自行拟定的，但各项栏目、内容基本一致。下面介绍海运提单的缮制内容和要点。

1. 海运提单的缮制依据

海运提单一般以收货单（杂货运输）或场站收据（集装箱运输）为依据来缮制，制单人对提单所记载的，包括提单的各个关系人的名称、货物的名称、包装、标志、数量和外表状况、运输路线、处置及任何特殊要求等项内容的必要记载事项进行认真仔细的核对、审查，使不正确的内容能得到及时纠正，做到所签发的提单字迹清晰、整洁，内容完整、不错不漏、符合合同或信用证的相关条款。如果采用信用证结算，则必须符合 UCP 600 对提单条款的规定。

2. 海运提单的内容及缮制规范

如表 10-3 所示。

表 10-3 海运提单的内容及缮制规范

栏 目	缮制内容	要点说明
(1) 托运人 (Shipper)	与海运托运单相应栏目内容相同	
(2) 收货人 (Consignee)	与海运托运单相应栏目内容相同	到瓜亚基尔的柜，要显示目的地收货人的纳税编号，由收货人告知发货人，再由发货人通知货代
(3) 被通知人 (Notify Party)	与海运托运单相应栏目内容相同	在信用证项下，银行作为收货人显示在提单上时，本栏往往填开证申请人；收货人填 "to order of ××× Bank" 时，通知人填开证行。在非信用证下，若为记名提单，通知人填 "the same as Consignee"
(4) 提单号 (B/L No.)	提单的编号	
(5) 前程运输 (Pre-carriage by)	第一程船名	货物不需转运时，本栏留空
(6) 收货地点 (Place of Receipt)	与海运托运单相应栏目内容相同	
(7) 船名、航次 (Ocean Vessel Voy. No.)	实际装运的船名、航次	若是已装船提单，则此栏注明船名和航次，若是待运提单，则在货物实际装船完毕后再记载船名
(8) 装运港 (Port of Loading)	与海运托运单相应栏目内容相同	
(9) 转运港 (Port of Transhipment)	转运港口的名称	当货物在海运途中发生转运时，填写此栏
(10) 卸货港 (Port of Discharge)	与海运托运单相应栏目内容相同	
(11) 交货地 (Place of Delivery)	与海运托运单相应栏目内容相同	若收货地与交货地都空白，则为普通的海运提单，而不是多式联运提单
(12) 货物名称与包装种类 (Kind of Packages and Description of Goods)	与海运托运单相应栏目内容相同	去澳大利亚及新西兰者要显示检疫代码 (Quarantine Code)。检疫证正本附于正本提单后交托运人一齐寄至收货人供后者办理进口清关手续，检疫证副本给承运人供目的港报关用
(13) 箱数与件数 (No. of Containers or Packages)	与海运托运单相应栏目内容相同	

（续表）

栏 目	缮制内容	要点说明
（14）标志与封志号（Seal No & Marks & Nos）	与海运托运单相应栏目内容相同	提单上必须填报每一个集装箱的箱、封号
（15）毛重（Gross Weight）	与海运托运单相应栏目内容相同	发往巴基斯坦卡拉奇的集装箱货，提单要显示毛重和净重
（16）体积（Measurement）	与海运托运单相应栏目内容相同	
（17）总箱数或货物总件数（Total Number of Container and/or Packages）	用英文大写字母来填写集装箱的总箱数或货物的总件数	在件数前面需加上“Say”字样，在件数后加上“Only”字样
（18）控制温度指令（Temperature Control Instruction）	为冷藏集装箱时，此栏填写要求的冷藏温度；为非冷藏货物时，此栏为空	
（19）运费支付（Payment of Freight）	与海运托运单相应栏目内容相同	
（20）货物价值申报（Excess Value Declaration）	若托运人有货物价值向承运人申报，则填此栏；若没有，则此栏为空	
（21）已装船批注、装船日期和装运日期（Load on Board the Vessel. Date，Signature）	load on board date = shipped on board date = on board date	通常与签发日期相同，有的单证还有开航日（sailing date）
（22）正本提单份数（Number of Original B/Ls）	与海运托运单相应栏目内容相同	正本提单的份数应分别记载于所签发的各份正本提单上，正本提单应标注“Original”字样
（23）提单的签发日期和地点（Place and Date of Issue）	与海运托运单相应栏目内容相同	每张提单必须有签发日期，已装船提单上记载的提单签发日期应是提单上所列货物实际装上运载工具的日期
（24）承运人或承运人代理人的签字和盖章（Signature and Seal of Carrier or Carrier agent）	承运人、船长或其具名代理人的签字盖章	一定要注意信用证的有效期，提单的签发日必须早于信用证有效期。例：1）信用证有效期为 5 月 31 日，开航日为 5 月 20 日，则须于 5 月 31 日前收单交议付行议付（押汇）；2）若开航日为 5 月 1 日，则 5 月 22 日前须交单议付（装运日后 21 日内必须交单议付），以上 1）2）交单议付日均须早于信用证的有效期

整套（Full Set...）提单指承运人或其代理人签发的所有正本提单。一套提单包含至少 2 份正本。实际上，一套 3 份正本是最常见的。正本的份数（Number of Original B/L）可能表达为3/3（读成“three of three”）或2/2（读成“two of two”）。信用证规定：“Full set 3/3”，即要求包含 3 份正本的一整套提单。如果信用证没有包含“整套 3/3”的表述，则正本提单的份数取决于承运人签发的份数，可能是仅有一份正本提单，即只有一份正本。正本会在正面标明“正本”并且全部等效，即所有正本是同等有效的。签发多于一个正本的目的在于确保目的港能收到分派的正本。这些正本提单是货物所有权的凭证，其中一份必须交给目的地承运人，由货物所有人双重背书以交换货物或提货单。只要有一份正本交给承运人，其他正本就失效了。提单签发份数表示为“Original ×3 Sets + Copy ×5 Sets”（三正五副），而美国客户通常只需“Original ×2 Sets + Copy ×1 Set”（二正一副）。

不可议付副本不应混同于不可议付提单或记名提单。提单不可议付副本简单说来就是提单的不签名副本，仅供参考。这些副本标注为“不可议付”。提单副本的份数不定，取决于进口商、进口国、托运人、承运人、商会（信用证需要提单认证时）和领事馆（信用证需要提单领事公证时）。“... two（2） non-negotiable copies”即两份不可议付副本提单。

若信用证规定“Transhipment is not allowed”（不准许转船）而实际上货物是通过中国中山的驳船到中国香港转大船到美国西海岸长滩市，说服客户接受货代提单结汇，则在货代提单上，装货港要填中国香港而不能写中山港，且仅打大船船名（不打驳船名），前置运输（Pre-carriage by）栏空着不填。收货地（Place of Receipt）同装货港，卸货港填长滩。由于船公司一般不肯制作与事实有偏差的单证，因此在船东提单上，可如实地打两条船名（驳船与大船）。装货港及收货地都填中山（Zhongshan）。卸货港填长滩，并注明途经中国香港（Via HKG）。如果大船公司肯配合，船东提单同以上情况，则客户以船东提单结汇也没有关系。

美国、加拿大、澳大利亚、新西兰及欧洲等许多发达国家或地区均要求：

1）无硬木包装之柜，于提单上填：“No Solid Wood Packing Material in This Shipment”或“This Shipment Contains No Solid Packing Materials”。

2）有硬木包装但已熏蒸（Fumigate）消毒者，于提单上显示：“This Solid Wood Packing Material Has Been Fumigated and Degassed（排除毒气）”。

托运人栏的特殊情况：

1）无进出口经营权的企业委托有此权的公司出口产品可在托运人栏填“×××进出口公司 O/B×××工厂”。“O/B”即为“on behalf of”（代表）的意思。

2）A 货代将揽得的货物给同行 B 货代，由 B 再向承运人订舱。船东提单的托运人栏可显示“A O/B C”（C 为 A 的客户）。例如：进口时，头程为新加坡到中国香港；二程为中国香港到广东省中山市，当全程运输由“中远”负责时，则二程单上的托运人可填“COSCO Cntr Line Agencis Ltd O/B ××× Works（O/B 后为新加坡的出口工厂，O/B 前为中远国际货运有限公司在中国香港的代理)”。

相关链接

制美国单的注意事项：要求客户必须在船预计到装货港前 72 小时内提供完整的提单资料，以便留出提单的制作、修改和确认的时间。如果客户不能按照船公司的时间要求及时提供提单补料，则集装箱不能上船；如果客户不能在船公司向美国海关传递舱单前完成提单确认，那么在此之后的每一次修改都要产生 25 美元的海关罚款。Shipper 或 Notify 或 Consignee 必须提供详细地址（其中 Notify 或 Consignee 必须是美国本地地址），要详细到街道、门牌号，不能填写 P. O. BOX。

提单的正面应载明备案登记编号、查询码、企业的中英文名称、地址、电话、传真、电子邮箱等；签署的提单上应有查询编码，可供查询签发企业或其分支机构、代理人、签发人、签发日期。

10.2.4 货运单

如果货运单上印有“不可转让”（non-negotiable）字样，则通常只签发一份正本货运单。经请求，也可签发两份或两份以上的正本货运单。如果托运人要求更改收货人，则承运人应要求托运人先交回已经签发的货运单，再按托运人的要求签发已更改收货人的货运单。

1. 航空运单的缮制要求

航空运单与海运提单类似，也有正面、背面条款之分，不同的航空公司有自己独特的航空运单格式，但各航空公司所使用的航空运单大多借鉴的是 IATA 推荐的标准格式，差别并不大。

航空运单要求用英文大写字母填写，各栏内容必须准确、清楚、齐全，不得随意涂改。在航空运单的各栏中，有些栏目印有阴影。其中，有标题的阴影栏目仅供承运人填写；没有标题的阴影栏目一般不需填写，除非承运人有特殊需要。

2. 航空运单的内容及缮制规范

有关栏目的说明如表 10-4 所示。

表 10-4　航空运单的内容及缮制规范

栏　目	缮制内容	要点说明
1. 航空运单号码 (The Air Waybill Number) 及始发站机场 (Airport of Departure)	1A 处填航空公司的数字代号；1B 处填货运单序号及检验号，中间的 1 处填入始发站机场的 IATA 三字代码	航空运单号码应清晰地印在航空运单的左上角、右上角以及右下角（中性货运单须自行填制）
2. 托运人的名称、地址 (Shipper's Name and Address)	托运人的名称、地址和国家（或国家两字代码）	
3. 托运人账号 (Shipper's Account Number)		
4. 收货人的名称、地址 (Consignee's Name and Address)	收货人姓名、地址、所在国家及联络方法	因为空运单不可转让，所以“凭指示”之类的字样不得出现
5. 收货人账号 (Consignee's Account Number)		
6. 货运单代理人的名称和所在城市 (Issuing Carrier's Agent Name and City)	向承运人收取佣金的国际航空运输协会代理人的名称和所在机场或城市	
7. 货运单代理人 IATA 代码 (Agent's IATA Code)	代理人的国际航空运输协会代码	
8. 货运单代理人账号 (Agent's Account No.)		
9. 始发站机场和航线 [Airport of Departure (First Carrier) and Requested Routing]	这里的始发站机场应与第 1 栏填写的相一致	始发站机场与所在城市使用相同代码

（续表）

栏　目	缮制内容	要点说明
10. 财务说明 （Accounting Information）	有关财务说明事项	一般依照如下内容填写： （1）付款方式有现金（Cash）、支票（Check）、旅费证①（MCO）等 （2）用旅费证付款时，还需填上旅费证号码，旅客客票号码、航班、日期等 （3）货到目的地无法交付而被退运时，将原运单号填在新运单的本栏中 （4）货物飞离后运费更改时，将更改通知单单号填在本栏中 （5）运费支付方式为预付或到付
11. 航线和目的站 （Routing and Destination）	在 11A、11C、11E 中：分别填入第一、第二、第三中转站机场的 IATA 代码，承运人 11B、11D、11F 分别填入第一、第二、第三段运输的承运人	如不转运可不填
12. 货币 （Currency）	始发站所在国的 ISO 货币代码	此货币代码由国际标准化组织颁布
13. 费用代码 （CHGS Code）		
14. 运费 （Air Freight Charge）	声明价值费（Weight Charge/Valuation Charge，WT/VAL），此时可以有两种情况：预付（Prepaid，PPD）或到付（Collect，COLL），预付在 14A 中填写，否则填在 14B 中	在航空货物运输中，运费与声明价值费支付的方式必须一致，不能分别支付
15. 其他费用 （Other Charges）	15A、15B 内填除运费和声明价值附加费以外的其他费用	有预付和到付两种支付方式

① 旅费证（Miscellaneous Charges Order）是一种多用途有价票证。在中国，一般航空公司使用。在国外，代理人如果经过航空公司的授权也可以开具。

（续表）

栏　目	缮制内容	要点说明
16. 运输声明价值 (Declared Value for Carriage)	发货人要求的用于运输的声明价值	如果发货人不要求声明价值，则填入“NVD（No Value Declared）”
17. 海关声明价值 (Declared Value for Customs)	托运人向海关申报的货物声明价值	托运人不办理此项声明价值，应填入“NCV（No Customs Value）”
18. 目的站机场 (Airport of Destination)	目的地机场全称	
19. 航班/日期 [Flight/Date（For Carrier Use Only）]	货物所搭乘航班及日期	
20. 保险金额 (Amount of Insurance)	此栏必须打上“×××”或写上“NIL”字样	中国民航不代理国际货物运输保险，20A、20B 为保险条款
21. 处理事项 (Handling Information)	货物上的标志、号码、包装方法和随机文件等	也可填发货人对货物运输的特别指示
22A. 货物件数和运价组合点 (No. of Pieces RCP, Rate Combination Point)	货物件数和包装种类。如果使用的货物运价种类不同时，应分别填写，并将总件数相加，包装种类用“Packages”	22J 填总件数
22B. 毛重 (Gross Weight)	与件数相对应，填入货物的实际毛重，如以千克为单位时，则保留一位小数，并按 0.5 进位	22C 重量单位可选择千克（kg）或磅（lb），填“K”或“L” 22K 填总毛重
22D. 运价等级 (Rate Class)	相应的运价代码	M（Minimum）：起码运费 C（Specific Commodity Rates）：特种货物运价 S（Surcharge）：等级货物附加运价 R（Reduced）：等级货物附减运价 N（Normal Rate）：45 千克以下货物适用的普通货物运价 Q（Quantity）：45 千克以上货物适用的普通货物数量运价
22E. 商品 (Commodity Item No.)	当货物为特种货物时填货物的编码	

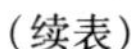

（续表）

栏　目	缮制内容	要点说明
22F. 计费重量（Chargeable Weight）	航空公司据以计算运费的计费重量	该重量可以与货物毛重相同也可以不同。如按起码运费计费，则本栏可不填
22G. 运价/运费（Rate/Charge）	该票货物适用的费率	当例用起码运费时，填起码运费
22H. 运费总额（Total freight）	运价与计费重量两栏数值的乘积	如为起码运费，则在此栏填起码运费
22I. 货物的品名、唛头、数量及尺码，含容积或体积［Nature and Quantity of Goods（Incl. Dimensions or Volume）］	商品名称、唛头、数量及尺码，包括体积或容积	货物的尺码应以厘米或英寸为单位，尺寸分别以货物最长、最宽、最高边为基础。体积则是上述三边的乘积，单位为立方厘米或立方英寸
23. 其他费用（Other Charges）		
24. 航空运费（Weight Charges）	24A 填预付运费金额（Prepaid） 24B 填到付运费金额（Collect） 30A 填预付总金额（Total Prepaid） 30B 填到付总金额（Total Collect）	
25. 声明价值附加费（Valuation Charges）		25A 填预付金额（Prepaid） 25B 填到付金额（Collect）
26. 税费（Tax）		26A 填预付金额（Prepaid） 26B 填到付金额（Collect）
27. 手续费金额（Total Other Charges due to Agent）	因代理的需要而产生的费用总额	27A 填预付金额（Prepaid） 27B 填到付金额（Collect）
28、29. 手续费金额（Total Other Charges due to Carriage）	因承运人的需要而产生的费用总额	28A、29A 填预付金额（Prepaid） 28B、29B 填到付金额（Collect）
30. 预付和到付费用总额（Total Prepaid，Total Collect）		
31. 托运人证明（Shipper's Certification Box）	由托运人或其代理人签字或盖章	

（续表）

栏　目	缮制内容	要点说明
32A. 填开日期 (Executed on Date)	航空运单的填开时间	按年、月、日顺序填写
32B. 填开地点 (Executed at Place)	填航空运单的地点	
32C. 制单承运人或其代理人签字、盖章 (Signature of Issuing Carrier or His Agent)	由填制航空运单的承运人或其代理人签字、盖章	
33. 目的地承运人用的栏目 (For Carrier Use only at the Destination)		33A 填汇率（Currency Coversion Rates） 33B 填用目的国货币支付的到付费用（Charges in Dest. Currency） 33C 填目的国费用（Charges at Destination） 33D 填总到付费用（Total Collect Charges）
34A. 参考号 (Reference Number)		34B、34C 可选的运输信息（Optional Shipping Information）

国际货运单证的流转内容请扫描二维码 10-1 查看：

二维码 10-1　国际货运单证的流转

 10.3　国际货代服务费用核算

财务部门在运费核算之前，应收集所有的原始单据，并办理相应的签收手续。财务部门应对收到的各种原始单据进行完整细致的审核。财务部门根据审核无误的原始单据，即可填制会计凭证。当发现运费错误时，应按规定的程序进行更正，更正要准确及时，以免耽误运费的催收和结算。揽货及业务人员在接受货主承运要求的同时，应与货主谈妥支付运费的方式，具体包括：现金、支票、托收、异地汇款。当运费款项入账后，财务人员根据银行入账单据、发票记账联、经货主确认的收费明细等原始资料填制记账凭证，

冲减货主欠费。财务人员应将填制完毕的收款记账连同后附的原始凭证一并复核。

建立客户信用等级评定制度，定期评定客户的信用等级和信用额度，建立重点客户的信用状况跟踪系统。经常跟踪、了解、分析客户的信用状况、经营及财务状况，一旦发现客户财务状况恶化，不能按时付费，即刻采取必要的措施。

委托人应支付的费用，包括全程运费、代理费、订舱费、服务费、双方约定的其他费用。干线船公司应支付的费用，包括支线船运费、佣金、箱管费、支线货币贬值附加费、双方约定的其他费用。

货代应按国家法律法规及协议约定收取和支付费用。在运输过程中如产生额外费用，在得到委托人或干线船公司确认后，应按实际发生的金额收取。

10.3.1 服务费用核算概述

企业应在提供服务前告知客户服务费用包含的范围、内容、计收方式和标准。告知的内容应包括企业有权选择以价值或重量或体积来计算费用；有关服务费用包含的范围、内容和计收方式的详细情况；报价经客户接受后，如遇外汇、运费、保险、额外费用等变化，可与客户协商修改报价或收费以及行业中介组织公布的收费标准。Catapult为货代、托运人及船公司提供技术解决方案，管理超过10亿个货运报价，准确度达99%。Catapult的云端系统集合了海、陆、空三种运输方案的运费和合同，用户可通过单一平台搜寻运费，比较各船公司的收费，查看船期及航运周期以及建立报告和预约运送服务。上海出口集装箱货运指数（SCFI）和世界集装箱指数（WCI）等现货运价指数为国际货代人、托运人、承运人提供实时运价走势参考。

1. 成本费用分析

国际货代服务费用包含货代的代理费和运杂费，其中运费占比最高。运费（Freight）是托运人为运输一票货物而支付给承运人的费用。

（1）多式联运成本费用分析

这一部分的分析涉及以下内容：

运输线路、运输方式、实际承运人的选择。具体包括运费高低、运输时间的长短、运输的次数（频率）、运输能力的大小、运输货物的安全性、运输货物的准确性、运输货物的适用性、能适合多种运输需要的伸缩性、与其他方式衔接的灵活性，提供货物所在位置信息的可能性。

运输线路区段划分。具体包括与货主、各派出机构、代理人、实际承运人之间的信息、单证传递费用，通信费用，单证成本和制单手续费以及派出机构的管理费。

将货物分派或分配到各备选的运输方式的选择。具体包括集疏运费、港区场站服务费、集装箱租赁费、保险费、在途库存成本、始发地库存成本、终到地库存成本等。

预期取得毛利润。具体包括市场竞争情况和竞争需要。

（2）内陆运费分析

内陆运费分析包括：运费、关税及清关费用分析；公路、铁路及内河运输的装箱时间及延滞费分析；额外服务及附加费。货物的包装费用和无效运输及更改运输线路与方向带来的费用增加也是分析的一部分。

（3）集装箱运输费用分析

集装箱运输费用分析包括起运港的费用分析，包括货物提前进站的仓储费用和海关监管费、提运空箱和重箱进场的拖运费和码头费用、货物的装箱费和理货费用等的分析。海运运费及在船舶代理处办理有关订舱业务收取手续费等的分析。目的港费用分析，比如提运重箱和还空箱的拖运费和码头费用、拆箱费和理货费、分拨费和相关的代理手续费、拼箱货的仓储费用、其他特殊费用等的分析。

拼箱货混拼运费分析的内容还包括中转港再拼箱及理货的费用、集装箱的拖运费和仓储费、中转港代理人的费用、其他相关的服务费用。

企业实践

海运拼箱费用是国际海运中最模糊的费用。在目前的海运拼箱业务中，卖家惊叹运费低廉，买家惊呼当地费用高昂，拼箱市场混乱。拼箱公司也很无辜，白热化竞争让他们不得不从大流。比如当你询问拼箱到欧洲某国内陆点的运费时，你会发现费用居然和到基本港的价格是一样的。可以肯定的是，欧洲的卡车不会免费送货，这种费用是由买家来买单的。这里简单说明中国拼箱的状况，帮助读者了解其费用的来源及构成，以免在自己不知情的情况下错用拼箱，失信于贸易伙伴。

起运港的费用不多，也没什么花样，仓库费不超过40元一平方米，报关费用是100元一票。最多再产生个查验费，查验费分半掏和全掏，至多不超过1 000元，发生的概率低。然后就是海运费，很多航线海运费低廉得让人不理解，但便宜不一定是好事，没人做亏本生意。最后就是目的港当地费用，这是重点。进口清关的费用由客户自理，跟拼箱公司关系不大。和拼箱公司相关的有两部分，一个是换单时收取的费用，这个费用包含了诸多名目，通常有文件费（Document Fee）、拼箱分拨费（LCL Charge）、码头处理费（THC）等。欧洲等国家通常还收取中国进口货物附加费（CISF），这很容易被理解为进口国政府征收的费用，其实不是，这是一个由于中国货代恶性竞争产生的一个不正规费用，用来弥补低廉运费造成的损失。当然，其他费用项目也不一定就是合理的，巧立名目收费的比比皆是，有经验的出口商通常都会在询问运费的同时确认好目的港费用。为了维护买方的利益，卖方会与国际货代商量免收 CISF，要求在提单上显示目的港费用，最大程度降低买家被乱收费的可能。

事实上，绝大部分出口商都认为自己已经成功降低了买方被乱收费的可能，然而买家需要付的钱并没有减少，当他们清关结束到仓库提货的时候，可能还要面临高昂的仓储费以及装卸费。这部分费用通常拼箱公司是不会支付的，甚至“无法支付”，理由是，他们的目的港代理同时和多家仓库合作，货物到港时具体使用哪个仓库要依仓库的繁忙程度而定，而不同仓库的费用会有少许差别；目的港仓库费用是由当地相关部门监管的，有相应的标准，不会有问题；仓库费用的定价权不在起运港代理手中，随市场行情会有变动等。同时，这个费用不可能像换单费用一样在提单上列明，因为到仓库提货使用的是用提单换来的提货单（D/O），显示在提单上也不会有任何效用，而提货单上面是没有位置可以显示费用的。这个费用是完全脱离发货人控制的。如果买家因为费用过高拒绝提货只会带来更加昂贵的超期仓储费，在各种压力下，买家只能先付钱提货。所以，很多时候，这个环节成了乱收费的“温床”。因此，相应的对策是善意要求买家反馈仓储提货费用，如发现费用不合理，可以由发货人向起运港代理投诉，追讨不合理部分。办法虽然使买家被动，但可在一定程度上遏制乱收费情况的发生。

（4）航空运费分析

航空运费分析包括：

货物的适用运价与货物的计费重量分析。具体涉及体积重量和实际重量的不同；航空区域、货物种类不同所适用的最低运价、普通货物运价、等级货物运价、指定商品运价的不同；货物航空运价、运费的货币进整；航空货物运价的“递远递减”的原则，即货物运送距离越远受惠越多。

飞机载运能力受飞机最大起飞全重和货舱本身的体积限制。提供地面运输、仓储、制单、国际货物的清关等服务的部门所收取的费用分析。

（5）国际铁路联运运费分析

国际铁路联运运费分析包括发送路、到达路、过境路的运送费用分析三部分。

2. 运费率

运费率（Freight Rate）也称运价，是托运人为运输单位货物而支付的运输费用。依据运输方式和运输单元不同，运费率可以是每一运费吨或运费千克的价格，也可以是每一集装箱的价格，还可以是整车或整船的价格。

3. 运输数量

运输数量（Freight Quantity）是托运人委托承运人运输的某一票货物的数量或重量。

计费重量是指计算运费时使用的计算单位，也称计费标准。运输方式不同、国别不同，运费的计算标准也不尽相同。

（1）散杂货班轮运费计算标准

1）按货物的重量计算运费，计量的吨数被称为重量吨，在运价表内列明“W”，也就是“Weight”的缩写，以每吨为计算单位，一般重货按照重量吨计收运费。

2）按货物的体积计算运费，计量的吨数被称为尺码吨，在运价表内列明“M”，也就是“Measurement”的缩写，以1立方米或40立方英尺为1尺码吨，作为计算单位，一般轻泡货按照尺码吨计收运费。

3）按货物的体积和重量计算运费，取较高者，在运价表内填“W/M”。

4）按货物价值的一定百分比计收，称从价运费（Ad Valorem）。在运价表内列明为“Ad Val”或“A. V.”。

5）按混合标准计收，如“W/M plus A. V.”等，即按重量吨或尺码吨再加从价运费计收。

凡以重量吨或尺码吨计算运费的，统称为运费吨。如果不同商品混装在一个包装内（集装箱除外），则全部货物按其中收费高的商品计收运费。同一种货物因包装不同计费标准也不同。

此外，还有一些商品是按件（Per Unit）或头（Per Head）计收的，前者有车辆等，后者有活牲畜等。对于大宗商品如粮食、矿石、煤炭等，因运量较大、货价较低、容易装卸等原因，货运代理为了争取货源，可以与货主另行商定运价。

（2）集装箱班轮运费的计算标准

1）拼箱货运费的计算标准与散杂货班轮的一样。散货拼箱轻抛货按立方米来计算，重量货则按重量折合成等效体积计算，比如头程中国港口到美国西海岸港口（1吨折合1立方米），二程美国港口到内陆点或东海岸目的港（363千克折合1立方米）；头程中国港口到北欧港口或加拿大西海岸港口（1吨折合1立方米），二程北欧港口或加拿大西海岸港口到内陆点或目的港（333千克折合1立方米），参见第147页表6-1。

2）整箱货按照每一集装箱计算运费，同时根据集装箱的箱型、尺寸的不同规定不同的包箱费率（Box Rate）。

因此，集装箱班轮运费的计算标准是按每一集装箱来算的。

（3）航空运费计费标准

航空运费的计费标准是指用以计算货物航空运费的重量标准。在实践中，一般对货物的实际重量与体积重量进行比较，取较高者用以计算。所以，对于高密度货物（High Density Cargo），也就是重货，一般选择其实际重量作为计费重量；由于货舱空间体积的限制，一般对于低密度货物（Low Density Cargo），即轻货或轻泡货物，应考虑其体积重量可能会成为计费重量；但当货物按较高重量分界点的较低运价计算的航空运费较低时，则将此较高重量分界点的货物起始重量作为货物的计费重量。

体积重量是指按照国际航协规则，将货物的体积按一定的比例折合成的等效重量。在计算体积时，不论货物的形状是否为规则的长方体或正方体，均应以最长、最宽、最高的三边的厘米长度计算。长、宽、高的小数部分按四舍五入取整，体积重量的换算标准为每6 000立方厘米折合1千克，也即航空运输中轻重货临界点货物的密度为1千克每6 000立方厘米。

在集中托运的情况下，同一运单项下会有多件货物，其中有重货也有轻货，此时货物的计费重量就按照该批货物的总重量或总体积重量中较高的一个计算。也就是首先计算这一整批货物总的实际重量，再计算该批货物的总体积，并求出体积重量，最后比较两个数值，取较高者作为该批货物的计费重量。

特别提示

计算航空运费时，如果货物的重量以千克表示，计费重量的最小单位是0.5千克。当重量不足0.5千克时，按0.5千克计算；超过0.5千克不足1千克时，按1千克计算。如果货物的毛重以磅表示，则当货物不足1磅时，按1磅计算。

运费与运费率的关系：运费等于运费率与运量之积，公式如下：

$$F = R \times Q$$

其中，F表示运费，R表示运费率，Q表示运量。

4. 装卸费用

装卸费用是指将货物从岸边（或驳船）装入舱内和将货物从船舱内卸至岸边（或驳船）的费用。常见的约定方法有如下几种。

（1）班轮条款

班轮条款（Liner Terms，Liner In & Out，LIO）又称泊位条款（Berth Terms），等同于总承兑条款（Gross Terms）、船边交接货物条款（Free Along-side Ship，FAS）。根据这一条款，承租人把货物交到船边的吊钩下，船方负责把货物装入舱内并整理好；卸货时，船方负责将货物从舱内卸到船边，由承租人或收货人提货。所以，责任和费用的划分以船边为界，船舶出租人负责雇用装卸工人，并负担货物的装卸费用。在班轮运输中，承运人负责装卸费但不包括码头处理费（Terminal Handling Charge，THC）。

（2）舱内收货条款

根据舱内收货（Free In，FI）条款，装货费用在装货港由承租人负担。如果船舶出租人不负责装货费用而仍承担其他费用（如卸货港费等）的话，可使用（Free In Liner Out，FILO）条款，它是FI条款的变形。

（3）舱内交货条款

根据舱内交货（Free Out，FO）条款，卸货费用在卸货港由承租人负担。如果船舶出租人不负责卸货费用而仍承担其他费用（如装货港费用等）的话，可使用（Liner In Free Out，LIFO）条款，它是FO条款的变形。在班轮运输中，承运人只负责装船费不负责卸船费。中山外运公司从中山发到香港的散货（多为港销货）常例用此条款。

（4）舱内收交货条款

根据舱内收交货（Free In and Out，FIO）条款，承租人在装、卸货港雇用装卸工人，并负担装卸费用。

（5）舱内收交货和堆舱、平舱条款

舱内收交货和堆舱、平舱条款（Free In and Out，Stowed and Trimmed，FIOST）与班轮条款相反，船舶出租人不负责有关装卸的所有费用，装卸费、平舱费与堆舱费全部由承租人负担。按此含义，装运重大件货物时，绑扎所需的绑扎材料费用也应由承租人负担，为明确起见，应在合同中注明“FIOST，Lashed”。若船舶出租人不承担垫舱费用，则加注“FIO Dunnage”。

上述条款中的装卸费用是指在装货港产生的装货费和在卸货港产生的卸货费。如果是在避难港产生的费用，或者是因为过运河需要过驳而产生的装卸费及其他非原来约定的装卸港产生的装卸费，则仍由船舶出租人负担。

（6）总装卸费或称总装货费、总卸货费条款

总装卸费或称总装货费、总卸货费条款（Gross Load and Discharge，or Gross Load，or Gross Discharge）是指船舶出租人负责与装卸或装货或卸货有关的全部费用。这种条款是指船舶出租人除了要负责装卸费以外，还要承担货物积载、平舱等费用。该条款在实践中很少使用。

（7）限额条款

限额条款（Scale Load and Discharge）是指由船舶出租人负责装卸费，超

出部分由承运人自行负担。

10.3.2 散杂货班轮运费核算

1. 班轮运价表（Liner Freight Tariff）

班轮运费是根据班轮公司指定的运价表进行计算的。运价表又称运价本或费率本，是船公司承运货物向托运人据以收取运费的运价情况汇总，运价表主要由条款与规定、商品分类和费率三部分组成。

示 例

中海集装箱运输上海有限公司的班轮运价表（如图10-1所示）。

中海集装箱运输上海有限公司

编号：NF20060727

<table>
<tr><td>Destination/目的港</td><td>进港代码</td><td>20 GP</td><td>40 GP</td></tr>
<tr><td>Durban/德班</td><td>ZADUR</td><td>1 400</td><td>2 800</td></tr>
<tr><td colspan="4">以上为海运费，另加BAF：USD105/TEU。预付按协议退佣。到付退佣2.5%。上海港停靠外二区。约翰内斯堡在德班运价基础上另加铁路转运费，标准如下：</td></tr>
<tr><td colspan="4">20GP 货重≤12.999吨，加收转运费USD310/20GP
20GP 货重>12.999吨，且≤21.999吨（但总重不得超过24吨），加收转运费USD540/20GP
20GP 货重>21.999吨或总重超过24吨，加收转运费USD1 025/20GP</td></tr>
<tr><td colspan="4">40GP&HQ 货重≤25.999吨，加收转运费USD610/40GP&HQ
40GP&HQ 货重>25.999吨，且≤29.399吨（但总重不得超过30.48吨），加收转运费USD1 070/40GP&HQ
40GP&HQ 货重>29.399吨或总重超过30.48吨，加收转运费USD2 040/40GP&HQ</td></tr>
</table>

引自中海集装箱运输有限公司网站

图10-1 南非航线运价表

2. 运费结构

班轮运费由基本运费和附加费两部分组成。

（1）基本运费（Basic Freight）

基本运费是运输每批货物所应收取的最基本的运费，它是一批货物运费的主要部分，是根据基本费率和运费吨计算而得。基本费率（Basic Rate）是

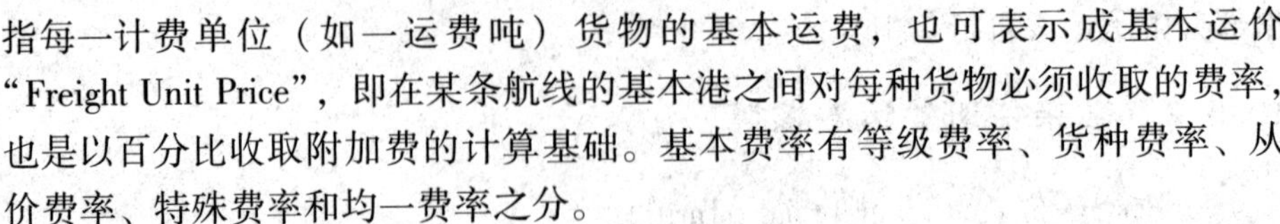

指每一计费单位（如一运费吨）货物的基本运费，也可表示成基本运价“Freight Unit Price”，即在某条航线的基本港之间对每种货物必须收取的费率，也是以百分比收取附加费的计算基础。基本费率有等级费率、货种费率、从价费率、特殊费率和均一费率之分。

（2）附加费（Surcharges）

附加费是为了保持在一定时期内基本费率的稳定，正确反映各港的各种货物的航运成本的差异，弥补损失班轮公司在基本费率之外规定的各种额外费用。

常用的附加费如表 10- 5 所示。

表 10- 5　常用的附加费

缩写	英文全称	中文名称	要点解释
AMS	Automated Manifest System	美国（自动）舱单录入费	用于美加航线
ACC	Alameda Corridor User Surcharge	南加州走廊（洛杉矶/长滩）铁路转运附加费	用于美国航线
BAF BS BC	Bunker Adjustment Factor = Bunker Surcharge = Bunker Charge	燃油附加费	大多数航线都有，但标准不一
CSC	Container Service Charge	货柜服务费	
CAF CAS	Currency Adjustment Factor Currency Adjustment Surcharge	货币贬值附加费支线货币贬值附加费 = 支线运费 X 货币贬值附加费费率。货币贬值附加费费率以干线船公司当月公布费率为准	支线货币贬值附加费是长江内河支线运输货代企业为了弥补货币兑换过程中的汇兑损失而加收的附加费
CISF	China Import Service Fee	中国进口服务费	中国产品出口到欧洲的一笔附加费用，是货代在目的港代理所收的费用
CUC	Chasis Usage Charge	车身底盘费	车船直接换装吊装卸费
DDC	Destination Delivery Charge	目的地交货费	
DS	Deviation Surcharge	绕航附加费	
DA	Direct Additional	直航附加费	美加航线使用
EBA	Emergency Bunker Additional	紧急燃油附加费	非洲、中南美航线使用
EBS	Emergency Bunker Surcharge	紧急燃油附加费	日线和澳新线使用
EPS	Equipment Position Surcharge	设备位置附加费	
FAF	Fuel Adjustment Factor	燃料附加费	波斯湾、红海、南美、日线使用

（续表）

缩写	英文全称	中文名称	要点解释
GRI	General Rate Increase	综合费率上涨附加费	一般是南美航线、美国航线使用
GRR	General Rate Increase Rate Restoration	综合费率恢复费 费率恢复费	旺季收取，是加价的手段
HLA	Heavy-lift Additional	超重附加费	
IFA	Interim Fuel Additional	临时燃油附加费	某些航线临时使用
LLA	Long Length Additional	超长附加费	
ISPS	International Ship and Port Facility Security	港口安全设施费，或者称港口安保费	欧洲地中海航线
ORC	Original Receiving Charge	本地收货费用	和上海码头费类似，一般在我国华南地区使用
PCS	Port Congestion Surcharge	港口拥挤附加费	通常在以色列、印度某些港口及中南美航线使用
PCTF	Panama Canal Transit Fee	巴拿马运河附加费	美国航线、中南美航线使用
PTF	Panama Transit Fee	巴拿马运河附加费	
PSS	Peak Season Surcharge	旺季附加费	大多数航线在运输旺季时可能临时使用
SPS	Shanghai Port Surcharge	上海码头费	船挂在上海港九区、十区时收取
SCS	Suez Canal Surcharge	苏伊士运河附加费	
TAR	Temporary Additional Risks	临时风险附加费	本义为“临时附加费风险”，实指战争附加费
THC	Terminal Handling Charge	码头操作费	
TS	Transhipment Surcharge	转船附加费	
WRS	War Risk Surcharge	战争险附加费	
YAS	Yard Surcharge	码头附加费	
YAS	Yen Adjustment Surcharge	日元贬值费	日本航线专用

3. 运费计算

运费的计算分为以下几个步骤：

（1）选择相关的运价本；

（2）根据货物名称，在货物分级表中查找运费计算标准（Basis）和等级（Class）；

（3）在等级费率表的基本费率部分，找到相应的航线、起运港、目的港，按等级查到基本运价；

（4）在附加费部分查找所有应收（付）的附加费项目和数额（或百分比）及货币种类；

（5）根据基本运价和附加费算出实际运价；

（6）运费 = 运价 × 运费吨。

示　例

2007年4月广州A公司委托货运代理B公司出口某商品100公吨，4 000箱装，每箱毛重25千克，体积20厘米×30厘米×40厘米，单价CFR马赛每箱55美元，查运价表得知该货为8级，计费标准为W/M，每运费吨运费80美元，另按基本费率征收转船附加费20%，燃油附加费BAF 10%。请计算B公司应收多少运费（用人民币表示）？（假设当时的外汇牌价：100美元 =756元人民币）

解：1. R

R_1 = USD80/FT

Transhipment Surcharge：20%

BAF：10%

$R_2 = R_1 \times (20\% + 10\%)$

$R = R_1 + R_2 = 80 \times (1 + 20\% + 10\%)$ = USD104/FT

2. Q

W = 100MT

M = 4 000 × 0.20 × 0.30 × 0.40 = 96CBM

∵ 计费标准为 W/M

∴ W/M = 100MT/96CBM > 1MT/CBM

∴ Q = 100MT = 100FT

3. F = RXQ = USD104/FT × 100FT

= USD10 400

= CNY10 400 × 7.56

= CNY78 624

答：B公司应收运费78 624元人民币。

10.3.3　集装箱班轮运费核算

目前，集装箱货物海上运价体系较内陆运价体系成熟。根据前述集装箱班轮运费的计费标准，海上运费核算基本上有以下两个大类。

1. 拼箱货的运费核算

沿用散杂货运费计算方法，即运价以每运费吨为单位（俗称散货价），采用基本费率加附加费率。

（1）基本费率

参照传统散杂货运价，以运费吨为计算单位，多数航线采用等级费率。

（2）附加费

除传统杂货所收的常规附加费外，还要加收一些与集装箱货物运输有关的附加费。

（3）虚舱费

虚舱费是在海运拼箱出口过程中，在截单截货日前一个工作日的中午11：00以后，因订舱人原因造成货物无法及时出运，导致拼箱公司舱位空置，拼箱公司由此向订舱人收取的弥补该损失的费用。虚舱费计算以空置舱位的成本为标准，具体计算公式如下：

虚舱费 = 订舱计费立方数 ×（整箱海运费 + 整箱起运港费用）/标准立方数

注：标准立方数 20 英尺、40 英尺、40 英尺高集装箱（HQ）分别为 25 立方米、50 立方米、60 立方米。

虚舱费产生的常见原因和预防措施：

1）原因：货物来不及进仓或临时取消出货，订舱人却没有及时取消订舱。

预防措施：货代业务员要在截关日前与货主保持一定的沟通，及时反馈信息，并告知货主如果货不出运，则要收取虚舱费。

2）原因：出现较大比例的超方、缩方、超重等。

预防措施：货代业务员应要求货主的订舱托单与实际货物尽可能保持一致，如有任何变动及时通知。

3）原因：货物进仓后因货物本身的特性或规格问题导致无法承运，如液体、危险品、超大超重件等。

预防措施：货代业务员告知货主船公司不承接货物的范围，超大、超重件必须事先确认。

4）原因：海关查验导致无法及时出运。

预防措施：货代业务员应要求货主在报关时做到单单一致、单证一致、单货一致、单机一致，当海关有疑问时配合船公司报关员及时清晰地向海关答复，以保证货物及时出运。

2. 整箱货的运费核算

整箱货的运费核算使用包箱费率。包箱费率（Commodity Box Rate，CBR；

Group Rate，Window Rate）俗称包箱价，以每个集装箱为计费单位，常用于集装箱交货的情况，即CFS—CY或CY—CY条款。现在大多数集装箱班轮公司对柜货一般采用均一包箱费率制（Freight for All Kinds，FAK），就是对普通集装箱的货物，不细分箱内货物的货类级别，不计货量（在重量限额以内），只按箱型统一规定的费率计费。

采用这种费率时，货物仅分普通货物、半危险货物、危险货物和冷藏货物4类。不同类的货物、不同尺度的集装箱费率不同。

集装箱班轮公司的运价表通常是按柜类（通用柜、冷冻柜、危品柜）对20英尺通用集装箱（GP），40英尺通用集装箱，40英尺高集装箱（HQ），45英尺高集装箱分别标出每柜货物的基本费率。除了基本费率外，还会规定每柜的附加费。

示　例

出口商A公司委托货代B公司将一批杂货——人造纤维从广州黄埔港运往欧洲某港口，该票货物体积为20立方米、毛重为17.4公吨，A公司要求选择卸货荷兰港鹿特丹港（Rotterdam）或德国汉堡港（Hamburg），鹿特丹港和汉堡港都是基本港口，其基本运费率为USD80.0/FT，3个以内选卸港的附加费率为每运费吨加收3美元，计费标准为“W/M”。

请问：

（1）该货代B应向托运人A收取多少运费（以美元计）？

（2）如果改用集装箱运输，海运费的基本费率为每箱1 100美元，货币贬值附加费10%，燃油附加费10%。改用集装箱运输时，该托运人应支付多少运费（以美元计）？

（3）若不计杂货运输和集装箱运输两种运输方式的其他费用，托运人从节省海运费的角度考虑是否应选择改用集装箱运输？

解：（1）

1）R

$R_1 = USD80/FT$

$R_2 = USD3/FT$

$R = R_1 + R_2 = USD\ (80 + 3) = USD83/FT$

2）Q

$W = 17.4MT$

$M = 20CBM$

∵ 计费标准为W/M

$\therefore$ W/M = 17.4MT/20 CBM < 1MT/CBM

$\therefore$ Q = 20 CBM = 20FT

3）F = RXQ = USD83/FT × 20FT

= USD1 660

答： B公司应收运费1 660美元。

（2）

1）R

$R_1 = 1\ 100$

$R_2 = R_1 \times (10\% + 10\%)$

$R = R_1 + R_2 = R_1 \times (1 + 10\% + 10\%)$ = USD1 320.0/TEU

[$R = R_1 \times (1 + 10\%) \times (1 + 10\%)$ = USD1 331.0/TEU]

2）Q

W = 17.4MT，M = 20CBM

一个TEU的单位容重：17.5MT/33.126CBM

W/M = 17.4MT/20CBM < 17.5MT/33.126CBM

20/（33.126 × 85%）< 1

$\therefore$ Q = 1TEU

3）F = R × Q = USD1 320.0/TEU × 1 TEU = USD1 320.0

答： 托运人应该支付1 320.0美元。

（3）答：因为USD1 660.0大于USD1 320.0，即（1）大于（2），所以应选择集装箱运输。

示 例

有一批铜丝件需要从广州运到芝加哥，重量为4公吨，体积为10立方米。先用海运将该批铜丝件从广州运到洛杉矶，再从洛杉矶用内陆拖车运到芝加哥，交货条件为CY—CY。已知从广州到洛杉矶的运费率是27美元每立方米每冷吨（USD15/CBM/RT），中转费率是27美元每立方米每冷吨（USD27/CBM/RT），拼箱美国西海岸目的港交货费（DDC）是USD28.1/CBM/RT。求该票货物的总运费。

解： 本题涉及美国的内陆点多式联运（IPI）。

（1）广州到洛杉矶，远洋海运费为 F_1

1）R

R_1 = USD15/CBM/RT；R_2 = DDC = USD28.1/CBM/RT

2）Q

∵ 计费标准为 W/M

W/M =4MT/10CBM <1MT/CBM，是轻泡货，使用体积。

∴ Q =10CBM =10（CBM/RT）

3）F_1 = R × Q = USD（15 +28.1）×10 = USD431

（2）洛杉矶到芝加哥，使用内陆拖车，费用为 F_2

1）R = USD27/CBM/RT

2）Q

∵ 计费标准为 W/M

W/M =4MT/10CBM >0.363 MT/CBM，

是重量货，使用毛重。

∴ Q =4 MT =4/0.363（CBM/RT）（注：等效体积）

3）F_2 = R × Q = USD27 ×4/0.363 = USD297.52

（3）总运费

F = F_1 + F_2 = USD431 + USD297.52 = USD728.52

答：从广州到芝加哥要支付的总运费为 USD728.52。

如果揽货员报洛杉矶 13 美元每立方米每冷吨（SD13/CBM/RT），芝加哥中转费为 32 美元每立方米每冷吨（USD32/CBM/RT），通常客户只比较船将货物运到洛杉矶的费用，没有注意到中转费，则公司可以因此获利。

承运人对运往美国的货物的报价（Offer，Quotation）一般依价值类别不同而分为 4 类，即 Group（A ~ D），受 FMC 管制与规范。通常 Group A > B > C > D。这里的 Group（A ~ D）与前面讲美国线内陆点分区范围时所说的 Group 1 ~4完全不相关。船公司的客户（货代或大的出口商）必须以自己实际出口货物的品名申报、询价并详细填制提单。对于承运人提供的 Group（A ~ D）中未列出或不明的商品，一般均采用 Group A 的价格，即于 Group（A ~ D）中查不到的所有货物全部算 FAK 货。

10.3.4 航空运费核算

1. 航空运费的定义

货物的航空运费（Weight Charge）是指航空公司将一票货物自始发地机场运至目的地机场所应收取的航空运输费用。该费用根据每票货物所适用的运价和货物的计费重量计算而得，不包括其他与航空运输有关的费用。

2. 国际航协运价定价遵照的原则

（1）重量分段对应运价

在每一个重量范围内设置一个运价。

（2）数量折扣原则

托运人委托的运量越大，承运人给予的折扣越大，运价越低。

（3）运距的因素

运输的距离越长，运价越高。

（4）根据产品的性质分类

国际航协根据产品的性质分为在普货运价的基础上运价附加或运价附减。例如：对于活体动物、骨灰、鲜活易腐物品、贵重物品、急件等货物采取附加的形式，对于书报杂志、作为货物运输的行李则采取附减的形式。

3. 航空运费的计算

国际货物运价可分为公布的直达运价和非公布的直达运价，在此只介绍公布的直达运价航空运费的计算方法。空运公布的直达运价指航空公司在运价本上直接注明承运人对由甲地运至乙地的货物收取的一定金额。

（1）航空货运运价的种类（如表 10-6 所示）

表 10-6 航空货运运价的种类

<table>
<tr><td rowspan="6">IATA 运价体系</td><td rowspan="4">公布的直达运价
(Published Through Rates)</td><td>普通货物（一般货物）运价（GCR）：
M（起码运费），N－45（<45 千克），Q－45（45 千克≤Q<100 千克）、Q－100（≥100 千克）、200、250、300、500、1 000</td></tr>
<tr><td>特种货物（指定商品）运价（SCR）：C</td></tr>
<tr><td>等级货物运价（CCR）：
SM A%>100%，R B%<100%，S C%≥100%</td></tr>
<tr><td>集装货物运价（Unit Load Device Rate）：U、E、X、Y</td></tr>
<tr><td rowspan="2">非公布的直达运价
(Un-Published Through Rates)</td><td>比例运价（Construction Rate）</td></tr>
<tr><td>分段相加运价（Combination of Rates and Charges）</td></tr>
</table>

1）普通货物运价（General Cargo Rates，GCR），是适用范围最为广泛的一种运价，是指除了等级货物运价和指定商品运价以外的适合于普通货物运输的运价。

通常，各航空公司公布的普通货物运价会针对所承运货物重量不同规定几个计费重量等级分界点（Breakpoints）。最常见的是以 45 千克为分界点，将货物分为 45 千克以下的货物（该种货物的运价又被称为标准普通货物运价，即 Normal General Cargo Rates，N）和 45 千克以上（含 45 千克）的货物。另外，根据航线货流量的不同还可以规定以 100 千克、300 千克为分界点，甚至更多。

计算步骤的术语解释如下所述。

① Volume：体积；

② Volume Weight：体积重量；

③ Chargeable Weight：计费重量；

④ Applicable Rate：适用运价；

⑤ Weight Charge：航空运费。

示　例

Routing：BEIJING，CHINA TO TOKYO，JAPAN

Commodity：Sample

Gross Weight：25. 2kg

Dimensions：82cm × 48cm × 32cm

公布的直达运价如表 10-7：

表 10-7　公布的直达运价

BEIJING Y. RENMINBI		CN (CNY)	BJS (kg)
TOKYO	JP	M	230. 00
		N	37. 51
		45	28. 13

请计算该票货物的航空运费。

解：

第一步求运量 Q。

Volume：82 × 48 × 32 = 125 952cm³

Volume Weight：125 952 ÷ 6 000 ≈ 20. 99kg ≈ 21. 0kg

Gross Weight：25. 2kg

Chargeable Weight：25. 5kg

第二步求运价 R。

25. 5 < 45

Applicable Rate：GCR N 37. 51CNY/kg

第三步求运费 F。

Weight Charge：25. 5 × 37. 51 ≈ CNY956. 51

较高重点点的运费：45 × 28. 13 = CNY1 265. 85

最低运费：CNY 230. 00

1 265. 85 > 956. 51 > 230

答：本票货航空运费为：956.51元人民币

2）指定货物运价（Specific Commodity Rates，SCR），通常是承运人根据在某一航线上经常运输某一种类货物的托运人的请求，或为促进某地区间某一种类货物的运输，经国际航空运输协会同意所提供的优惠运价。

国际航空运输协会公布特种货物运价时，将货物划分为以下类型：

① 0 001 ~0 999 食用动物和植物产品；

② 1 000 ~1 999 活动物和非食用动物及植物产品；

③ 2 000 ~2 999 纺织品、纤维及其制品；

④ 3 000 ~3 999 金属及其制品，但不包括机械、车辆和电器设备；

⑤ 4 000 ~4 999 机械、车辆和电器设备；

⑥ 5 000 ~5 999 非金属矿物质及其制品；

⑦ 6 000 ~6 999 化工品及相关产品；

⑧ 7 000 ~7 999 纸张、芦苇、橡胶和木材制品；

⑨ 8 000 ~8 999 科学、精密仪器、器械及配件；

⑩ 9 000 ~9 999 其他货物。

其中每一组又细分为10个小组，每个小组再细分，几乎所有的商品都有一个对应的组号，公布特种货物运价时只要指出本运价适用于哪一组货物就可以了。

承运人制定特种运价的初衷主要是使运价更具竞争力，吸引更多客户使用航空货运形式运输货物，使航空公司的运力得到更充分的利用，所以特种货物运价比普通货物运价要低。也因此，适用特种运价的货物除了要满足航线和货物种类的要求外，还必须达到承运人所规定的起码运量（如100千克）。如果货量不足，而托运人又希望适用特种运价，那么货物的计费重量就要以所规定的最低运量（100千克）为准，该批货物的运费就是计费重量（在此是最低运量）与所适用的特种货物运价的乘积。

3）等级货物运价（Class Rates or Commodity Classification Rates，CCR）指适用于指定地区内部或地区之间的少数货物运输。通常表示为在普通货物运价的基础上增加或减少一定的百分比。

适用等级货物运价的货物通常有：

① 活体动物、活体动物的集装箱和笼子；

② 贵重物品；

③ 尸体或骨灰；

④ 报纸、杂志、图书、商品目录、盲人和聋哑人专用设备及图书等出版物；

⑤ 作为货物托运的行李。

其中前三项通常在普通货物运价基础上增加一定百分比，后两项在普通货物运价的基础上减少一定百分比。

4）起码运费（Minimum Charges，M）是航空公司办理一批货物所能接受的最低运费，是航空公司在考虑办理即使很小的一批货物也会产生的固定费用后制定的，是一票货物自始发地机场至目的地机场航空运费的最低限额。

如果承运人收取的运费低于起码运费，就不能弥补运送成本。因此，航空公司规定无论所运送的货物适用哪一种航空运价，所计算出来的运费总额都不得低于起码运费。若计算出的数值低于起码运费，则以起码运费计收，另有规定的除外。

航空货运中除以上介绍的4种公布的直达运价外，还有一种特殊的运价，即集装货物运价（适用于托盘或集装箱货物）。

（2）公布的直达运价的使用

除起码运费外，公布的直达运价都以千克或磅为单位。

在航空运费计算时，应首先使用特种货物运价，其次用等级货物运价，最后使用普通货物运价。当按特种货物运价、等级货物运价或普通货物运价计算的货物运费总额低于所规定的起码运费时，按起码运费计收。

承运货物的计费重量可以是货物的实际重量或体积重量，以较高的为准。当某一运价要求有最低运量，而货物的实际重量和体积重量都不能达到要求时，以最低运量为计费重量。

公布的直达运价是一个机场至另一个机场的运价，而且只适用于单一方向。

公布的直达运价仅指基本运费，不包含仓储费等附加费。原则上，公布的直达运价与飞机飞行的路线无关，但可能因承运人选择的航线不同而受到影响。

运价的货币单位一般以起运地当地货币单位为准，费率以承运人或其授权代理人签发空运单的时间为准。

10.3.5 铁路运费核算

1. 铁路货物运价

铁路货物运价是铁路运输单位产品价值的货币表现，一般是由国家规定的。铁路公司及货运代理按照这个价格来“销售”自己的运输产品，凭此计算货物运费，取得运输收入来补偿生产时所消耗的社会劳动量。

2. 计算铁路运费的基本规定

计算国际联运货物运送费用主要依据《国际铁路货物联运协定》《统一货

价》《清算规则》和国内的《铁路货物运价规则》。国际铁路联运与中国香港铁路联运运费计算依据如表 10-8 所示。

表 10-8 国际铁路联运与对中国香港铁路联运运费计算依据

路段	适用的规章	运价里程	计费重量	货物运价号	运价率及加成率	杂 费
内地段	《铁路货物运价规则》	“货物运输里程表”	“零担货物规定计费重量表”	“货物运价分类表”	“货物运价表” 特定运价、军运、水陆联运	“货物装卸费率表”
过境段	《国际铁路货物联运统一过境运价规程》	“过境铁路里程表”	“货物品名分等表”	“货物品名分等表”	“货物运费计算表” 《铁路装载限界》附件 1 号	“过境运送费用及杂费计算”
香港段	《货主自负毁损责任之货物运费率》		车皮重量	“港段铁路货物分类表”	“货物运费率” “集装箱费率” “牲口费率表”	

3. 国内段运输费用的核算

（1）计算货物运输费用的一般程序包括以下几点

1）按《货物运价里程表》算出发站至到站间的运价里程；

2）根据货物运单上填写的货物名称，查找《铁路货物运输品名分类与代码表》和《铁路货物运输品名检查表》确定适用的运价号，如规定特定运价时，按特定运价办理；

3）整车和零担货物根据货物运价号，集装箱货物根据箱型，冷藏车货物根据车种，在《铁路货物运价率表》中查出适用的基价 1 和基价 2；

4）按《铁路货物运价规则》确定计费重量（集装箱为箱数）；

5）货物适用的基价 1 与计费重量（集装箱为箱数）相乘计算出发到运费，基价 2 与货物的运价里程相乘再与计费重量（集装箱为箱数）相乘计算出运行运费；

6）按《铁路货物运价规则》的规定计算杂费，货物运费、杂费之和即为货物运费。

综上得出铁路货物运费计算公式：

铁路货物运费 =（基价 1 + 基价 2 × 运价里程）×（1 + 加减成率）× 计费重量

（2）铁路整车货物运费的计算

整车货物一般按货车标记载重量（简称标重，标重尾数不足 1 吨时四舍五入）计费。货物重量超过标重时，按货物重量计费。

（3）铁路零担货物运费的计算

1）零担货物以10千克为基本单位，不足10千克时进为10千克。

2）零担货物按货物重量或货物体积折合重量择大者计算运费，即每立方米重量不足500千克的轻泡货物，按每立方米折合重量500千克计算（参见第147页表6-1），但下列货物除外：《铁路货物运价规则》规定了计费重量的货物（指裸装货物）按规定计费重量计费；《铁路货物运输品名分类与代码表》中列明的“童车”“室内健身车”“209 其他鲜活货物”“9914 搬家货物、行李”“9960 特定集装化运输用具”等裸装运输时，按货物重量计费。

3）零担货物的起码运费为每批2.00元。

（4）集装箱货物运费计算

集装箱货物的运费按照使用的箱数和“铁路货物运价率表”中规定的集装箱运价率计算，有如下公式：

集装箱货物每箱运价 =（基价1 + 基价2）×运价千米

4. 过境运输费用的计算与核收

1）整车慢运货物过境运费计算公式：

运费 = 货物运价率×计费重量（或实际重量）×过境里程

2）快运货物和随旅客列车挂运的整车货物、零担货物的过境运费计算公式：

运费 = 货物运价率×计费重量（或实际重量）×加成率

10.4　运杂费结算方式与国际货代佣金制度

国际货代企业和委托人的费用结算方式视客户关系可分为月结、票结、自结。票结指以票为单位结清有关费用；月结指每个月结账一次；自结（不常用）指客户自己去交有关的码头费而不由货代代交。票结又分为到付和预付，船公司一般不同意到付，所以会出现“一预一到”现象，货代付给承运人费用为预付，而托运人付给货代费用为到付。货代付给承运人远洋运费（Ocean Freight，O/F）和托运人付给货代运杂费均为到付的“双到付”情况是比较少见的。

杂费的收取存在着实报实销和非实报实销的情况。货代公司不加收手续费或代理费（即差价或利润）为实报实销，反之则为非实报实销。例如：一只小柜熏蒸后，收熏蒸费人民币300元。若货代向其客户收人民币350元，则为非实报实销；若收人民币300元，则为实报实销。下面为单证费收取的详细流程。

运输工具离港后，在所有服务提供完毕之后，国际货代企业或承运人会出账单——“承付单”（一式四联）列明客户所需支付的费用，由船务职员填写，经业务员签字后交给部门经理审签，之后交给财务部审签，财务部凭“承付单”支付或收款。国际货代企业或承运人的财务部留下“承运单”第四联（业务员留底），将“承付单”交单证部制作提单；将提单传真给客户并随船一份“对账单”①（Debit Note，D/N）（凭“承付单”制出的，写明收款公司、转入账户及账号、金额等），客户核对无误（包括公司抬头）后，要求其尽快将费用付至公司账户以免延误取单，收到客户传来的“水单”② 后，船务职员将“水单”交财务人员核查运费是否已到账。

取单前一天客户要联系相应的客户服务代表以缩短取单的时间。通常出于款项安全的考虑，公司只接受金额较小，如人民币 1 000 元（含）以下的现金付款，超出该额度的，要求通过银行转账或支票支付。根据外汇管理局的有关规定，公司不接受任何金额的现金外币付款，同时国内委托不得在境外支付。

出于风险考虑，马士基物流（中国）有限公司广州分公司对于客户支付总额低于一定数额，如人民币 8 000 元（含）的，凭银行水单或支票即可放单；支付总额超过这个数额的，公司要向银行查询，到账后再放单。非委托地取单付款要增付银行手续费。若客户用粤港支票付费，且支票支付金额在港币 8 000 元以上者，由于提单需于款项到账后签发（粤港支票款项到账期约为 6 个工作日），应尽早安排支付，以免影响取提单及相关的业务操作。

随着中国加入世界贸易组织（WTO），货代行业逐步全面开放，中国国内市场的部分保护措施逐步取消，同时货代行业门槛降低，大量货代企业涌入这一市场，使得行业竞争日趋激烈。因此，对于货代企业来说，揽货就显得更加重要。揽到更多的货量、巩固原有的货源，就成为货代企业的头等大事。在实践中，许多货代企业采用退佣或称回佣（Return Commission）和运费折扣（Freight Rebate）的方法来吸引和留住客源。

---

① 对账单用于公司内部各部门间记录费用、各公司间转账、代收代交费的凭据。有些客户为逃税或达到别的目的，主动要求只开对账单不要发票，此时对账单相当于款项收据。出口企业想退税，凭对账单是不行的，一定要有发票。

② 国际贸易中常说的水单（Bank Bill）是指收货人在银行付款后拿到的回执，印有银行的结汇凭证，上面有结汇金额、牌价和核销单号。收货人传真给你了水单，并不代表你就收到钱了，需要有一定的银行工作时间，另外，水单也有可能是假的。水单分付款水单（你付钱给他人，银行从你们公司账户上扣钱的书面文件）、结汇水单（你们公司收到客户的付款，银行入账时通知你们公司的书面文件）、押汇水单（你们公司押汇后银行通知你们公司所押款项已经到账的书面文件）。

1. 佣金和货运佣金

佣金是商业活动中的一种劳务报酬，是具有独立地位和经营资格的中间人在商业活动中为他人提供服务所得到的报酬。《反不正当竞争法》第八条第二款规定，合法的中间人可以通过合法的服务获得合法的佣金。

佣金具有以下法律特征：

（1）佣金是商业活动中中间人所得的劳务报酬。

（2）经营者给予佣金时必须以明示的方式，给予和接受的佣金，都必须如实入账，这里的明示和入账与关于折扣明示和入账的规定含义相同。

对于货代行业来说，佣金就是在货物运输业务中，合法的中间人为货代提供相应的揽货服务所得到的报酬。

2. 退佣的范围

在通常情况下，只要客户在货代企业运营中，作为货主和货代企业的中间人，帮助货代揽来运输业务，货代企业就会向其支付与业务直接相关的服务费用。

3. 退佣付款条件

货代企业一般都会等全部运费收妥后才安排将佣金返还给客户或同行。

对于预付运费的客户，由于货代企业已经收到运费，一般在款到账后的一定时间内退佣；对到付海运费部分，货代企业一般按客户性质分为如下两类进行操作。

（1）对直接客户的退佣

1）到付运费退款，必须在货代企业已经向海外代理收回全部运费后，由相关负责人提出申请，经批准后再安排退款。

2）对超过到港日一段时间，货代企业尚未向海外代理收回运费的，若客户要求退款，则必须经公司审批后再安排。

3）对有到付运费尚未完全向海外代理收妥，要求佣金直接冲抵下票运费的客户，必须在上票货到目的港一定时期以后，货代企业收到海外代理费用确认文件等相关资料后，经申请批准才可冲抵。

（2）对同行的退佣

一般情况下，货代采取对同行只冲抵运费而不退款的原则。

本章小结

本章详细介绍了国际货代单证的种类及作用，各种国际货代单证的缮制及格式，国际货运代理单证的流转；介绍了国际货代成本核算，特别是各种运输方式运杂费的计算；同时也介绍了国际货代行业普遍存在的佣金制度。读者通过学习应该能够识读并填制各种国际货运单证，同时进行各种运输方式的运杂费计算。

推荐阅读

1. 中华航运网 http：//www.chineseshipping.com.cn
2. 联邦快递网站 http：//www.fedex.com/cn
3. 青岛港物流信息网 http：//www.qingdaoport.net

思考题

一、选择题

1. 下列（　　）单证在海上货物运输实践中也被称为“下货纸”。
   A. 提单　　B. 装货单
   C. 收货单　　D. 提货单
2. 按照承运人对货物的表面状况有无批注来划分，提单可分为（　　）。
   A. 全式提单和简式提单　　B. 记名提单和不记名提单
   C. 可转让提单和不可转让提单　　D. 清洁提单和不清洁提单
3. FAK 费率是指（　　）。
   A. 不同等级费率　　B. 均一费率
   C. 重量/尺码选择费率　　D. 近洋航线费率
4. 海运提单的抬头是指提单的（　　）。
   A. Shipper　　B. Consignee
   C. Notify Party　　D. Voyage No.

二、判断题

1. 海运提单虽然是一种不可转让的单证，但也必须由发货人转让给收货人，以便收货人以此为凭证要求承运人交付货物。（　　）
2. 航空主运单的发货人栏和收货人栏列明的是真正的托运人和收货人。（　　）
3. 填制航空运单必须使用英文大写字母。（　　）
4. 对于在航空运单上所填货物的项目和声明的正确性，承运人应负责任。（　　）

三、简答题

1. 简述海运集装箱单的主要作用。
2. 简述航空运单的用途。
3. 简述场站收据的流转程序。

四、计算题

1. 某进出口公司委托某国际货代企业代办一小桶货物，以海运方式出口国外。货物的重量为0.5吨，小桶（圆柱形）的直径为0.7米，桶高为1米。货代最后为货主找到一个杂货班轮公司实际承运该货物。货代查了船公司的运价本，运价本中对该货物运输航线、港口、运价等的规定为：基本运价是每运费吨支付100美元（USD100/Freight Ton）；燃油附加费按基本运费增收10%（BAF10%）；货币贬值附加费按基本运费增收10%（CAF10%）；计费标准是“W/M”；起码提单按1运费吨计算（Minimum freight：one freight ton）。假如你是货代人，请计算该批货物的运费并告诉货主以下内容：

（1）该批货物的计费吨（运费吨）是多少？

（2）该批货物的基本运费是多少？

（3）该批货物的附加运费是多少？总的运费是多少？

2. 航空运费计算。

Routing：BEIJING，CHINA（BJS）to TOKYO，JAPAN（TYO）

Commodity：MOON CAKE

Gross Weight：1 Piece，5.8kg

Dimensions：1 Piece（42cm×35cm×15cm）

公布运价如表10-9：

表10-9　公布运价

BEIJING Y. RENMINBI		CN (CNY)	BJS (KG)
TOKYO	JP	M	230.00
		N	37.51
		45	28.13

请计算该票货物的航空运费。

蓝海国际货运代理有限公司操作部的兰华小姐是个新手，今天接到APL单证部小汪的一通电话，催她赶快把广东省清远市外贸开发公司的那份提单

学习情景5

填好传真过去。兰华正对着信用证发呆，上面全是英文。忽然，她灵机一动，把信用证扫描下来给王老师发了一封 E-mail，她心想：王老师最热心了，一定能帮我解围。

信用证相关条款及说明和装箱单如下。

Original Clean shipped on board marine bill of lading issued to order of issuing bank and endorsed in blank, marked freight prepaid and notify the applicant.

信用证有效期：July 16，2017

最后装运期限：June 30，2017

受益人：GREAT WALL TRADING CO.，LTD.

ROOM 202，HUASHENG BUILDING，NINGBO，P. R. CHINA.

电话：0574-28704015

传真：0574-24591529

开证人：AL. BALOUSHI TRADING EST JEDDAH

起运港：NINGBO

目的港：JEDDAH

币种：USD

贸易术语：CFR JEDDAH

合同号：07AR236030

发票号码：AC06AR030

是否允许分批装运：ALLOWED

是否允许转船：ALLOWED

信用证开证日期：May 20，2017

开证行：SUN BANK

议付银行：BANK OF CHINA，NINGBO BRANCH

正本提单份数：3

唛头：ROYAL
07AR236030
JEDDAH
C/N：1-460

船名、航次：HUANG HE，V809

数量、包装：

P. P INJECTION CASES 14″/22″/27″/31″ 230SET @ USD42.00/SET USD9660.00

P. P INJECTION CASES 14″/19″/27″/31″ 230SET @ USD41. 00/SET USD9430. 00

装箱资料，如表 10-10 所示。

表 10-10 装箱资料

箱 号	货 号	包 装	件 数	毛重（千克）	净重（千克）	体积（立方米）
1-230	ZL0322 + BC05	CTNS	230	18. 5/4 255	16. 5/3 795	34
231-460	ZL0319 + BC01	CTNS	230	18. 5/4 255	16. 5/3 795	34

建议学校实训室安装外贸制单软件（例如南京世格软件等），实训老师可以把相关要求先输入软件，请学生在事先生成的格式提单中填制并从系统中提交。

参考文献

［1］夏秀艳，廖毅芳．运输管理实务［M］．广州：广东经济出版社，2008.

［2］杨鹏强．物流业中的重要角色——报关代理与货运代理［J］．物流世界，2005（2-3）．

［3］廖毅芳，陈海权．国际货运代理实务［M］．广州：广东经济出版社，2008.

［4］杨占林．国际货物运输操作规程［M］．北京：中国对外经济贸易出版社，2002.

［5］赵永秀，武亮．国际贸易货代员：岗位职业技能培训教程［M］．广州：广东经济出版社，2007.

［6］现代物流管理课题组．供应链管理［M］．实操版．广州：广东经济出版社，2007.

［7］刘德标，罗凤翔．国际贸易实务案例分析［M］．北京：中国商务出版社，2005.

［8］金正昆．商务礼仪教程［M］.5 版．北京：中国人民大学出版社，2016.

［9］索琳．货运代理企业运作指南［M］．北京：中国经济出版社，2004.

［10］杨鹏强．物流中的货物追踪［J］．大经贸，2003（3）：58-60.

［11］杨鹏强．国际货运代理实务［M］.3 版．北京：电子工业出版社，2016.

［12］中国国际货运代理协会．国际多式联运与现代物流理论与实务［M］．2005 年版．北京：中国商务出版社，2005.

［13］王芸．物流法律法规与实务［M］.3 版．北京：电子工业出版社，2017.

书目介绍

乐 贸 系 列

书名	作者	定价	书号	出版时间
国家出版基金项目				
1. “质”造全球:消费品出口质量管控指南	SGS 通标标准技术服务有限公司	80.00 元	978-7-5175-0289-0	2018 年 9 月第 1 版
跟着老外学外贸系列				
1. 优势成交:老外这样做销售	Abdelhak Benkerroum (阿道)	45.00 元	978-7-5175-0216-6	2017 年 10 月第 1 版
外贸 SOHO 系列				
1. 外贸 SOHO,你会做吗?	黄见华	30.00 元	978-7-5175-0141-1	2016 年 7 月第 1 版
跨境电商系列				
1. 跨境电商全产业链时代:政策红利下迎机遇期	曹磊 张周平	55.00 元	978-7-5175-0349-1	2019 年 5 月第 1 版
2. 外贸社交媒体营销新思维:向无效社交说 No	May (石少华)	55.00 元	978-7-5175-0270-8	2018 年 6 月第 1 版
3. 跨境电商多平台运营,你会做吗?	董振国 贾 卓	48.00 元	978-7-5175-0255-5	2018 年 1 月第 1 版
4. 跨境电商 3.0 时代——把握外贸转型时代风口	朱秋城 (Mr. Harris)	55.00 元	978-7-5175-0140-4	2016 年 9 月第 1 版
5. 118 问玩转速卖通——跨境电商海外淘金全攻略	红 鱼	38.00 元	978-7-5175-0095-7	2016 年 1 月第 1 版
外贸职场高手系列				
1. 金牌外贸企业给新员工的内训课	Lily 主编	55.00 元	978-7-5175-0337-8	2019 年 3 月第 1 版
2. 逆境生存:JAC 写给外贸企业的转型战略	JAC	55.00 元	978-7-5175-0315-6	2018 年 11 月第 1 版
3. 外贸大牛的营与销	丹 牛	48.00 元	978-7-5175-0304-0	2018 年 10 月第 1 版
4. 向外土司学外贸 1:业务可以这样做	外土司	55.00 元	978-7-5175-0248-7	2018 年 2 月第 1 版
5. 向外土司学外贸 2:营销可以这样做	外土司	55.00 元	978-7-5175-0247-0	2018 年 2 月第 1 版
6. 阴阳鱼给外贸新人的必修课	阴阳鱼	45.00 元	978-7-5175-0230-2	2017 年 11 月第 1 版
7. JAC 写给外贸公司老板的企管书	JAC	45.00 元	978-7-5175-0225-8	2017 年 10 月第 1 版
8. 外贸大牛的术与道	丹 牛	38.00 元	978-7-5175-0163-3	2016 年 10 月第 1 版
9. JAC 外贸谈判手记——JAC 和他的外贸故事	JAC	45.00 元	978-7-5175-0136-7	2016 年 8 月第 1 版

书名	作者	定价	书号	出版时间
10. Mr. Hua 创业手记——从0到1的“华式”创业思维	华　超	45.00 元	978-7-5175-0089-6	2015 年 10 月第 1 版
11. 外贸会计上班记	谭　天	38.00 元	978-7-5175-0088-9	2015 年 10 月第 1 版
12. JAC 外贸工具书——JAC和他的外贸故事	JAC	45.00 元	978-7-5175-0053-7	2015 年 7 月第 1 版
13. 外贸菜鸟成长记(0～3 岁)	何嘉美	35.00 元	978-7-5175-0070-4	2015 年 6 月第 1 版

外贸操作实务子系列

书名	作者	定价	书号	出版时间
1. 外贸高手客户成交技巧2——揭秘买手思维	毅　冰	55.00 元	978-7-5175-0232-6	2018 年 1 月第 1 版
2. 外贸业务经理人手册(第三版)	陈文培	48.00 元	978-7-5175-0200-5	2017 年 6 月第 3 版
3. 外贸全流程攻略——进出口经理跟单手记(第二版)	温伟雄（马克老温）	38.00 元	978-7-5175-0197-8	2017 年 4 月第 2 版
4. 金牌外贸业务员找客户(第三版)——跨境电商时代开发客户的 9 种方法	张劲松	40.00 元	978-7-5175-0098-8	2016 年 1 月第 3 版
5. 实用外贸技巧助你轻松拿订单(第二版)	王陶(波锅涅)	30.00 元	978-7-5175-0072-8	2015 年 7 月第 2 版
6. 出口营销实战(第三版)	黄泰山	45.00 元	978-7-80165-932-3	2013 年 1 月第 3 版
7. 外贸实务疑难解惑 220 例	张浩清	38.00 元	978-7-80165-853-1	2012 年 1 月第 1 版
8. 外贸高手客户成交技巧	毅　冰	35.00 元	978-7-80165-841-8	2012 年 1 月第 1 版
9. 报检七日通	徐荣才　朱瑾瑜	22.00 元	978-7-80165-715-2	2010 年 8 月第 1 版
10. 外贸实用工具手册	本书编委会	32.00 元	978-7-80165-558-5	2009 年 1 月第 1 版
11. 快乐外贸七讲	朱芷萱	22.00 元	978-7-80165-373-4	2009 年 1 月第 1 版
12. 外贸七日通(最新修订版)	黄海涛（深海鱿鱼）	22.00 元	978-7-80165-397-0	2008 年 8 月第 3 版

出口风险管理子系列

书名	作者	定价	书号	出版时间
1. 轻松应对出口法律风险	韩宝庆	39.80 元	978-7-80165-822-7	2011 年 9 月第 1 版
2. 出口风险管理实务(第二版)	冯　斌	48.00 元	978-7-80165-725-1	2010 年 4 月第 2 版
3. 50 种出口风险防范	王新华　陈丹凤	35.00 元	978-7-80165-647-6	2009 年 8 月第 1 版

外贸单证操作子系列

书名	作者	定价	书号	出版时间
1. 跟单信用证一本通(第二版)	何源	48.00 元	978-7-5175-0249-4	2018 年 9 月第 2 版
2 外贸单证经理的成长日记(第二版)	曹顺祥	40.00 元	978-7-5175-0130-5	2016 年 6 月第 2 版
3. 信用证审单有问有答 280 例	李一平　徐珺	37.00 元	978-7-80165-761-9	2010 年 8 月第 1 版
4. 外贸单证解惑 280 例	龚玉和　齐朝阳	38.00 元	978-7-80165-638-4	2009 年 7 月第 1 版
5. 信用证 6 小时教程	黄海涛(深海鱿鱼)	25.00 元	978-7-80165-624-7	2009 年 4 月第 2 版
6. 跟单高手教你做跟单	汪　德	32.00 元	978-7-80165-623-0	2009 年 4 月第 1 版

福步外贸高手子系列

书名	作者	定价	书号	出版时间
1. 外贸技巧与邮件实战(第二版)	刘　云	38.00 元	978-7-5175-0221-0	2017 年 8 月第 2 版

书名	作者	定价	书号	出版时间
2. 外贸电邮营销实战——小小开发信 订单滚滚来(第二版)	薄如骢	45.00 元	978-7-5175-0126-8	2016 年 5 月第 2 版
3. 巧用外贸邮件拿订单	刘 裕	45.00 元	978-7-80165-966-8	2013 年 8 月第 1 版

国际物流操作子系列

书名	作者	定价	书号	出版时间
1. 货代高手教你做货代——优秀货代笔记(第二版)	何银星	33.00 元	978-7-5175-0003-2	2014 年 2 月第 2 版
2. 国际物流操作风险防范——技巧·案例分析	孙家庆	32.00 元	978-7-80165-577-6	2009 年 4 月第 1 版

通关实务子系列

书名	作者	定价	书号	出版时间
1. 外贸企业轻松应对海关估价	熊 斌 赖 芸 王卫宁	35.00 元	978-7-80165-895-1	2012 年 9 月第 1 版
2. 报关实务一本通(第二版)	苏州工业园区海关	35.00 元	978-7-80165-889-0	2012 年 8 月第 2 版
3. 如何通过原产地证尽享关税优惠	南京出入境检验检疫局	50.00 元	978-7-80165-614-8	2009 年 4 月第 3 版

彻底搞懂子系列

书名	作者	定价	书号	出版时间
1. 彻底搞懂信用证(第三版)	王腾 曹红波	55.00 元	978-7-5175-0264-7	2018 年 5 月第 3 版
2. 彻底搞懂关税(第二版)	孙金彦	43.00 元	978-7-5175-0172-5	2017 年 1 月第 2 版
3. 彻底搞懂提单(第二版)	张敏 张鹏飞	38.00 元	978-7-5175-0164-0	2016 年 12 月第 2 版
4. 彻底搞懂中国自由贸易区优惠	刘德标 祖月	34.00 元	978-7-80165-762-6	2010 年 8 月第 1 版
5. 彻底搞懂贸易术语	陈 岩	33.00 元	978-7-80165-719-0	2010 年 2 月第 1 版
6. 彻底搞懂海运航线	唐丽敏	25.00 元	978-7-80165-644-5	2009 年 7 月第 1 版

外贸英语实战子系列

书名	作者	定价	书号	出版时间
1. 十天搞定外贸函电(白金版)	毅 冰	69.00 元	978-7-5175-0347-7	2019 年 4 月第 2 版
2. 让外贸邮件说话——读懂客户心理的分析术	蔡泽民(Chris)	38.00 元	978-7-5175-0167-1	2016 年 12 月第 1 版
3. 外贸高手的口语秘籍	李 凤	35.00 元	978-7-80165-838-8	2012 年 2 月第 1 版
4. 外贸英语函电实战	梁金水	25.00 元	978-7-80165-705-3	2010 年 1 月第 1 版
5. 外贸英语口语一本通	刘新法	29.00 元	978-7-80165-537-0	2008 年 8 月第 1 版

外贸谈判子系列

书名	作者	定价	书号	出版时间
1. 外贸英语谈判实战(第二版)	王慧 仲颖	38.00 元	978-7-5175-0111-4	2016 年 3 月第 2 版
2. 外贸谈判策略与技巧	赵立民	26.00 元	978-7-80165-645-2	2009 年 7 月第 1 版

书名	作者	定价	书号	出版时间
国际商务往来子系列				
国际商务礼仪大讲堂	李嘉珊	26.00 元	978-7-80165-640-7	2009 年 12 月第 1 版
贸易展会子系列				
外贸参展全攻略——如何有效参加 B2B 贸易商展(第三版)	钟景松	38.00 元	978-7-5175-0076-6	2015 年 8 月第 3 版
区域市场开发子系列				
中东市场开发实战	刘军　沈一强	28.00 元	978-7-80165-650-6	2009 年 9 月第 1 版
加工贸易操作子系列				
1. 加工贸易实务操作与技巧	熊　斌	35.00 元	978-7-80165-809-8	2011 年 4 月第 1 版
2. 加工贸易达人速成——操作案例与技巧	陈秋霞	28.00 元	978-7-80165-891-3	2012 年 7 月第 1 版
乐税子系列				
1. 外贸企业免抵退税实务——经验·技巧分享	徐玉树　罗玉芳	45.00 元	978-7-5175-0135-0	2016 年 6 月第 1 版
2. 外贸会计账务处理实务——经验·技巧分享	徐玉树	38.00 元	978-7-80165-958-3	2013 年 8 月第 1 版
3. 生产企业免抵退税实务——经验·技巧分享(第二版)	徐玉树	42.00 元	978-7-80165-936-1	2013 年 2 月第 2 版
4. 外贸企业出口退(免)税常见错误解析 100 例	周朝勇	49.80 元	978-7-80165-933-0	2013 年 2 月第 1 版
5. 生产企业出口退(免)税常见错误解析 115 例	周朝勇	49.80 元	978-7-80165-901-9	2013 年 1 月第 1 版
6. 外汇核销指南	陈文培等	22.00 元	978-7-80165-824-1	2011 年 8 月第 1 版
7. 外贸企业出口退税操作手册	中国出口退税咨询网	42.00 元	978-7-80165-818-0	2011 年 5 月第 1 版
8. 生产企业免抵退税从入门到精通	中国出口退税咨询网	98.00 元	978-7-80165-695-7	2010 年 1 月第 1 版
9. 出口涉税会计实务精要(《外贸会计实务精要》第二版)	龙博客工作室	32.00 元	978-7-80165-660-5	2009 年 9 月第 2 版
专业报告子系列				
1. 国际工程风险管理	张　燎	1980.00 元	978-7-80165-708-4	2010 年 1 月第 1 版
2. 涉外型企业海关事务风险管理报告	《涉外型企业海关事务风险管理报告》研究小组	1980.00 元	978-7-80165-666-7	2009 年 10 月第 1 版
外贸企业管理子系列				
1. 外贸经理人的 MBA	毅　冰	55.00 元	978-7-5175-0305-7	2018 年 10 月第 1 版

书名	作者	定价	书号	出版时间
2. 小企业做大外贸的制胜法则——职业外贸经理人带队伍手记	胡伟锋	35.00 元	978-7-5175-0071-1	2015 年 7 月第 1 版
3. 小企业做大外贸的四项修炼	胡伟锋	26.00 元	978-7-80165-673-5	2010 年 1 月第 1 版

国际贸易金融子系列

书名	作者	定价	书号	出版时间
1. 国际结算单证热点疑义相与析	天九湾贸易金融研究汇	55.00 元	978-7-5175-0292-0	2018 年 9 月第 1 版
2. 国际结算与贸易融资实务（第二版）	李华根	55.00 元	978-7-5175-0252-4	2018 年 3 月第 1 版
3. 信用证风险防范与纠纷处理技巧	李道金	45.00 元	978-7-5175-0079-7	2015 年 10 月第 1 版
4. 国际贸易金融服务全程通（第二版）	郭党怀 张丽君 张贝	43.00 元	978-7-80165-864-7	2012 年 1 月第 2 版
5. 国际结算与贸易融资实务	李华根	42.00 元	978-7-80165-847-0	2011 年 12 月第 1 版

毅冰谈外贸子系列

书名	作者	定价	书号	出版时间
毅冰私房英语书——七天秀出外贸口语	毅 冰	35.00 元	978-7-80165-965-1	2013 年 9 月第 1 版

“创新型”跨境电商实训教材

书名	作者	定价	书号	出版时间
跨境电子商务概论与实践	冯晓宁	48.00 元	978-7-5175-0313-2	2019 年 1 月第 1 版

“实用型”报关与国际货运专业教材

书名	作者	定价	书号	出版时间
1. 国际货运代理操作实务（第二版）	杨鹏强	48.00 元	978-7-5175-0364-4	2019 年 8 月第 2 版
2. 集装箱班轮运输与管理实务	林益松	48.00 元	978-7-5175-0339-2	2019 年 3 月第 1 版
3. 航空货运代理实务(第二版)	杨鹏强	55.00 元	978-7-5175-0336-1	2019 年 1 月第 2 版
4. 进出口商品归类实务（第三版）	林 青	48.00 元	978-7-5175-0251-7	2018 年 3 月第 3 版
5. e 时代报关实务	王 云	40.00 元	978-7-5175-0142-8	2016 年 6 月第 1 版
6. 供应链管理实务	张远昌	48.00 元	978-7-5175-0051-3	2015 年 4 月第 1 版
7. 电子口岸实务（第二版）	林青	35.00 元	978-7-5175-0027-8	2014 年 6 月第 2 版
8. 报检实务（第二版）	孔德民	38.00 元	978-7-80165-999-6	2014 年 3 月第 2 版
9. 现代关税实务（第二版）	李 齐	35.00 元	978-7-80165-862-3	2012 年 1 月第 2 版
10. 国际贸易单证实务（第二版）	丁行政	45.00 元	978-7-80165-855-5	2012 年 1 月第 2 版
11. 报关实务（第三版）	杨鹏强	45.00 元	978-7-80165-825-8	2011 年 9 月第 3 版
12. 海关概论（第二版）	王意家	36.00 元	978-7-80165-805-0	2011 年 4 月第 2 版

“精讲型”国际贸易核心课程教材

书名	作者	定价	书号	出版时间
1. 国际贸易实务精讲(第七版)	田运银	49.50 元	978-7-5175-0260-9	2018 年 4 月第 7 版
2. 国际货运代理实务精讲(第二版)	杨占林 汤 兴 官敏发	48.00 元	978-7-5175-0147-3	2016 年 8 月第 2 版
3. 海关法教程(第三版)	刘达芳	45.00 元	978-7-5175-0113-8	2016 年 4 月第 3 版
4. 国际电子商务实务精讲(第二版)	冯晓宁	45.00 元	978-7-5175-0092-6	2016 年 3 月第 2 版
5. 国际贸易单证精讲(第四版)	田运银	45.00 元	978-7-5175-0058-2	2015 年 6 月第 4 版
6. 国际贸易操作实训精讲(第二版)	田运银 胡少甫 史 理 朱东红	48.00 元	978-7-5175-0052-0	2015 年 2 月第 2 版
7. 进出口商品归类实务精讲	倪淑如 倪 波 田运银	48.00 元	978-7-5175-0016-2	2014 年 7 月第 1 版
8. 外贸单证实训精讲	龚玉和 齐朝阳	42.00 元	978-7-80165-937-8	2013 年 4 月第 1 版
9. 外贸英语函电实务精讲	傅龙海	42.00 元	978-7-80165-935-4	2013 年 2 月第 1 版
10. 国际结算实务精讲	庄乐梅 李 菁	49.80 元	978-7-80165-929-3	2013 年 1 月第 1 版
11. 报关实务精讲	孔德民	48.00 元	978-7-80165-886-9	2012 年 6 月第 1 版
12. 国际商务谈判实务精讲	王 慧 唐力忻	26.00 元	978-7-80165-826-5	2011 年 9 月第 1 版
13. 国际会展实务精讲	王重和	38.00 元	978-7-80165-807-4	2011 年 5 月第 1 版
14. 国际贸易实务疑难解答	田运银	20.00 元	978-7-80165-718-3	2010 年 9 月第 1 版

“实用型”国际贸易课程教材

书名	作者	定价	书号	出版时间
1. 外贸跟单实务(第二版)	罗 艳	48.00 元	978-7-5175-0338-5	2019 年 1 月第 2 版
2. 海关报关实务	倪淑如 倪 波	48.00 元	978-7-5175-0150-3	2016 年 9 月第 1 版
3. 国际金融实务	李 齐 唐晓林	48.00 元	978-7-5175-0134-3	2016 年 6 月第 1 版
4. 国际贸易实务	丁行政 罗艳	48.00 元	978-7-80165-962-0	2013 年 8 月第 1 版

中小企业财会实务操作系列丛书

书名	作者	定价	书号	出版时间
1. 做顶尖成本会计应知应会150 问(第二版)	张 胜	48.00 元	978-7-5175-0275-3	2018 年 6 月第 2 版
2. 小企业会计疑难解惑 300 例	刘华 刘方周	39.80 元	978-7-80165-845-6	2012 年 1 月第 1 版
3. 会计实务操作一本通	吴虹雁	35.00 元	978-7-80165-751-0	2010 年 8 月第 1 版

2019 年中国海关出版社有限公司乐贸系列

新书重磅推荐 >>

《跨境电子商务概论与实践》

作者：冯晓宁

定价：48.00 元

书号：978-7-5175-0313-2

出版日期：2019 年 1 月

内容简介

《跨境电子商务概论与实践》是作者继《国际电子商务实务精讲》之后的又一力作。本书根据跨境电子商务全新发展形势，结合作者多年教学与实践编写，全书体例框架是对时下跨境电商实务的高度概括与总结。主要特色包括以下几点：

1. 将跨境电商分为出口跨境电商与进口跨境电商，B2B 电商和 B2C 电商，从不同视角解析跨境电商知识要点；

2. 详述各种模式跨境电商的网络营销、跨境物流、支付、知识产权、管理和政策等概况，紧跟跨境电商新政及实务，内容详实，体系完整；

3. 简化过于宏观和技术化的内容，以讲授理念为主，贴合实践，便于院校学生理解与学习。